熊逸书院
政治哲学的巅峰对垒

熊逸 著

北京联合出版公司
Beijing United Publishing Co.,Ltd.

图书在版编目（CIP）数据

政治哲学的巅峰对垒 / 熊逸著. — 北京：北京联合出版公司，2020.3 (2024.1重印)
（熊逸书院）
ISBN 978-7-5596-3651-5

Ⅰ. ①政… Ⅱ. ①熊… Ⅲ. ①哲学－研究 Ⅳ. ①B

中国版本图书馆CIP数据核字（2019）第210497号

政治哲学的巅峰对垒

作　者：熊　逸	产品经理：罗长礼
责任编辑：喻　静	特约编辑：郭　梅
封面设计：人马艺术设计·储平	内文排版：任尚洁

北京联合出版公司出版
（北京市西城区德外大街83号楼9层　100088）
北京联合天畅文化传播公司发行
凯德印刷（天津）有限公司印刷　新华书店经销
字数 332千字　880毫米×1270毫米　1/32　13.25印张
2020年3月第1版　2024年1月第9次印刷
ISBN 978-7-5596-3651-5
定价：58.00元

未经书面许可，不得以任何方式转载、复制、翻印本书部分或全部内容。
版权所有，侵权必究
如发现图书质量问题，可联系调换。质量投诉电话：010-88843286/64258472-800

※ 目录

第一章　霍布斯的《利维坦》

哲学方死方生　　　　　　　　　　　　　2
欧几里得的遗产和伽利略的新知　　　　　10
一切人对一切人的战争　　　　　　　　　16
《利维坦》诞生的时代　　　　　　　　　25
国王为什么只可以杀，但不可以审　　　　34

第二章　英国小说的对决

英国小说的对决：儿童与动物的政治学　　46
《鲁滨孙漂流记》：
　　从两个人的政治到四个人的政治　　　52
《蝇王》：少年儿童的政治秩序　　　　　59
《珊瑚岛》与《动物农庄》：
　　乌托邦与反乌托邦的对峙　　　　　　75
"破窗谬论"并不荒谬　　　　　　　　　90

第三章 《互助论》、《天演论》和《社会学研究》

奢侈的死刑：
    为什么要用十几名士兵枪决一名人犯　102
永恒的政治动物：蚂蚁和蜜蜂　114
爱，而非理性，才是征服世界的终极杀器　124
《天演论》与误译的影响　131
如果白马非马，中国也非国吗　143

第四章 斯宾塞的《社会学研究》和《社会静力学》

道法自然：社会学的兴起　150
斯宾塞：义务教育不能搞　161
我同情一切，就是不同情疾苦　167
精英的挥霍是凡人的福利　173
通往地狱的台阶是善意铺就的　177

第五章 《每日邮报》改变世界

义务教育惹恼了谁　182
典雅英语的没落　187
多看文字少看图，以免思维女性化　191
在一个健全的社会里，书要少，文盲要多　196
现代文学为什么晦涩难懂　201

第六章　狄更斯的《圣诞欢歌》和《古教堂的钟声》

当鸡汤成为经典　　　　　　　　　　　　210
如果价值是主观的,
　　那么过节和不过节各值多少钱　　　216
人穷就该多生娃　　　　　　　　　　　222
狄更斯小说里的时代错置　　　　　　　229
纯朴与堕落：两种穷人形象的较量　　　236
剥削压迫并不划算　　　　　　　　　　244
政府有没有振兴经济的义务　　　　　　249

第七章　济贫法与优生学

慈善如何催生冷漠　　　　　　　　　　254
赫拉克利特：战争是最大的慈善　　　　259
李嘉图：社保害国害民　　　　　　　　266
爱洛伊丝：婚姻是对爱情的亵渎　　　　270
H：人的婚姻应当学习猪的配种　　　　275
高尔顿：生比养更重要　　　　　　　　280

第八章　道法自然：让老弱病残自生自灭

怎样消灭老年人　　　　　　　　　　　286
生了病该不该看医生，这是个政治问题　291

治病救人为什么该遭雷劈	295
正义国家的医疗准则：只给健康的人治病	299
你能做到不把痛苦当痛苦吗	303

第九章　从"道法自然"到社会达尔文主义

理发师的手术刀	310
无为而治病	314
政府的职责	319
斯宾塞：从公民到婴孩	323
如果不该烧死异端分子，	
为什么就该取缔无照游医	327

第十章　自发互助的社会结构与心理机制

孔子为什么不买医保	334
逆淘汰：物竞天择，伤残者生存	339
人口真会过剩吗	344
如果你嫌新买的游艇太费油，	
你该怎样赢得别人的同情	348
谁给叶问交医保	353

第十一章　伦勃朗的《夜巡》与
　　　　　莎士比亚的《威尼斯商人》

军队和警察可以不隶属政府吗	360
谈钱不伤感情的朋友，才是真正的朋友	364
抢劫是正当职业，放贷却是可耻的贱业	369
在熟人社会，人情比钱更值钱	375
当万里之外的陌生人利益受损，	
你为什么比他本人更激愤	381

两种历史观的百年缠斗——答复王立铭老师，
顺便谈谈雅斯贝尔斯的《历史的起源与目标》
和斯宾格勒的《西方的没落》　　　　　　　387

※ 第一章

霍布斯的《利维坦》

哲学方死方生

（1）贵族世界的寒门精英

英国学者霍布斯的经典名著《利维坦》，在社会契约论的系统里，算得上开山之作。我们知道，人类社会是丰富多彩、千奇百怪的，每个人都有自己的立场和见识，任何一种观点都不可能讨好所有人。反过来讲，似乎也不该有一种观点让所有人都不喜欢。霍布斯的《利维坦》偏偏就是一个例外，无论左派、右派、中间派，无论有神论者、无神论者、怀疑论者，无论穷人、富人、中产阶级，谁都不喜欢它，套用一部美剧的片名来说即"人人都恨霍布斯"。

写这段话的时候，我的心情有点复杂。因为，如果霍布斯知道我这么说他，一定会笑话我是"五十步笑百步"。

不过，在"得罪人"这项事业上，霍布斯确实比我多走了五十步。虽然我不能赞同他的理论，但如果我将来开宗立派，要找一位古圣先贤当祖师爷来供，我肯定会想到他的。

霍布斯这种"人民公敌"的待遇是怎么来的，《利维坦》和《老子》如何同途而殊归，这就是本章的两大主线。

如果你看过2005版的电影《傲慢与偏见》，印象最深刻的是哪一幕呢？对我来说，当伊丽莎白第一次走进达西先生的庄园，由表及里的一层层的绝美景观实实在在地震撼了我。也许你想不到，这座庄园和本章的主角霍布斯有着很深的渊源。

这座庄园名叫查特沃斯庄园（Chatsworth House），是英国老牌贵族德文郡公爵卡文迪许家族的产业。查特沃斯庄园早已对游客开放，是英国最著名的旅游景点之一。英国很有一些源远流长的老牌贵族，卡文迪许家族就是其中之一。这个家族至今已经传承了十几代人，最著名的一位就是发现氢气、称量地球重量的科学怪人卡文迪许，剑桥大学的卡文迪许实验室就是以他的名字命名的。

卡文迪许家族的封爵历史可以追溯到1605年，当时威廉·卡文迪许受封男爵，1618年加封伯爵，到1694年，他的曾孙才成为公爵，登上爵位系统的最高一级。

在古老的贵族传统里，教育子弟不仅仅是送他们上"贵族学校"，最重要的一环是所谓的"大周游"（the grand tour），即请专门的教师陪同，到欧洲大陆的各个国家游历一番，拜访各个领域的文化名流。亚当·斯密在做经济学研究之前就接过这种差事，那时候他还是一位伦理学家，以《道德情操论》闻名。正是这次陪同贵族子弟游学的经历启发了他对经济学的理解，而丰厚的报酬使他可以在回国之后辞去一切工作，专心创作《国富论》。

对缺乏门第荫庇的知识精英来说，能给贵族子弟做家教，就足以改变人生了。当卡文迪许男爵要给孩子聘请家庭教师的时候，有人为他推荐了一个学霸型年轻人——托马斯·霍布斯。

（2）从静止的世界到运动的世界

1588年，霍布斯出生于一个很普通的教区牧师家庭，传说他的母亲听闻西班牙无敌舰队来犯，受惊早产。所以，霍布斯后来有一个著名的自嘲："霍布斯和恐惧是孪生兄弟。"他这一辈子确实活得担惊受怕、谨小慎微。没办法，谁让他的见解太独特呢？

霍布斯十五岁进入牛津大学，学习亚里士多德哲学。如果他不是一个勤学善思的人，很可能会按部就班地成长为一位正统风范的学者。然而，陪同小男爵游历欧洲的经历使他大开眼界。他在欧洲拜访过的所有名人里，伽利略给他的影响最深刻。

今天，任何一个上过小学的人都知道"两个铁球同时落地"的故事。其实，伽利略并没有真的在比萨斜塔上做过这个实验，但不靠谱的故事很准确地反映出很靠谱的观念——伽利略确实打破了亚里士多德在物理学上的权威，人们的世界观从此天翻地覆，静止的宇宙忽然变成了运动的宇宙。

在亚里士多德的世界观里，万物的自然状态是静止的，只有施加外力，它们才会运动起来。没错，这很符合最直观的常识。比如摆在草坪上的一只足球，你不去踢它，它永远不会动。而伽利略发现，运动才是自然状态，那只足球之所以在草坪上静止不动，是因为受制于相反的力量。这个发现就是后来的牛顿第一运动定律，是我们在初中物理课就学过的知识。

世界的本质是静止还是运动，这在今天看来只是一个纯粹的物理学问题，但是，请你千万留心，这是学科高度分化之后的现代思维，古人是不会这么想问题的。这涉及一个很关键也很伤人的问题：哲学是干什么的？

(3) 哲学的伟大与尴尬

　　哲学在今天处于一个很尴尬的位置。科学家，尤其是物理学家，对哲学家最有微词。这也难怪，哲学的时代已经悄然落幕了，原本属于哲学范畴的研究被分散在各个更加精细的学科里。"我们从哪里来"，遗传学家接手了这个问题。"宇宙的本源是什么"，物理学家接手了这个问题。即便是那些偏于文科的哲学内容，也被语言学、逻辑学、政治学、心理学瓜分掉了。现代学术之生，源于古代哲学之死，这样的生死转换，完全称得上"生得伟大，死得光荣"。

　　这是一个自然而合理的过程，因为哲学属于古代，它是货真价实的古代学术。

　　从古希腊的源头来看，哲学的本质有两点：一是超脱，二是爱智求真。这两点其实是一体的两面，因为爱智求真本身就是一种超脱的生活态度。每天为生计发愁的人不会爱智求真，追名逐利的人也不会爱智求真。他们对所有的知识恨不得都可以现学现卖，拿来就用。这样的知识，无论多难掌握，也仅仅属于"手艺"，而不是哲学。

　　探究宇宙和人生的本源，对生活并没有很直接的益处。

　　从实用意义上讲，哲学家都是社会寄生虫，衣食住行都在享用别人的劳动成果，整天研究一些对谁都没好处的事，甚至"求真"往往会伤害大家的感情。

　　那个时候所谓的哲学，也可以说就是原始科学。即便到了霍布斯生活的时代，科学也没有从哲学中完全分离出来，所以，在霍布斯的哲学研究里，还包括数学和光学的主题。我们必须有一个明确的认识：科学和技术是两回事。古代中国很有技术传统，但缺乏科学传统，而缺乏科学传统其实也就是缺乏哲学传统，这在古代是一回事。有些西方学者认为中国没有哲学，就是从这个角度来说的。

王国维当年立志学习西方哲学，就是想从西方学术的根源学起。当时的社会主流是"中学为体，西学为用"，只想学来西方的实用技术。等而上之的人想到西方技术有它特定的土壤，所以去学西方的政治、法律。王国维走得更远，觉得西方的政治、法律也有它的土壤，那就是哲学。这个思路虽然很高明，但也有一些纰漏，那就是，在王国维的时代，哲学已经算是一种"夕阳产业"了，而更要紧的是，哲学的最大效用并不在于哲学本身，而在于追求超脱的"无用之学"的哲学精神，现代科学正是从这种精神里萌芽的，而现代科学的核心精神仍然是"无用之学"。

我在前文提到的那位发现氢气、称量地球重量的科学怪人卡文迪许，就是一位很典型的爱智求真、从不考虑功利目的的人。当然，富可敌国的家族财富完全支撑得起他的任性。许多伟大的发明都是由卡文迪许这样的世家贵族研究出来的，这也就是哈耶克会反对遗产税的理由。游手好闲有益于社会发展，这是题外话，等我讲到哈耶克的时候再仔细说。

所以，王国维犯的错误，既可以说是刻舟求剑，也可以说是买椟还珠。即便他不曾看清这个道理，在他那个时代，这种眼界已经算是超一流了。至于后来继续钻研哲学的人，比如冯友兰、金岳霖这些名家，纵然使出通天手段，也不会再有多大的作为。形势比人强，这是无可奈何的事。再看西方世界，萨特也好，海德格尔也好，他们的哲学在很大程度上只能激发文艺趣味的想象。至于拉康等名噪一时的后现代主义哲学家，他们的哲学研究更像一门现代派的语言艺术，一百个读者会做出一百零一种混乱的理解。

大约二十年前，一个叫索科的人搞了一场恶作剧，学着当时的学界流行腔，胡编乱造了一篇不知所云的论文，题目很惊悚：《超越边界：通向一种量子力学的变化诠释学》。论文投给美国一家知名学术刊物

《社会文本》，结果竟然被刊登出来了。索科就这样揭开了皇帝的新衣，后来专门写了一本书，书名是《时髦的废话》，一石激起千重浪。

当年我尝试过翻译这本书，结果只译出了序言，而正文里的那些引文，也就是那些后现代哲学家的文字，实在把我难住了，最后只好放弃。这本书的序言写出了整个事件的来龙去脉，如果你感兴趣的话，可以简单浏览一下。

让我们说回哲学。哲学在古代越发展，就越是显示出有用的一面。霍布斯就很强调"知识的目的就是力量"。这也算顺理成章的想法，因为哲学家发现自己搞清楚了宇宙运行的一些规律，那么自然而然的想法是，人类如果能顺应这些规律，就能越活越好，反之就会越活越坏。比如我总结出一条规律：白天很喧闹，夜晚很寂静。那么根据这条规律，如果我们白天工作，晚上睡觉，那就是合乎天道的明智之举，对我们一定会有好处的。于是我周游列国，劝告那些昼伏夜出的人把生物钟颠倒过来。这可以衍生出额外的道德意义：我们之所以不该做夜贼，因为这不合天道。

我们看古罗马哲学皇帝马可·奥勒留的《沉思录》，比如这样一段："早晨当你不情愿地起床时，让这一思想出现——我正起来去做一个人的工作。如果我是要去做我因此而存在，因此而被带入这一世界的工作，那么我有什么不满意呢？难道我是为了躲在温暖的被子里睡眠而生的吗？——但这是较愉快的。——那你的存在是为了获取快乐，而全然不是为了行动和尽力吗？你没有看到小小的植物、小鸟、蚂蚁、蜘蛛、蜜蜂都在一起工作，从而有条不紊地尽它们在宇宙中的职分吗？"

这个道理很朴素，看到天道自然之理是"植物、小鸟、蚂蚁、蜘蛛、蜜蜂都在一起工作"，所以自己不能睡懒觉。真该庆幸，奥勒留皇帝生活的环境里没有大熊猫和树懒。

（4）师法天地

　　更高一级的领悟，就是从天道推衍出政治哲学。古代中国的诸子百家中，很多走的都是这种实用主义的学术路线，逻辑理路基本都是这样的：因为天道如何如何，所以人道也应该如何如何。比如《周易》最著名的两句话："天行健，君子以自强不息。地势坤，君子以厚德载物。"君子向天学习"自强不息"，向地学习"厚德载物"。《庄子》很另类地说"道在屎尿"，听起来很不让人愉快，但逻辑理路并没有变，屎尿也值得我们学习、效仿。

　　以前讲到的《老子》哲学也是这个套路。钱锺书在《管锥编》里讲过自己的看法，说《老子》所谓师法天地自然，不过是借天地自然来作比喻罢了，并不真以它们为师。从水的特性上悟到人应该"弱其志"，从山谷的特性上悟到人应该"虚其心"，这种出位的异想、旁通的歧径，在写作上叫作寓言，在逻辑学上叫作类比，可以晓喻，不能证实，更不能作为思辨的依据。

　　是的，尤其在我们打开视野之后，看到《中庸》也说"君子之道，察乎天地"，称圣人"赞天地之化育"，如果单从字面来看，儒家和道家一样，也都在效法天地。天地只有一个，而儒家的天地和道家的天地竟然迥然不同，再看其他学派，每一家都有自己的天地，那么谁才是真正的师法天地呢？

　　钱锺书接下来举了几个很精彩的例子：禽鸟昆虫也属于"万物"，但《老子》不拿来作例子，却以"草木"来作示范，教人柔弱的道理，但是，鲍照在《登大雷岸与妹书》中说道："栖波之鸟，水化之虫，智吞愚，强捕小"杜甫的《独立》也说："空外一鸷鸟，河间双白鸥。飘飖搏击便，容易往来游。草露亦多湿，蛛丝仍未收。天机近人事，独立万端忧。"杜甫这时候看到的是，高天大地，到处都潜伏着杀机；天上、河里、草丛里，飞鸟鱼虫都在弱肉强食。他由此感叹"天机近人事"，自然界的这种现象和人类社会很像，让人越想越是忧愁。《中庸》明明说"万物并育而不相害"，而事实分明是"万物并育而相害"，这不正是达尔文进化论里的世界吗？如果"圣人"师法天地自然的残酷一面，立身处世一定和师法草木之"柔脆"很不一样吧？

甚至，师法草木就可以吗？《左传》有记载，郑国的行人子羽说"松柏之下，草木不殖"，陶渊明《归园田居》也说"种豆南山下，草盛豆苗稀"，可见草木为了争夺生存空间也不手软，其强硬不减鸟兽鱼虫。如果"圣人"看到了这个现象，恐怕就算取法草木，也不会去学草木的"柔脆"吧。

钱锺书总结说，《老子》这套理论，说是要师法天地，但根本学不来；话说得自相矛盾，事也根本办不成。

钱先生还举过一个很刻薄的例子，说莫里哀剧中的一个角色一脸的道貌岸然，一肚子的男盗女娼，他有一句自白说："世界诸多快乐都犯上天的禁忌，但没有什么事情是不能和上天通融的。"钱先生说，一些宗教人士与神秘主义者的歧舌二心，以为方便妙用，和这是一个道理。

我们看这些年有很多讲《老子》的，有讲老子的大智慧，有讲老子的养生之道，有讲老子的管理智慧，有讲老子的人生励志……但好像没人引过钱先生的话，这不是没有道理的。想想钱先生的《管锥编》，如果不是写得那么枯燥难懂，恐怕早就招来人民群众的一片骂声了。人们尊敬一个人，往往是因为不了解他。

但是，为钱锺书所忽略的是，《老子》的这种逻辑其实蕴含着一种很伟大的科学精神——政治理论不是来自神启，而是基于对宇宙运作模式的观察和提炼。观察难免粗疏，提炼难免草率，这在古人身上是完全值得原谅的。即便在现代科学的萌芽时代，许多靠谱的科学发现都来自不靠谱的哲学观念。

欧几里得的遗产和伽利略的新知

(1) 从"运动"出发，重新定义一切

霍布斯的哲学也在效法天地自然之理。天地自然之理既然从"静止"变成了"运动"，那么，人间应该做出什么相应的改变呢？

《利维坦》在开篇不久就有这样一段话：

> 当物体静止时，除非有他物扰动它，否则就将永远静止，这一真理是没有人怀疑的。但物体运动时，除非有他物阻止，否则就将永远运动。这话理由虽然相同（即物体本身不能自变），却不容易令人同意。因为人们不但根据自己衡量别人，而且根据自己衡量一切其他物体。人们自己在运动后发生疲倦和痛苦，于是便认为每一种其他物体都会逐渐厌倦运动，自动寻求休息。他们很少考虑到，人类在自己身上发现的寻求休息的欲望，是不是存在于另一种运动中。因此，经院学派便说：重物体之所以下降，是由于它们有着寻求休息并在最适当的位置上保持其本质的欲望；这样便把怎样才有利于自身的保存这种（连人类也无法具有的）知识与欲望荒谬地赋予无生命的物体了。

> 物体一旦处于运动当中（除非受到他物阻挡），就将永远运动。不论是什么东西阻挡它，总不能立即完全消失它的运动，而只能逐步地慢慢地将其完全消失。（黎思复、黎廷弼译，杨昌裕校，商务印书馆，1986）

需要解释一下，霍布斯在这段话里提到的经院学派，是指当时的学术主流经院哲学，那是一种披着哲学外衣的神学。霍布斯读牛津大学，学习的主要内容就是经院哲学和亚里士多德主义。他对这一套牛津教育深恶痛绝，一有机会总要奚落几句。所以，我们必须理解，霍布斯在当时的人眼里肯定是一个很喜欢给社会添乱的异端分子。

霍布斯从"运动"出发，推论出一些让人不快的结论。比如说，印象或想象就是感觉的衰退，继续衰退下去就变成了记忆。霍布斯对梦的解释非常独到："又如当我们在清醒时，激怒会引起身体的某些部位发热。于是，在睡眠中如果这些部位过度受热，便也会引起怒感，从而在大脑中形成敌人的想象。同样的道理，人类天赋的爱情使我们在清醒时产生欲念，而欲念又使身体的某些其他部位发热。于是这些部位要是在睡眠中过热，便也会在大脑中形成曾经出现过的爱情的想象。总而言之，我们的梦境都是我们清醒时的想象的倒转。当我们在清醒时，运动由一端起始，在梦中则由另一端起始。"

今天我们当然不会觉得这种见解多么高明，但在16世纪和17世纪，说这种话真需要一番胆色才行。我们设身处地来想，《圣经》里记载了那么多梦，难道不是神启，而是"运动"的结果？

霍布斯小心翼翼地讲道："以往崇拜林神、牧神、女妖等等的异端邪教，绝大部分就是由于不知道怎样把梦境以及其他强烈的幻觉跟视觉和感觉区别开来而产生的。现在一般无知愚民对于神仙、鬼怪、妖魔和女巫的魔力的看法也是这样产生的。"

当时的读者如果看到这里，会不会生出一种想法："难道上帝也是这样产生的吗？"

霍布斯绝对要矢口否认的。但无论他再怎么否认，也瞒不过明眼人，因为按照他的逻辑推演下去，走到终点，一定是无神论站出来踢翻上帝，再没有别的可能。而在那个时代，"无神论者"几乎可以和魔鬼画等号，人人得而诛之，何况树大根深的经院学派早就被霍布斯激怒了。

我们不妨从霍布斯的一段奚落文字里了解一下当时经院哲学是如何理解天地自然之理的：

> 如果能消除这种鬼怪的迷信恐怖，随之又将占梦术、假预言以及那些狡猾不轨之徒根据这些搞出的愚弄诚朴良民的许多其他事情予以取缔，那么人民就会远比现在更能恪尽服从社会的义务。
>
> 这种事情正是经院学派所应做的工作，但他们反而滋长上述邪说。他们由于不知道想象和感觉是什么，只知道人云亦云地传授师说，于是有些人便说：想象是自动产生的，不具有造成的原因。还有一些人则说，想象最常见的是由意志中产生的，善念是上帝吹入（以灵气灌入）人们心中的，恶念则是魔鬼吹入的。或者说，善念是上帝注入（灌入）人们心中的，恶念则是魔鬼灌入的。有些人说，感觉接受事物的感象，然后把它传给一般意识，一般意识又传给幻象，幻象传给记忆，记忆传给判断，就像一手一手地传递东西一样。他们说了一大堆废话，但什么也没有让人听懂。

现代人理解这些话很要费费脑子，而我之所以摘选这段话，是为了展示一下霍布斯那个时代的思想土壤。霍布斯的观念在今天看来当然有不少荒唐的地方，但放在当时当地的背景下，马上就显得光芒四射了。

霍布斯连篇累牍，用了好大的篇幅逐个击破经院哲学的语词迷雾，重新定义"感觉""记忆"这类概念，而一切的基础都在"运动"。一路推演下来，最后落到了人性的问题上。

人的"意象"就是一种"运动"，当它朝向某个目标的时候，我们称之为"欲望"或"愿望"，当它逃避某种事物的时候，我们称之为"嫌恶"。霍布斯甚至从词源上做出考证，说"欲望"和"嫌恶"这两个词都是从拉丁文来的，原本都是描述运动状态的词，一个是"接近"，另一个是"退避"。如果继续推演下去，就触及了道德意识的来源。霍布斯是这样讲的：

> 任何人欲望的对象就他本人来说，他都称为善，而憎恶或嫌恶的对象则称为恶；轻视的对象则称为无价值和无足轻重。因为善、恶和可轻视状况等语词的用法从来就是和使用者相关的，任何事物都不可能单纯地、绝对地是这样，也不可能从对象本身的本质之中得出任何善恶的共同准则。这种准则，在没有国家的地方，只能从个人自己身上得出，有国家存在的地方，则是从代表国家的人身上得出的；也可能是从争议双方同意选定，并以其裁决作为有关事物的准则的仲裁人身上得出的。

我知道这些话很枯燥，很乏味，好像费了很大力气来给一些细枝末节下定义。但这就是霍布斯最典型的行文风格，用几何证明式的手法来做哲学推理。这种学术腔调，是中国人特别不习惯的。如果你看过牛顿的《自然哲学的数学原理》，就会惊奇于它的行文结构和《利维坦》是多么相似。事实上，牛顿和达尔文这两位自然科学家，正是近现代社会科学的重要奠基人。其中的缘故，恰恰就是老庄哲学"师法自然"的逻辑。

（2）哲学论证里的几何学手段

霍布斯深爱欧几里得几何，认为几何学是唯一可靠的知识体系。我们都学过欧式几何，它的本质大体说来就是从很少的几则公理出发，经过严格的逻辑推导，得出很多定理，解决无数具体问题。这种方法也叫演绎法，和归纳法一起构成人类认知的两大经典工具。而在哲学传统上，欧洲大陆更重视演绎法，英国更重视归纳法。霍布斯做过培根的秘书，培根就是"知识就是力量"这句名言的版权所有人，他的学术路线就是拓展归纳法。因为哲学工具的不同，所以，欧洲大陆形成理性主义传统，英国形成经验主义传统，两边的社会发展走向就形成了很大的差异。所以说，虽然哲学死了，但如果不了解一点哲学，就看不清许多社会大事件的底层逻辑。

霍布斯的哲学工具太有欧陆风，后来他长期在国外生活，墙里开花墙外香，其在国外的声誉远远高于国内，这虽然有很多现实政治的因素，也有哲学工具的缘故。

霍布斯的几何风格的推理证明，让今天的读者来看，肯定要大呼头痛的。我这里不妨简明扼要地总结一下：霍布斯的"公理"就是"运动"，逻辑证明一路做下去，最后揭示人性——人的一切欲求都是持续不停的追求，除非受到外力的阻碍，否则就是停不下来。这就像我们中国的老话说的："欲无止境，既得陇，又望蜀。"

我们中国人讲这样的格言，一般都是为了达到道德劝诫的目的，要人认识到得陇望蜀的荒唐，好好克制自己的欲望。但霍布斯不是道德家，在他看来，得陇望蜀既然是天地自然之理，人类既然天生就是具有侵略性的，那么，合理的政治结构就应该因势利导。就像《老子》的方法论一样，顺应天地自然之理的政治才是好的政治。

所以，在霍布斯看来，政府应该是经由所有欲无止境、得陇望蜀的人达成的某种契约形成的。在西方政治哲学的社会契约论里，霍布斯的《利维坦》是当之无愧的开山之作。但是，《利维坦》中的契约国家非常另类，它竟然不是正常人正常想象中的民主国家，而是货真价实的集权国家。

霍布斯的逻辑是，人人生而平等，所以应该建立集权国家，让集权政府主宰一切。

从"人人平等"这个前提到底该怎么推导出"集权国家"，这就要考考你的想象力和逻辑推理能力了。

一切人对一切人的战争

（1）可怕的自然状态

人人生而平等，所以应该建立集权国家，让集权政府主宰一切，这是霍布斯的诡异逻辑。这到底是怎么回事呢？

这需要我们先看清楚所谓天地自然之理是怎么回事。我们既然已经从上一节的内容里知道了"运动"的意义，那么不妨想象一下，在没有政府以前，人类的原初状态是什么样子？还有一个问题：人和人究竟是如何生而平等的？

每个人的体能和智力差别并不很大。尤其在原始社会，人们缺乏知识积累的有效方法，想练武看不到《九阴真经》，想学文化看不到《几何原本》，人和人的差异也就更小了。即便有人天赋异禀，也架不住其他人的联手和偷袭。所以，即便是最强的人，也会惧怕弱者。那么，每个人的能力基本可以说是平等的。因为能力平等，欲求也是平等的。面对同一块肉，你也想吃，我也想吃，但它只够一个人吃——资源的稀缺造就了仇恨。

当然，人类最本源的欲望就是求生，换言之，就是在资源稀缺而危机四伏的世界里寻求自保之道。把萨特的名言"他人即地狱"用在这里再合适不过——别人多吃一口，你就少吃一口，反之亦然。你总想让自己多吃一点，让别人少吃一点，你心里也很清楚，每个人的想法都和你的一样。你算计他们，他们也在算计你。你想控制住所有人，只有这样，你才能高枕无忧，但每个人都怀着这个想法，也都清楚别人也都怀着这个想法。

如果你是真正的善男信女，只想明哲保身、与世无争地过好自己的小日子，如果你真的持有这样的人生观，那你一定就是最先受死的人。道理很简单，有人的地方就有江湖，有江湖的地方就有纷争，你的存在本身就足以引起别人的猜忌——你的明哲保身是不是装出来的呢？你再怎么与世无争，还不是要分我们的肉吃？就算现在我可以放心你，但难保哪天你就受到敌对阵营的蛊惑，变成我的敌人；就算现在你不跟我抢，万一哪天大饥荒，你就会跟我抢了……

凡此种种，考虑得似乎也没错，深谋远虑一点总意味着安全一点。所以，哪怕仅仅出于自保的目的，最合理、最稳妥的办法就是先发制人，也就是用武力或机诈来控制更多的人，直到再看不到有其他任何人可能伤害到自己。

(2) 人类纷争的三种原因

霍布斯深究人类的天性，归纳出造成争夺的三种主要原因：第一是竞争，第二是猜疑，第三是荣誉。竞争是为了争夺稀缺资源，人们在竞争中倾向于用暴力奴役别人。猜疑是出于自保的缘故，时常担心别人会侵犯自己。荣誉是对自尊心的捍卫，人们往往因为一些鸡毛蒜皮的小事，觉得自己受到了蔑视，所以奋起抗争。

基于以上缘故，如果没有一个权威力量使大家慑服，那么人们便会处于战争状态。霍布斯在此说出了他最有名的一句论断:"这种战争是一切人对一切人的战争。"

即便在不打仗的时候,战争状态也存在,这是因为战争的意图时时刻刻都不会停息,每个人都在时时刻刻惦记着打仗。借用中国一句老话:"不怕贼偷,就怕贼惦记。"战争状态就是这样,别人永远惦记着要弄死你,你也必须永远惦记着要弄死别人。

如果人人都生活在这种境况下,那么可想而知,谁也不会有心思努力发展生产。你的生产成果越多,别人就越想弄死你,掠夺你。

霍布斯对这个内容的分析,成为英语文章里的名段。如果你深入学过英语的话,很可能在某个选本里读过它。王佐良的《英国散文的流变》就从文学和语言的角度介绍过《利维坦》,很值得转述一下。

王佐良在分析17世纪的英国散文时,有这样一段概述:"这是一个剧烈变革的时期,充满了争论,四十年代起还充满了火药味,散文还常被用作斗争的武器。武器式的散文,也有各种风格。大致来说,可分上、中、下三格。"

上格的代表作,王佐良选的是弥尔顿的《论出版自由》。《利维坦》是中格的代表,王佐良摘选的一段就是霍布斯论述"战争状态"的一段:

> 在人感到除自己力量外别无安全保障、一切靠自己想办法的时候,情况就同人人为敌的战争时候一样。在这种情况下,不可能有工业,因为没有把握出产品;也就没有耕作,没有航行,对海运来的商品没有用处,没有宽敞的建筑,没有工具足以输送需要大力才能移动的物件,没有关于地球表面的知识,没有时间的计算,没有工艺,没有文艺,没有社交;而最坏的是,只有对于暴死的经常恐惧和实际危险,于是人的生命变得孤寂、穷困、肮脏、野兽不如,

而且短促。

还有必要摘引一下王佐良的评述:"这里的主要思想是:国家必须有威力强大足以震慑一切臣民的中央政权,才能秩序井然,百业兴盛。文章写得清楚,逻辑性强,句子安排得井然有序。但霍布斯的笔锋也常带情感,例如引文最后一句就露出了这位政治哲学家对人生的悲剧感,五个形容词一个比一个厉害,最后则归结到'短促'——短促的生,永恒的死。"

(3) 自然权利

的确,像王佐良概括的那样,霍布斯要主张建立一种强大的中央政权。但霍布斯的推理过程远比王佐良的概括来得复杂,因为霍布斯要做的,并不是智者的感悟或者灵光乍现,而是几何式的严格证明。也就是说,任何人只要遵循理性,都可以对他的证明做出"验算",而他的证明只要经得起"验算",无论大家多不爱听,也只能捏着鼻子接受。我们拿中国传统哲学来对比一下,就会发现方法论上的本质不同。

霍布斯要推导出集权政府,还有一些必要的铺垫要做,首先就是定义出"自然权利"和"自然律"这两个概念。所谓自然权利,霍布斯这样说:"著作家们一般称之为自然权利的,就是每一个人按照自己所愿意的方式运用自己的力量保全自己的天性——保全自己的生命——的自由。因此,这种自由就是用他自己的判断和理性认为最适合的手段去做任何事情的自由。"

如果你第一次听到这种描述,很容易被绕住,不能立刻反应过来霍布斯到底要说什么。如果用通俗的语言转述一下的话,我们可以设想这样一个情景：我拿枪指着你的头，问你"想死还是想活"，你转了转脑子，发现自己完全没有悲观厌世的情绪，于是认认真真地回答说："想活！"你这样说，就等于在声明自己的自然权利。然后我说："想活的话，哈哈哈，很简单，你去帮我把万维钢除掉！"你仔细斟酌了一下，觉得自己虽然有晕血症，轻易不愿意杀人，但毕竟还有杀人不见血的手法嘛，再说你和万老师并不沾亲带故，杀了也就杀了，心理障碍不大。于是，你认认真真地回答说："没问题，包在我身上，只要你饶我一命。"

在上述关系里，我和你实际上等于订立了一个契约，我用"饶你一命"换来你帮我除掉万老师。

我知道你会反驳："这叫'不平等条约'好吧？在胁迫下订立的契约，没有必要履行。孔子就遇到过这种情况，结果，他一脱离险境，就把契约抛在脑后，为我们做出了很好的表率。孔子还说过：'言必信，行必果，硁硁然小人哉。'不必遵守的契约就不用遵守，如果只顾守信用，不顾是非对错，那是小人行径。"

这话当然在理，但是在霍布斯看来，一切契约都是以胁迫和恐惧为基础的。今天的契约也一样，如果不是因为害怕对方违约，何必还要白纸黑字写下契约，甚至标明违约责任呢？

所以，"不平等条约"根本就不存在。清政府和西方列强签订了那么多不平等条约，如果让霍布斯来看，哪有什么不平等呢？如果清政府不情愿，那就不签嘛，继续打仗就是了。从哲学意义上看，"不得已"只是一种幻象。借用经济学的概念，一个人在做理性权衡的时候，总会充分考虑机会成本。通俗来说，无非是两利相权取其重，两害相权取其轻。所谓"不得已"，仅仅意味着你认为你所选择的比你所放弃的东西更重要。

亚里士多德举过"沉船"的例子，说一个人带着全部家当乘船远航,不巧遇到了暴风雨,眼看着船就要沉了,这个人经过审慎的权衡,终于把金银财宝都扔到海里,减轻了船只的负载,以增加保全性命的机会。这算"不得已"吗?应该不算,因为他完全可以要钱不要命嘛。

既然在风雨孤舟上艰难抉择的财主依然拥有抉择的自由,那么,让我们回顾一下霍布斯方才的话:"这种自由就是用他自己的判断和理性认为最适合的手段去做任何事情的自由。"请注意这句话里的"任何事情",这就是说,那个财主还有着把其他乘客扔进大海的自由。别惊讶,霍布斯就是这个意思。

(4) 自然律

接下来,霍布斯又抛出一个概念:自然律。定义如下:"自然律是理性所发现的戒条或一般法则。这种戒条或一般法则禁止人们去做损毁自己的生命或剥夺保全自己生命的手段的事情,并禁止人们不去做自己认为最有利于生命保全的事情。"

给每一个概念下周密的定义,这也是很让中国读者不习惯的。但我们必须理解,霍布斯是在做几何证明题。所以,他的哲学也许很荒谬,或者很让人不愉快,但其中隐隐蕴含着科学精神,这是很了不起的地方。

霍布斯一共罗列出十九条自然律,其中第一条和第二条是最基本的。

第一自然律是"每一个人只要有获得和平的希望,就应当力求和平;在不能得到和平时,他就可以寻求并利用战争的一切有利条件和助力"。霍布斯还做了一点解释:"这条法则的第一部分包含着第一个同时也是基本的自然律——寻求和平,信守和平。第二部分则是对自然权利的概括——利用一切可能的办法来保卫我们自己。"

由此可以引申出第二自然律:"在别人也愿意这样做的条件下,当一个人为了和平与自卫的目的认为必要时,会自愿放弃这种对一切事物的权利,而在对他人的自由权方面满足于相当于自己让他人对自己所具有的自由权利。"

我想你应该已经被这些话绕住了,不会再想继续听完余下的十七条自然律了。

霍布斯完全预见到了你的反应,所以他在好几十页的长篇大论之后,对那十七条有一个简短的归纳:"由于人们之中大部分都忙于糊口,其余的人则因过于疏忽而无法理解以上关于自然法的微妙推演。然而为了使所有的人都无法找到借口起见,这些法则已被精简为一条简易的总则,甚至最平庸的人也能理解,这就是:己所不欲,勿施于人。"

当然,最后我必须用更加简单的话来概述霍布斯的论证:在自然状态下,人人都想为所欲为,同时也害怕被别人为所欲为,整个社会充满战争和焦虑。这种日子实在过不下去,怎么办呢,要不大家商量一下,定一个共同遵守的规矩好了。但是,定规矩容易,守规矩可不容易。定完规矩之后,大家面面相觑,谁第一个守规矩呢?他怎么敢相信当自己守了规矩之后,别人也能一样守规矩呢?好像除了自己,其他人还都在自然状态里,想杀自己就杀自己,这可太吃亏了。再说,定好规矩之后,谁来惩罚违规者呢,总不能人人都是法官兼刽子手吧?

如果想要摆脱困局,只有一个办法:大家选出一个人或一群人,赋予他或他们最高主权,把保护自己的权利完全交给这个主权者,社会契约就此达成。这份契约的特殊之处在于:主权者并不是立约的一方,而是除他之外的所有人订立契约,为了享受和平生活,为了摆脱自然状态,请他来做大家的主子。而这位主权者独自生活在自然状态里,可以为所欲为,不必对臣民负任何责任,他的命令就是所有人必须服从的法律。这就是绝对的专制、绝对的集权。

我们不妨设想一群患了疑心病的江洋大盗生活在一起,人人都有机枪大炮,每天睡觉都要把机枪抱在怀里,把大炮藏在枕头底下。这日子实在没法过,于是大家一起商量:"以后我们要和睦相处,明天都去把武器毁掉。谁要是动手害人,我们就一起弄死他。"每个人都真心拥护这样的决定,但真到了销毁武器的时候,没有人不会心生疑虑。最后大家商量出一个办法:一起来到悬崖边,喊"一、二、三",约定同时把武器扔下悬崖。那么,最有可能的情况是,喊完了"三",每个人都盯着别人,都想比别人慢一拍,结果谁都没松手。

要想打破这个僵局,只有一起选一个主子。大家看我长得青面獠牙、做事心狠手辣,就决定把武器都交给我,从此由我负责维护和平,用一座武器库威慑所有手无寸铁的人。即便有人私藏了武器,但和我拥有的火力一比,完全可以忽略不计。也许会有刁民这样来找我商量:"熊老师,您的好生活都是我们给的,麻烦您以后善待我们一点。"那么,我可以有两种态度:要么直接拒绝,"我就是不想善待你们,那又如何";要么虚与委蛇,承诺可以做得天花乱坠,但等我掌了权,一切还不是由我说了算?

只要大家足够理性,就都能够想通这些道理,也都知道就算换一个主子也不见得更好,索性拥护我了。当然,也不排除有少数人就是看不惯我,但是,既然参与了契约的制定,就要有"少数服从多数"的觉悟。如果少数派就是不肯服从,那也没关系,我既然有了多数派的支持,有了强大的武装力量,轻轻松松就可以灭掉所有的反对派,从此过上作威作福、颐指气使的幸福生活。

在这个逻辑中,最核心的一点就是,如果没有一个权威力量使所有人慑服,那么一切契约都注定成为一纸空文。

对各位臣民来说,找我这样一个主子绝对不是什么好事,但问题的重点是，这种状况即便再糟糕，也要好过原来那个人人自危的自然状态。所以，大家并不是一起缔造一个"好"的政治结构，而是两害相权取其轻，因为不可能有更好的政治结构了。

具有理想主义情操的哲学家会让你在现实的糠和理想的肉之间做出选择，比如儒家描绘大同世界，柏拉图描绘理想国，马克思描绘共产主义，但霍布斯说，所有的肉都只是幻想，根本不可能有。真正的现实只有两个选择：要么是屎，要么是糠。到底要吃糠还是吃屎，所有人的选择都应该是一致的。所有人都是理性的自利者，吃糠既会是他们自由选择的结果，同样也将是他们必然会做的选择。

自由和必然，在霍布斯看来是一回事。而这种糠一样的国家，就是"利维坦"，用今天的话说，就是集权国家。在霍布斯的逻辑里，如果有一天大家痛恨的糠消失不见了，那么所有人注定沦落到吃屎的境地，最后实在无法下咽，还得去找糠吃。既然如此，大家就应该珍惜眼前的糠，无论它多难吃。

"利维坦"是音译，它是《圣经》里提到的一种海怪，中文版《圣经》一般将其翻译成鳄鱼。当然，鳄鱼绝不足以表现利维坦的强大。这部书于1651年首次出版，卷首插图很形象，画的是一个一手持利剑、一手持权杖的巨人，他的身体是由无数臣民构成的。书名"利维坦"不仅是音译，而且是中国风格的简称，英文原名叫作《利维坦，或教会国家和市民国家的实质、形式和权力》(Leviathan or The Matter, Forme and Power of a Common Wealth Ecclesiastical and Civil)。

看过如此反动透顶的学说，正常人都该想到：国王一定爱死他了。

《利维坦》诞生的时代

（1）君权神授与"国王无谬说"

霍布斯严密论证出集权国家的合理性，正常人都会想到国王一定爱死他了。然而，事实上，国王看着这本书，一脸尴尬，表情复杂。这到底是怎么回事呢？

要回答这个问题，我们有必要简单了解一下当时英国的社会风貌。

我之前讲过，1588年，霍布斯出生于一个很普通的教区牧师家庭，传说他的母亲听闻西班牙无敌舰队来犯，受惊早产。所以，霍布斯后来有一个著名的自嘲："霍布斯和恐惧是孪生兄弟。"

无敌舰队的覆灭是当时震动欧洲的大事件，西班牙从此丧失了霸主地位，英国开始狂飙突进，进入一个黄金时代。这一时期的英王就是著名的"童贞女王"伊丽莎白一世，她是都铎王朝的最后一任国王。

你也许会觉得奇怪，伊丽莎白一世既然如此雄才大略，为什么会成为末代君王呢？

原因很简单，因为她是"童贞女王"，一辈子保持独身，所以都铎家族就这么断子绝孙了。

我们千万不要以中国历史的模式来理解西方历史，接下来，我们还会看到更离奇的事情。伊丽莎白临终之前，需要指定一名继承人，她很豁达：要不，就找个外国人给英国人当国王吧！

当然，伊丽莎白一世并不是真要标新立异，而是根据传统，循着亲缘关系来选王位继承人。当时欧洲各国都有通婚的传统，甚至连领土都常常作为嫁妆送给外国，还可以定价买卖，这是中国人很难想象的事情。在这样的亲缘关系里，有时候法国国王说自己是合法的英国国王的继承人，有时候英国国王说自己是合法的法国国王的继承人，这种事经常出现。我们看莎士比亚的历史剧《亨利五世》和《约翰王》，戏剧冲突都是在这样的背景下展开的。而莎士比亚生活的时代，恰好横贯伊丽莎白一世和她的外国继承人统治的时代。

伊丽莎白一世选定的继承人，是苏格兰国王詹姆斯六世。当时的苏格兰并没有并入英国，还是一个独立的国家。詹姆斯六世的母亲就是著名的苏格兰女王玛丽·斯图亚特。

玛丽浪漫多情，伊丽莎白果决狠辣，两人演了半生的对手戏。玛丽被伊丽莎白长期囚禁，最后处决。茨威格为玛丽写过一部文采斐然的传记，尤其最后渲染玛丽之死的段落很有悲剧感：

> 玛丽·斯图亚特泰然自若地进了正厅。生而为女王，她在孩提时代便学会了王者风度，在最艰难的时刻也没有把它抛弃。高傲地昂起头，她登上断头台的两级梯子。十五岁时，她就是这样登上法国的宝座的，这样登上了雷姆斯大教堂的圣坛踏级，倘若主宰她命运的是别的星辰，她还会这样登上英国的大位。当初，她既温顺而又高傲地挨着法国国王、挨着苏格兰国王下跪，领受神父的祝福；如今，她同样温顺而又高傲地下跪，领受死神的祝福。她漠然地听秘书再一次宣读判决书。她的脸庞流露出和蔼的神情，几乎是喜形于色——温格菲尔德虽然对她恨之入骨，但他在给塞西尔的报告中

却也不能不说玛丽·斯图亚特把判决词不啻当作福音。(《玛丽·斯图亚特：苏格兰女王的悲剧》，侯焕闳译，生活·读书·新知三联书店，1996)

茨威格这部传记，书名一般译成《玛丽·斯图亚特：苏格兰女王的悲剧》，但也有很有中国腔调的译本，书名译成《为爱疯狂》。这样的译名确实很让人恼火，但话说回来，玛丽的一生也确实当得起"为爱疯狂"这四个字，怎么看她都不是一位称职的政治家。她和伊丽莎白这对远房姐妹，也一直都在爱恨纠缠中。伊丽莎白虽然囚禁了玛丽，甚至杀掉了玛丽，但要说有多恨她，倒也未必，伊丽莎白心底恐怕还是有几分无奈的。伊丽莎白指定玛丽的儿子做自己的王位继承人，不知道这个选择的背后有没有掺杂一点私人感情的因素。

于是，苏格兰国王詹姆斯六世来到英国，成为斯图亚特王朝的第一任君主詹姆斯一世。这种欧洲国君的称谓习惯是中国读者很不熟悉的。简言之，所谓詹姆斯一世，就是第一位叫詹姆斯的国王；所谓詹姆斯六世，就是第六位叫詹姆斯的国王。在苏格兰的历史上，已经有过五位国王都叫詹姆斯，所以轮到玛丽的儿子，就是詹姆斯六世。但在英国这边，此前还没有哪位国王叫詹姆斯，所以他就是詹姆斯一世。詹姆斯一人兼任两国的国王，在苏格兰他是詹姆斯六世，在英国他是詹姆斯一世。

等英国人迎来了詹姆斯一世，才发现这个外国人太不合本国人的脾胃了。而且，因为他是外国人，大家对他的认同感和宽容度都不太高。他的一些态度和做派，如果换到伊丽莎白一世身上，大家并不会觉得什么，但正因为是在他詹姆斯一世身上，所以怎么看怎么扎眼。

詹姆斯一世是君权神授说的真诚支持者，相信国王之所以能成为国王，背后一定有上帝的旨意。上帝的旨意一定是完美无瑕的，一定是任何人都不可以反对的。上帝安排谁做国王,这个人就一定口含天宪,言出令随。

换作其他国王,这种话最多也就是嘴上说说,心里念念,但詹姆斯一世很有理论素养,专门就这个主题写过一部学术专著,题目很有学术范儿,叫作《自由君主制的真正法律,或一位自由君主和他的自然臣民之间的互相与共同的责任》(The True Law of Free Monarchies or the Reciprocal and Mutual Duty Betwixt a Free King and His Natural Subjects)。

柏拉图一定会在詹姆斯一世身上看到"哲人王"的影子,尽管他不会赞同后者的哲学。

你也许会问:"国王也是凡人。人非圣贤,孰能无过?国王如果犯了错,下错了命令,那该怎么办呢?"

詹姆斯一世会回答你:"幼稚!你要搞清楚,国王是不会犯错的!"

詹姆斯说得没错,确实有一个政治学概念叫作"国王无谬说"。国王怎么说都对,怎么做都对,臣民只有服从的义务。

当然,这个概念绝不是每个人都接受的。最大的反对派是罗马教皇,因为还有一种渊源更古老、接受度更广泛的概念,叫作"教皇无谬说",也就是说,教皇就是真理的化身,一言一行都是对的。如果区区一个国王也有"无谬说",那么,当他的政策和教皇的政策有了冲突,到底谁对谁错呢?这会让"全世界"无所适从的,真理的化身只能有一个!

说句题外话,最高统治者的"无谬论"是一个普世性的问题,因为人性中都有奴性,都会自觉不自觉地向强者靠拢,所以,即便到了今天,全世界的青少年都还会有很疯狂的偶像崇拜,而偶像明星也会小心翼翼地维护自己的光辉形象,形象一旦有了污点,精神感召力就会大打折扣。中国古人也遇到过这种问题,给出的解决思路就是让皇帝和政府适度分离，让皇帝脱离具体政务。这样的话，一旦有了坏政策，民怨沸腾了，宰相就会出来当替罪羊，丝毫无损皇帝的权威。但在中国的政治结构里，要达到这种效果，基本要靠皇帝自觉，只不过皇帝手握那么大的权力，实在很难有这种自觉性。

英国人后来真的搞出来了"国王无谬说"，那就是一场"光荣革命"打造出来的君主立宪制。这场革命就是在斯图亚特王朝实现的，但那是后话，詹姆斯一世心目中的"国王无谬说"可与君主立宪制无关。

（2）保王党和圆颅党

英国人好不容易把詹姆斯一世熬死了，继位的是詹姆斯一世的儿子查理一世。在治国理念上，查理一世不但子承父业，而且变本加厉，英国仿佛就是他的榨油厂，他唯一感兴趣的事情仿佛就是多榨一点，再多榨一点。

被榨得太狠了，花生和橄榄终于都受不了了。于是，英国人分成两派：一派忠诚支持查理一世，称为保王党；另一派站在议会一边和国王作对，称为圆颅党。

"保王党"这个词很好理解，但什么是"圆颅党"呢？

顾名思义，这是指圆形脑袋的一批人。

当然，人的脑袋都是圆的，区别只在于装束和发型。当时的保王党都是一些传统士绅，衣着打扮很老派，也很浮夸。他们会戴宽檐帽，帽子底下是夸张、卷曲的假发，衣服也穿得华丽异常。圆颅党基本都是清教徒，他们看不惯世间的各种浮华，相信过简单朴素的生活才符合上帝的心意。所以，他们的服装和帽子都走朴素路线，非但不戴假发，还把头发剪短，那副模样其实和今天留着普通发型的男人差不太多。但这种发型在当时看来，实在朴素得辣眼睛。当时，要分辨一个人到底是保王党还是圆颅党，确实一眼就可以看出来。

我们还真不可以小看这件事，因为用造型表达政治立场这个经典的政治宣传手法正是由圆颅党开创的。

霍布斯就生活在这样一个剑拔弩张的时代，用一部《利维坦》给所有人添堵。

是的，这部书虽然极力主张建立集权国家，主张君权无限，为国王的为所欲为摇旗呐喊，但它偏偏颠覆了君权神授的根基。由契约赋予的特权哪比得上由上帝赋予的特权呢？所以，任何喜欢君权神授说的国王都会纠结。

教会倒不纠结，只是愤怒，因为这部书虽然在今天看来是一部政治学经典，但在当时的人看来，它更像一个无神论者向基督教发布的战斗檄文。霍布斯虽然小心翼翼地着墨，极力避免和上帝发生正面冲突，但读者只要不傻，都能从字缝里读出作者的"险恶用心"。再者，如果君权无限，把教权置于何地？

圆颅党当然也恨这部书：霍布斯这个奸贼，你把上帝置于何地，把广大人民群众置于何地，把英格兰的自由风格的政治传统置于何地？我们可以把这些问题归纳成这样一个标题："圆颅党问霍布斯：英国政治的三个问题"。

就在《利维坦》首版的两年之前，也就是公元1649年，在中国对应的年份是清朝顺治六年，英国发生了一桩惊天大事：查理一世被送上了断头台。

在此之前，保王党和圆颅党的内战已经打了一段时间。圆颅党阵营出现了一位英明统帅叫奥利弗·克伦威尔，这终于让保王党招架不住了，而理论上应该得到上帝眷顾的查理一世竟然沦为俘虏。如何处置这名俘虏，这可比如何抓住他更让人伤脑筋。

中国人很难理解英国人的纠结。在中国人看来，这不就是造反成功、改朝换代了吗？

但英国人不一样，要摆一摆文明范儿，最后争来论去，激进派终于占了上风，决定经由正规的法律程序，起诉查理一世。

国王如果被废黜、流放，甚至被暗杀，多数人其实不难接受。但起诉国王、审判国王，这事总令人感觉有点荒唐。但无论如何，起诉还是开始了，查理一世的罪名是，作为一名被人民选出来的国王，竟然悍然对人民发动战争，这是对人民的背信行为；勾结外国势力，这是叛国行为。是可忍孰不可忍，对这种既背信又叛国的人，一定要明正典刑！

查理一世就这样被送上了断头台。据说在临刑之前，他特地穿上了两件衬衫，怕在寒冷的天气中发抖而让观众误认为他在害怕。他就这样从容赴死，在最后一刻保持了君王的体面，英国从此进入了克伦威尔摄政的时代。

克伦威尔是一名虔诚的清教徒，全部的生活纲领只有四个字：勤俭克己。

英国人这才发现，铺张浪费的统治者固然讨厌，勤俭克己的统治者其实更讨厌。

剧院被关闭了，酒被禁了，就连圣诞节都不能过了。英国人每天的生活，除了工作，就是去教堂做弥撒。一言以蔽之，即只有团结、紧张、严肃，唯独不许活泼。这确实很圣洁，可是，也太无聊了一点吧？于是，在抚今追昔的镀金效应里，越来越多的人开始怀念查理一世的时代。曾经种种庸俗的欢乐，"当时只道是寻常"啊。

这时候如果翻看一下《利维坦》，就会注意到字里行间的这样一种论调：国王怎么可能伤害臣民呢，怎么可以被审判呢，怎么可以被臣民判处死刑呢，这有多荒唐！

(3) 国王永远不会伤害臣民

当然,普通人都会觉得上面这些问题才荒唐。国王当然可能伤害臣民啊,比如昏君和暴君,难道他们没有伤害臣民吗?

没错,但这只是普通人在常识上的理解,而霍布斯经过严密的逻辑推理,完全可以颠覆这些常识。我们来看看《利维坦》原文中的一段:

> 由于按约建立国家以后,每一个臣民便都是按约建立的主权者一切行为与裁断的授权者,所以就可以得出一个推论说:主权者所做的任何事情对任何臣民都不可能构成侵害,而臣民中任何人也没有理由控告他不义,因为一个人根据另一个人的授权做出任何事情时,在这一桩事情上不可能对授权者构成侵害。既然像这样按约建立国家之后,每一个人都是主权者一切行为的授权人,因此,抱怨主权者进行侵害的人就是抱怨自己所授权的事情,于是便不能控告别人而只能控告自己。甚至还不能控告自己进行了侵害,因为一个人要对自己进行侵害是不可能的。诚然,具有主权的人可能有不公道的行为,但确切地说,这不是不义,也不算是侵害。
>
> 根据以上所说的道理来看,处死一个主权者,或臣民以任何方式对主权者加以其他惩罚都是不义的。因为每一个臣民既然都是主权者行为的授权人,那样就是由于自己所做的事情去惩罚另一个人了。

我来把霍布斯的推理简化一下:首先,所有人同意,为了摆脱可怕的自然状态,进入和平状态,唯一的办法就是找一个主权者,从此,所有人都进入了契约状态,只有主权者一个人仍然处于自然状态,可以为所欲为。也就是说,主权者即便为非作歹,也是所有人授权他那么做的，因为大家都明白，就算主权者再怎么为非作歹，反正有个主权者就比没有强。

如果你有抱怨，说主权者征你的税，抢你的钱，那只怪你自己想不开，因为在自然状态下，任何人都没办法保有财产，所以，财产可以说就是由主权者创造出来的。既然是主权者创造出来的，人家当然想拿走多少就拿走多少呗。

别跟主权者谈正义，因为只有有了主权者，或者说有了国家，才有所谓的正义。如果还是在自然状态里，一切人与一切人为敌，暴力和狡诈都是自我保全的优势，谁和谁都谈不上正义。

国王为什么只可以杀，但不可以审

（1）征服和契约都可以创造主权

英国主权者查理一世被荒唐地杀掉了，那么，作为"利维坦"的鼓吹者，霍布斯在这个险恶的政局里应该何去何从呢？

他会不会成为前朝遗老，用无可奈何的叹息凭吊来度过每一天呢？当然不会，而且很不应该。自然状态里的人之所以要放弃自然权利，推举主权者，无非是为了能有一个和平的生存环境。契约订立之后，如果主权者保护不了他的臣民，臣民也就没有服从他的义务。所以，当查理一世上了断头台，霍布斯也就顺理成章地投靠了克伦威尔。克伦威尔无疑是新一代的主权者，是他而不是查理一世，给社会创造了和平秩序。

我们不妨把问题再推进一步：如果推翻查理一世的不是克伦威尔，而是外国的某位国君呢？如果推翻查理一世的战争既不是反叛，也不是起义，更不是革命，而是赤裸裸的侵略呢？无论如何，霍布斯的回答都不会有任何改变：谁赢了，谁当政，谁就是主权者，我们就应该服从他。文天祥一定会质问霍布斯："你还要点脸不？你这是赤裸裸的汉奸理论！"霍布斯一脸无所谓："意识形态就是脸上的胶原蛋白，胶原蛋白变了，脸当然也就跟着变了。"

霍布斯的"胶原蛋白"就是《利维坦》中一个令人最不爽的结论：不仅契约可以创造主权，征服也一样可以创造主权。这并不是一个道德问题，无论你含羞带臊还是义愤填膺，只要你本着最基本的理性，循着最严格的推理，就必然会走到这个终点。当然，文天祥依旧可以舍生取义，霍布斯绝对不会拦着。

在霍布斯看来，征服之所以获得主权，是因为征服的背后暗含着某种契约。征服者问亡国奴："你们想死还是想活？"每个亡国奴的心里都会浮现出一个哈姆雷特式的终极追问："好死，还是赖活着，这是个问题。"有不服气的人，就舍生取义去了，也有贪生怕死的人，就在胆战心惊中承认征服者是新的主权者。我们必须牢记之前讲过的一个要点：胁迫和恐惧都不是使契约失效的理由。

(2) 主权不可分割

如果把霍布斯摆在克伦威尔的位置，他应该怎样根据《利维坦》的准则来处置被俘的查理一世呢？

至少我们知道，起诉和审判都是荒唐的，逻辑上不能自洽。

回顾国王和议会的内战，从本质上说，这是两个主权者在自然状态里的交锋。既然是在自然状态里，那么大家可以无所不用其极，充分行使上帝赋予的自然权利。也就是说，一个主权者完全拥有杀死另一个主权者的权利，这就像在今天的世界上，战争中的杀人不算犯罪一样。所以，根据《利维坦》的逻辑，既然活捉了查理一世，直接杀了他就对，别搞什么起诉、审判之类的闹剧。不知道坐在审判席上的查理一世如果听到这个理论会不会感到一点宽慰。

另外，这场内战应该让大家领悟到一种真理，那就是主权不可分割。

既有国王，又有议会，这就属于主权分割，而主权分割注定导致内战。内战的情景已经和自然状态相去不远了，理应是人人避之唯恐不及的。

一言以蔽之，和平稳定压倒一切，而为了达至和平稳定，不但要有主权者，并且主权者的主权绝对不可分割。若非如此，社会就会陷入战云密布、动荡不安、人人自危的无政府状态，也就是一切人与一切人为敌的自然状态。

我们不妨想象一下国家与国家的关系。国家关系在本质上就是自然状态下的主权者和主权者的关系，谁也不服谁管，谁都要努力搞国防，用无数双眼睛紧盯着四邻的一举一动，生怕一不小心就被哪位邻居打了。真的打起来之后，输家没有地方讲理，要么宁为玉碎，要么委曲求全。所以，在"二战"中，日本偷袭珍珠港，这是无可厚非的事。日本人如果读过《利维坦》，就会这样回应美国人："我们就是偷袭了，我们就是说一套做一套，那又如何？不服气的话就放马过来。搞那么多道德谴责有意思吗？自然状态下，根本就没有道德可言。强存弱亡，天经地义。《孙子兵法》早就说了：'兵者，诡道也。'打仗就是要骗，谁讲仁义道德谁是傻子。"

如果在一国之内，主权被分割成两份或者更多，那就和上述的国际局势一样了，这显然不会是理性的利己者想要的生存环境。

如果霍布斯能活到"南北战争"的时候，他一定会拿美国举例。美国的政体是"合众国"，是州与州本着"合则留，不合则去"的态度自愿组成的联合体。所以，与其说美国是一个主权国家，不如说是一个"五岳剑派"。如果岳不群看不惯左冷禅，在法理上是可以带着华山派脱离五岳剑派的。左冷禅要维护五岳剑派的统一、完整，对华山派悍然宣战，这虽然在法理上缺乏依据，但在霍布斯看来，这就是主权分割导致的必然结果，主权者和主权者之间根本就没有法理可讲。如果美国人都能想通这个道理，就应该放弃联邦制，把主权完完整整地交给"秦始皇"，那就不会再有内战了。

逻辑虽然不妨这样推演，但我们心知肚明的是，口服心不服总是有的，而这样的社会必然酝酿着不安定的因子，一有风吹草动就会爆发。当然，这样明显的问题，主权者和霍布斯一定也会想到的。以下我要援引《利维坦》的一段原文，这是一段掷地有声的"反动言论"：

> 但上面已经说明，不但是国家的全部国民军或武力，而且连一切争端的司法裁判权都归于主权者，因之主权者便也有权颁赐荣衔，规定每一个人的品级与地位，以及公私应酬之礼等。
>
> 以上所说的就是构成主权要素的权利，同时也是识别主权存在于哪一个人或哪一群人的集体手中的标志，因为这些都是不可转让和不可分割的权利。某些权利，像铸币权、处理未成年继承人的财产与人身的权利、市场先购权以及其他明文规定的特权，主权者都可以转让而仍然不失去其保卫臣民的权力，但他如果将国民军交出去，保留司法权就没有用了，因为法律将没法执行；要是他把征税权让出去，保留国民军也就是空话；要是把统治学理的权利让出去，人们就会由于恐惧幽灵鬼怪而发生叛乱。因此，如果我们考虑一下以上所说的任何一种权利时，马上就会看出：即使保有其他一切权利，在保持和平与正义（一切国家按约建立的目的）方面也不会产生任何效果。人们说，这种分割是"国分则国将不国"的分割；因为除非事先发生了这种分割，否则就不会出现分裂成敌对阵容的情形。如果英格兰绝大部分人当初没有接受一种看法，将这些权力在国王、上院、下院之间加以分割，人民便绝不会分裂而首先在政见不同的人之间发生内战，接着又在宗教自由问题方面各持异议的人之间发生内战。这种情形使人们对于主权的这一特点获得了

极大的教训，所以目前英国便很少有人看不到这些权利是不可分割的，而且在下次恢复和平时也会普遍承认这一点。

如果把以上这段话用通俗的语言归纳一下，我们可以想象一名国王正在向臣民倾诉心声："你们这些刁民啊，我给了你们和平稳定的生活环境，难道你们还不知足吗？要学会感恩，知道不？什么，嫌我权力太大，太独裁？你们可要想清楚：我独裁，你们只侍奉我这一个主子就好；如果我不独裁，把权力分割出去，你们要侍奉的就不只是一个主子了。一仆二主的日子岂不是更难过？再说，主子和主子互不统属，要解决分歧就只有玩阴的、玩狠的，到时候你打我杀，永无宁日，难道这就是你们想要的生活吗？俗话说得好：'儿不嫌母丑，狗不嫌家贫。'你们怎么总是嫌这嫌那？你们的婚恋节目里不是常说嘛，爱一个人就接受她的全部。我最看不惯那种虚伪的小男人，一边说爱你，一边嫌你胖，嫌你不会持家，嫌你脾气坏，嫌你乱花钱，嫌你不讲理，嫌你水性杨花，嫌你吃里爬外。自从得到了你，他就从来没有认真想过：假如没有你，他的生活会是何等可悲，何等一无是处！他也从来没有认真想过：如果你不胖，如果你会持家，如果你脾气好，如果你懂得节约，如果你讲理，如果你忠贞，你就不是你了。如果你不是你，他爱的究竟是谁？"

当然，我们也不必把主权者想得太坏。在霍布斯看来，主权者只要有足够的理性，就该知道臣民的利益和他自己的利益有着高度的一致性。道理很简单，臣民越富裕，盘剥起来才越有油水。所以，杀鸡取卵的事，主权者是不愿意做的。

只不过，臣民的不满总是有的。为了有效地维护和平稳定，主权者有必要实行严刑峻法，更有必要钳制思想。这绝对不是苛政，因为那些危害和平稳定的思想一定不是真理。

我们真不该责怪霍布斯"屁股决定脑袋"，因为他本人一辈子都是思想管制的受害者。《利维坦》的初稿是用拉丁语写的，霍布斯这是存心不想让更多人看懂，后来看到言论管制宽松了，这才改用英语写。查理二世复辟之后，虽然看在往日的师生情分上（查理二世年少的时候，霍布斯做过他的数学老师）给他善待，但王公贵族们总是看他碍眼，《利维坦》也一度成为禁书。幸而，作为文化名流，霍布斯倒还有些流亡的本钱。但即便在国外，他也时常遭受思想管制政策的骚扰。

(3) 请理解主权者的大局观

话说回来，也许有人觉得，如果这就是每个人注定要过的国家生活，人类似乎也太可怜了。霍布斯倒也想到了这一层，对人类的"可怜"状态并不隐晦，只是做出了以下一番辩解：

> 但人们在这一点上也许会提出反对说：臣民的景况太可怜了，他们只能听任具有无限权力的某一个人或某一群人的贪欲及其他不正常激情的摆布。一般说来，在君主之下生活的人认为这是君主制的毛病，而在民主国家的政府或其他主权集体之下生活的人则认为这一切流弊都是由于他们那种国家形式产生的。其实一切政府形式中的权力，只要完整到足以保障臣民，便全都是一样的。人类的事情绝不可能没有一点毛病，而任何政府形式可能对全体人民普遍发生的最大不利跟伴随内战而来的惨状和可怕的灾难相比起来，或者跟那种无人统治，没有服从法律与强制力量以约束其人民的掠夺与复仇之手的紊乱状态比起来，简直就是小巫见大巫了。应当看到最高统治者的最大压力绝不是由于自己高兴损害或削弱臣民，或者是由于像这样可以得到什么好处才施加的。他们自己的力量和光荣存

在于臣民的活力之中。这种压力来自人民本身的抗拒情绪，他们为自己的防卫而纳税是很不情愿的。这样就使得统治者不得不在平时尽量从他们身上征敛，以便在任何紧急时期或突然有需要的时候御敌制胜。因为所有的人都天生具有一个高倍放大镜，这就是他们的激情和自我珍惜。通过这一放大镜来看，缴付任何一点点小款项都显得是一种大的牢骚根源。但他们却不具有一种望远镜（那就是伦理学和政治学），从远方来看看笼罩在他们头上，不靠这些捐税就无法避免的灾祸。

这段话的核心含义是，高度决定眼界。主权者因为站得高，所以看得远，有大局观，即便是横征暴敛，对臣民来说也算利大于弊。臣民站得太低，所以鼠目寸光、牢骚满腹，只盯着主权者从自己身上夺走了什么，却看不到主权者夺走这些东西的道理。换言之，臣民不理解主权者在下一盘大棋。主权者可以这样质问臣民："不要问国家给了你什么，要多问问你为国家做了什么！"

当然，无论是谁，都不情愿被别人横征暴敛、予取予求。但人生在世，总要承认现实。现实世界不是桃花源，而是鳄鱼潭。别以为换一种国家形式就能有好日子过——无论换什么政体，都会存在这些弊端。人间正道是沧桑，而不是康庄大道。沧桑嘛，总有很多苦头要你吃的。

（4）主权是国家的灵魂

在霍布斯的逻辑里，作为"利维坦"的国家是一个"人造的人"，主权就是它的灵魂，各级公务员就是它的关节，赏罚制度就是它的神经系统，人民的安全是它的事业，公平和法律是人造的理智和意志，和平是它的健康，动乱是它的疾病，内战是它的死亡。

其实，这多少有点符合人们的直觉，因为人们常常把一个国家当作一个人来理解。比如，我们常听到这样的话：美国的意图是什么，日本想干什么……这样的话里似乎隐含着一种逻辑，那就是把国家等同于政府，把政府等同于民意代表。

主权者可以代表人民吗？或者说，主权者就是民意代表吗？

在《利维坦》的逻辑里，答案是肯定的。这会使我们诧异，因为我们很容易想象这样一个国家：全体国民都想睡懒觉，但主权者天天逼他们早起。民意和主权者的意愿显然是违背的，怎么可以说主权者就是民意代表呢？

霍布斯会说："国民既然已经通过契约，完全向主权者臣服，给了主权者为所欲为的权力，所以，从最根本的意义上说，主权者代表了民意。"

如果我们就是这个国家的臣民，对霍布斯的话不服气，在集体讨论之后，推选出一批代表去向主权者请愿，希望获得睡懒觉的权利，这难道不可以吗？

霍布斯会说："当然不可以，因为主权是不可分割的，一个人的人格不能有两个代表。如果有两个代表，那就等于有了两个主权者。而有了两个主权者，也就没有了和平。"霍布斯确实很认真，也很痛心疾首地讲过："我真不知道，像这样一条明显的真理，近来为什么这样不被人注意，以致出现这样一种情形：在一个君主国中，原先君王的主权是从六百年的王统中获得的，唯有他被称为主权者，每一个臣民都称他为陛下，毫无疑问地尊他为王，然而，他却不被认为是臣民的代表者。代表者这一称号竟然毫无异议地被认为是君主命令人民派来呈递请愿书并在君主许可的条件下向他提出咨议的那些人。"

孔子至少会在方法论的层面上赞同霍布斯的看法：治理国家的要

领，第一步就是"正名"。"人民代表"这个名词究竟是什么意思，究竟在何种程度上被误用了，一定要先搞清楚，否则就很容易动摇政治秩序。

（5）推理可以无视经验

对"主权"的正名是霍布斯付出浓墨重彩的事业。在他看来，人们只要明白主权是一种无限的权力，明白主权是不可分割的，这个世界就会安宁很多。针对"最大的反对理由"，霍布斯如此为自己的理论辩护：

> 最大的反对理由是实践方面的理由。人们会提出问题说：在什么地方和什么时候，臣民承认过这种权利呢？那我们就可以反问道：在什么时候和什么地方有过一个王国长期没有骚乱和内战呢？在某些民族中，其国家能长期存在，非经外患，未曾灭亡，那些民族的臣民便从来没有对主权发生过争议。无论如何，根据没有彻底弄清、没有用严格的理智衡量国家的性质与成因，而且经常由于不明白这一点而遭受苦难的人的实践所提出的理由，都是不正确的。因为纵或全世界的人们都把屋基打在沙滩上，我们也不能因此就推论说屋基应当这样打。创立和维持国家的技艺正像算术和几何一样在于某些法则，而不像打网球一样只在于实践。对于这些法则，穷人没有那种闲暇，而有闲暇的人却迄今为止都缺乏那种追根问底的好奇心或方法，去发现它们。

这是一段很要紧的话，它深刻表明了霍布斯的学术方法论：哪怕全世界的现实状况都和我的理论相悖，那也无所谓，因为我的理论是靠"算法"严密推导出来的，并不是从经验中归纳来的。换言之，即便古今中外的所有人都说三角形的内角和是200度，我也不以为然。我会用严谨的证明告诉你，三角形的内角之和永远都是180度，既不会多一度，也不会少一度。

这种想法是从当时的物理学成果来的：宇宙就像一台超级机器，根据基本规则运行着。万事万物，包括人，貌似也是机器一样的存在。在这个意义上，"天地万物之理"可以被人类模仿，创造出新的生命体。利维坦，或者说作为庞然大物的国家，正是这样一种生命体，我们甚至可以把它看作人工智能的前身。

是的，在霍布斯看来，即便是关于人的学问，也可以通过算法获得。比如，当你看到远处模模糊糊有个东西，你的心里就形成了"物体"这个观念。当你走近了，发现那个物体活蹦乱跳的，于是"活的"这个观念就叠加在"物体"的观念上，你知道这个东西是一个活物。当你走得更近，发现这个活物具有理性的特质时，于是"物体""活的""理性"三个概念相加，得出的结果就是"人"。反之亦然，当一个人从你面前逐渐走远，你心里的观念变化就是"人"减去"理性"，减去"活的"，只剩下"物体"。当他走到你看不到的地方时，那么连"物体"这个观念也被减掉了。

人的认知活动，本质上就是算法，虽然不只是加减法这样简单，但归根结底都是算法。所以，对政治哲学的研究，严格的算法才是最切实可靠的。

另外，霍布斯这段话还道出了哲学的本质：哲学研究就是探究形而上的规律，这需要大量的闲暇和强烈的好奇心，穷人是玩不起的。富人虽然玩得起，但如果不够超脱，心思只放在名利上，一样玩不来哲学。至于霍布斯本人，虽然他出身贫寒，但有了大贵族做靠山，已经算有钱有闲的精英人物了，而且他有第一流的聪明才智，有强烈的好奇心，有精英级别的朋友圈。所以，在霍布斯看来，哲学大业，舍我其谁！

现在让我们回顾一下之前的内容。老子作为一名经验主义者，绝对不会同意霍布斯的结论。当然，他很可能看不懂霍布斯几何体的论证过程，但他可以从朴素的观察中看到，哪有什么残酷可怕的"自然状态"，哪有什么"一切人对一切人的战争"呢？人类真正的"自然状态"难道不是一个个和谐淳朴的小社会吗？在智慧和礼义出现之前，人类的生活多么美好！

这是经验主义者与理性主义者的对战，似乎老子的赢面更大一些。

※ 第二章
英国小说的对决

英国小说的对决：儿童与动物的政治学

（1）政治的本质就是人际关系

  我们看看人类之外的群居动物，它们不也都过着井然有序的和谐生活吗？即便小到蜜蜂和蚂蚁，谁也没见过一个蜂群里发生过"一切蜜蜂对一切蜜蜂的战争"，没见过一个蚁群里发生过"一切蚂蚁对一切蚂蚁的战争"。究竟是人类太特殊，还是霍布斯多虑了？

  如果我们像古代人一样仔细观察世间万物，那么不难发现，依据组织形态的不同，所有动物可以分为两类，即独居动物和群居动物。我们最熟悉的独居动物就是猫，那种独来独往的轻盈姿态很有迷人的神秘感。独居当然不需要沟通，所以，猫的沟通能力很差，全不像招之即来、挥之即去的狗。因此，人们会把那些美丽却喜怒无常的女人形容为猫女。

  要过群居生活，高明的沟通能力是必不可少的。沟通能力越强，群体的可拓展性就越强。以今天的世界而论，人类的沟通能力显然可以傲视所有物种，这才有了"地球村"的全新社群。而在原始的生存形态里，一般的人类社群不过只有几十人的规模，明显比不上蜜蜂和蚂蚁。直到进入文明阶段，人类过上了城邦生活，组织规模才可以和蜜蜂、蚂蚁媲美。

现在，让我们认真思考一个概念：政治。

如果有人问你"什么是政治"，你应该首先会想到国家、政府、宪法、党派之类的内容。但我们只要追溯到政治最本质的要素，就会发现它其实简单得不可思议：所谓政治，归根结底就是人际关系。所以，我们会有"办公室政治"这个概念，它的含义无非就是办公室里的人际关系。以此类推，其他诸如夫妻关系、亲戚关系、朋友关系、同学关系，一切的人际关系，都是政治。

那么，人类既然在天性上属于群居动物，这也就意味着，人类天生就是政治动物。亚里士多德有一句名言："凡人由于本性或由于偶然而不归属于任何城邦的，他如果不是一个鄙夫，那就是一位超人。"亚里士多德还说："这种在本性上孤独的人物往往成为好战的人。"

(2) 群居动物各有各的政治

从这个意义上说，人类以外的群居动物也各有各的政治。如果是高级一点的动物，它们的政治活动就会和人类社会高度相似。比如猴子，在一个猴群里，猴王如何上位，上位之后如何统治，母猴如何争宠，野心家和不满分子如何拉帮结派、谋权篡位……动物学家在这方面做出的深入研究，使我们失去了在猴子面前自诩高贵的资本。所以，如果说猴子是一种政治动物，在今天的知识里不该有任何争议。

蜜蜂和蚂蚁也有自己的政治，否则便不可能形成群居生活。以今天的眼光来看，蜜蜂和蚂蚁的组织形态非常惊人，那种在默契中形成的井然秩序完败人类社会。

我们小时候都看过蚂蚁搬运食物，一只只蚂蚁就像流水线上的一个个零部件,忙忙碌碌,从不知道偷懒。如果我是它们中的一员,一定会想办法溜出去抽支烟,和同伴聊聊领导的坏话,或者排挤一下我看不惯的新人。但蚂蚁的世界仿佛不存在这种内耗,"人人"心系集体,全力奉献。

古人一般不会像我这样自轻自贱,他们一定觉得人类的政治结构就是比蚁群和蜂群高明。亚里士多德论述过这个问题,他的逻辑简要来说是这样的:在所有的动物里,只有人类才具有语言能力,有了语言能力,才可以充分描述善与恶、正义与不义这些复杂的概念,而家庭与城邦的结合正是这些义理的结合。(《政治学》)

沿着这个逻辑,我们可以说道德是人类独有的生存优势,而道德概念太复杂,只有人类的语言才能把它们表述清楚。事情貌似也可以反过来看:如果人类没有道德感,大家会不会反而相安无事,一起过着像蜜蜂和蚂蚁那样淳朴而有序的幸福生活?

(3) 朴散则为器

这恰恰就是中国道家的政治哲学。《老子》这样讲:"故失道而后德,失德而后仁,失仁而后义,失义而后礼。夫礼者,忠信之薄,而乱之首。"(通行本第三十八章)这就是说,社会从古到今的演化过程就是一个从治到乱的过程。上古的政治合于道,是最好的,后来社会有点乱了,不再合于道了,但总算一个合于德的世界;后来社会更乱了,德也被人们丢掉了,于是才有了仁;仁的社会也还凑合,但也没能维持下去,再后来就是义,最后就是礼了。

这可以说是社会发展的不同阶段,当然是在走下坡路,越来越坏。伴随着越来越坏的还有一个特点,就是政治越来越复杂化——道的时代是无为而治，一切顺应自然规律，因势利导，而到了礼的时代，儒家礼制有所谓的"礼仪三百，威仪三千"，是出了名的繁文缛节。

《庄子》也讲，人类社会从盛德时代堕落到如今的乱世，就像朴变为器。

朴和器的关系是《老子》的一个主题，"朴"就是未经加工的原材料，"器"就是把原材料加工之后而成的器物，《老子》说"朴散则为器"（通行本第二十八章），即原材料要经过人为加工才会变成锅碗瓢盆和飞机大炮等器物。所以，《庄子》说：完整的树木如果不被砍伐和雕刻，就不会有酒器；浑然的玉石如果不被毁坏，就不会有珪璋；同样地，大道若不被废弛，哪里会有仁义；天性若不被离弃，哪里会有礼乐；五色若不被散乱，哪里会有文采装饰；五声若不被错乱，怎可能合于六律？所以说，毁坏原材料来制造器物，这是工匠的罪过；毁坏大道来追求仁义，这是统治者的罪过。

以雕琢玉器做比喻，《论语》盛赞"如切如磋，如琢如磨"的修养，《礼记》讲"玉不琢，不成器；人不学，不知道"。道家反其道而行，"反者道之动"，既然朴散为器，那就尽量返器为朴好了，这是一个顺理成章的逻辑。所以，如果要把政治搞好，最好的办法就是回到以前那个大道流行、无为而治的时代。

那么，怎么才能回去呢？办法就是我之前讲到的《老子》名言："为道日损。损之又损，以至于无为。"也就是说，把复杂化、烦琐化的政治慢慢减损下来，从最繁文缛节的礼的时代先退回到义的时代，再逐渐退回到仁和德的时代，最后回到道的时代，上古合于道的政治就可以再现人间了。

之所以对《老子》这一章做出政治学的解释，是因为这一章的文义非常连贯："为学日益，为道日损。损之又损，以至于无为。无为而无不为。取天下常以无事，及其有事，不足以取天下。"在上下文里来看，

"为学日益，为道日损"并非在谈形而上的超然理念，而是以"取天下"为目的的。

（4）人类为什么不能像蜜蜂和蚂蚁那样过一种和平有序的政治生活

老子这条路是否行得通呢？如果请霍布斯发言，他一定会摇头的。霍布斯会说："人和蜜蜂、蚂蚁根本就不一样，天生就没人家单纯。想让人类社会退回蜂群和蚁群那样淳朴而有序的幸福生活，纯属痴心妄想。"

霍布斯很认真地论述过这个问题，并罗列出了人类和群居动物的六点不同。

简言之，第一，人会争夺名誉和地位，由此产生忌妒、仇恨和战争，动物却不会。

第二，在群居动物的世界里，个人利益和集体利益高度一致，它们在谋求个人利益的时候自然就有利于集体利益（这会使我们想到亚当·斯密），但人的快乐来自攀比，个人利益和集体利益并不一致。

第三，动物缺乏理智，看不出公共事务有什么缺点需要改进，人总以为自己比别人聪明，有人要这样改革，有人要那样改革，于是小则纷争，大则内战。

第四，动物的语言能力太有限，不像人类可以信口雌黄、颠倒黑白。

第五，动物缺乏理智，没事的时候就自己待着，不会感到受了同伴的冒犯，而人类总会"吃饱了撑的"，闲下来就会生事。

第六，群居动物的协同一致是自然而然的，人类的协同一致却只能来自契约。契约既然是人为的,基础就不牢固,必须有令人慑服的力量才能使大家遵守。

因为上述的六项差异,所以,即便"为道日损",让文明社会退回到原始状态,那也绝对不会是田园牧歌式的有序生活,而注定会是人人自危、"一切人反对一切人"的自然状态。

怎么才能说服霍布斯呢?老子决定找一个活生生的例子,最好是文明社会里的人有意无意中"为道日损",退回到原始的生活状态。霍布斯冷笑一声:"我帮你找一个例子好了,就是我们英国人,名叫鲁滨孙·克鲁索。"

老子微微摇头:"如果你认真读过《鲁滨孙漂流记》,怎么还会天真地认为动物不会争夺名誉和地位呢?"

当然,以上对话只是我的虚拟,老子和霍布斯都没读过《鲁滨孙漂流记》。接下来,我会以这部小说作为开始,从几部以"荒岛生存"为主题的经典文学作品中继续深挖这章的主题。

《鲁滨孙漂流记》：
从两个人的政治到四个人的政治

（1）高自尊人格的熊

《鲁滨孙漂流记》是我们每个人都耳熟能详的故事，但书中一些细节你未必记得很清。如果不依赖网络，你能否回忆得起书中仔细描写过的一种动物，一种像我一样有自尊的动物呢？

其实，我已经给出了明确的提示——"像我一样"，那当然就是熊了。

《鲁滨孙漂流记》中有一段很生动的人熊大战，星期五正是利用了熊的"高自尊人格"轻轻松松杀掉了它。关于熊的这个特点，我来引述一段原文：

> 你必须特别小心，对熊特别客气，给它让路。因为它是一位有身份的绅士，就算一个王子走过来，它也不肯让路。不但如此，如果你真的害怕，你最好眼睛望着别处，继续走你的路。如果你停住不走，站在那里，用眼睛盯住它，它就认为是一种侮辱。假使你向它丢点什么东西，打中了它，哪怕是一根小小的树枝子，只有你手

指头那么粗，它也认为是一种侮辱。它会把什么事情都丢在一边，不达到报仇的目的不止，因为它一定要把面子争回来才算满意。这是它第一个特点。第二个特点是，它一旦受到侮辱，就不分昼夜地跟着你，一直到报了仇为止。哪怕是绕上许多路，也要赶上你，把你捉住。（徐霞村、梁遇春译，人民文学出版社，1997）

如果霍布斯读到这段话，应该会说："熊感受到的应该是侵犯，而不是侮辱。把侵犯当成侮辱，这是人类在动物身上错用了同情心和同理心。"

侵犯和侮辱，对这两个概念其实很难做出泾渭分明的区分。如果一定要区分的话，大约可以说侵犯是针对肉体的，侮辱是针对精神的。不过，即便做出这样的区分，今天的动物学知识也会清清楚楚地告诉我们：动物确实会感受到侮辱，"玻璃心"是一种很重要的生存优势。

在传统观念里，我们总是很推崇宠辱不惊、云淡风轻的人格，但你不妨想象一下：你在一个车间工作，有位工友在和你打招呼的时候伴以一声轻蔑的冷笑。人家笑一下而已，你既不会因此少一块肉，也不会因此少拿一分钱工资，那就由着他笑好了。但是，态度是有传染性的，其他工友很庸俗地把你的"宠辱不惊"理解成懦弱，于是本着天性，对你的尊重也就减了一分。渐渐地，所有人都用轻蔑的态度对你，虽然所有的轻蔑都只是一种纯精神层面的东西，但你会发现，你的实际利益真的因此受损了。是的，大家都不爱做的脏活儿累活儿都甩给你，你就算做了，也换不来工友们的感激。在这个车间里，或者说在这个小群体里，你的排序就这样降到了倒数第一。这就意味着，一旦发生什么风吹草动，从大概率上说，你就会成为第一个被淘汰的。

(2) 种间竞争和种内竞争

达尔文发现一切生物都遵循着"物竞天择，适者生存"的规律。每个种群都会和其他种群竞争，这叫"种间竞争"。种间竞争是显而易见的事情，比如羚羊要努力比豹子跑得快，否则就会被吃掉；豹子要努力比羚羊跑得快，否则就会饿死。但是，一个种群之内，是否也存在同样激烈的竞争呢？

这种竞争叫作"种内竞争"。这一对概念早在达尔文尚未发表《物种起源》的时候就已经存在了，其中的"种内竞争"是一个颇有争议的概念。达尔文之前的进化论者拉马克就认为种内竞争只有很微弱的表现。

还有人坚决否认种内竞争的存在。曾经统率苏联生物学界三十年的李森科就是最坚决的反对者。他的理由是，如果种内竞争真的存在，那么资本家岂不成了当之无愧的精英，而饱受资产阶级剥削压迫的无产阶级岂不成了缺乏竞争力的低能儿？

今天我们可以摆脱这种意识形态的干扰，坦然承认种内竞争的存在。其实我们每个人从小就习惯了种内竞争。一般在读小学的时候，家长总会气急败坏地说："你这孩子，怎么才考了第十名！你看张叔叔家的孩子，每次都考第一。"也有开明一点的家长会这样安慰孩子："第十名也不错了，你虽然功课差一点，但人缘是全班最好的，很了不起！"家长总是想培养孩子的高自尊人格，但有时候自尊感太高了，就会格外承受不起挫败。所以，如何让孩子既有强悍的竞争意识，又有坦然接受挫败的平常心，这就成为很多家长无比纠结的问题。唯一可以成为安慰的是，家长自己其实也做不到。

这种问题，从生物学角度看，就是种内竞争的问题；从政治学的角度看，就是不折不扣的政治问题。所谓"有人的地方就有江湖"，严格说来应是，有两个人的地方就有江湖，有江湖的地方就有江湖恩怨，而江湖恩怨在很大程度上都是由自尊问题衍生出来的。

(3) 从两个人的政治到四个人的政治

　　一个人离群索居的生活就不会有这些问题，所以，当鲁滨孙一个人在荒岛求生的时候，所有问题都是战天斗地的问题，直到星期五出现。

　　星期五原本是食人族里的一个野人，鲁滨孙救了他的性命，从此，在这座荒岛之上，一个人的世界变成了两个人的世界。那个时候，鲁滨孙已经孤独生活了二十五年，当他终于见到一个人类同伴时，似乎应当喜极而泣才对，但他没有。原文是这样讲的（以鲁滨孙为第一人称）：

> 　　最后，他又把头放在地上，靠近我的脚边，像上回那样，把我的一只脚放在他的头上，然后又对我做出各种归顺诚服的姿势，让我知道他将一生一世为我效力。我明白他的意思，就向他表示，我对他很满意。不久，我就开始和他说话。首先，我让他知道，他的名字应该叫"星期五"，因为我在星期五救了他的命，而我这样叫他，是为了纪念这个日子。我教给他说"主人"，然后让他知道，这就算作我的名字。

　　在这段话里，给星期五"命名"在基督教的语境里饱含深意，这会使人想起《创世记》里的故事：上帝让亚当为每一种动物命名。给某物命名就意味着对某物宣示主权，鲁滨孙就这样和星期五确立了主奴关系。

　　这在鲁滨孙而言是很自然的事情，他原本就是要做贩奴生意，这才流落到荒岛上的。霍布斯一定会赞赏鲁滨孙的明智，因为后者如果平等地对待星期五，那就意味着这一座岛上出现了两个主权者，以后很可能会出现一山不容二虎的局面。

不久之后，鲁滨孙又救下了星期五的父亲和一个来自文明世界的西班牙人，并成功地赢得了他们的服从。书中这样写道：

> 我这岛上现在已经有了居民了，我觉得我已经有不少的百姓了。我不断地带着一种高兴的心情想到我多么像一个国王。第一，全岛都是我个人的财产，因此我具有一种毫无疑义的领土权。第二，我的百姓都完全服从我，我是他们的全权统治者和立法者。他们的生命都是我救出来的，假如有必要，他们都肯为我贡献出他们的生命。还有一件值得注意的事，那就是，我只有三个臣民，而他们却属于三个不同的宗教。星期五是一个新教徒；他的父亲是一个异教徒，一个吃人部族的人；而那西班牙人呢，又是一个天主教徒。
>
> 可是，在我的领土上，我允许信仰自由。

鲁滨孙已经成为《利维坦》意义上的主权者，他的四人小社会应该算是最小规模的利维坦了。而这样一个利维坦，如果霍布斯看到的话，一定会说这就是人类政治组织的微缩模型，它充分说明了完整的主权对于一个社会的和平稳定具有何等重要的意义。

（4）跨界的趣味

老子当然会有不同意见，他会这样说："鲁滨孙虽然在荒岛上生活了二十多年，但他流落到这座荒岛的时候，年纪已经太大，以至始终挣脱不掉文明的枷锁。我们中国也有一个可以归入'荒岛求生'类型的故事，叫作《桃花源记》。在那个桃花源里，'土地平旷，屋舍俨然，有良田美池桑竹之属。阡陌交通，鸡犬相闻，其中往来种作，男女衣着，悉如外人。黄发垂髫，并怡然自乐'。桃花源里的那些人世世代代繁衍生息，安居乐业，过着无政府主义的幸福生活，根本不晓得主权为何物。"

霍布斯露出一脸不可置信的神色，说："好吧，我们就假定真有这样一个桃花源一样的与世隔绝的地方，并且，在那里生活的不是鲁滨孙这样三观成形的成年人，而是一些未脱天真的孩子，你以为他们会自然而然地形成《桃花源记》里的社会形态吗？"

老子自信地说："难道不会吗？"

霍布斯冷笑一声："我再请你读一部我们英国的文学经典，这是'二战'之后的作品，威廉·戈尔丁的《蝇王》。"

老子用困惑的眼神看了看霍布斯，忽然问道："我们为什么扯到小说上了？"

霍布斯答道："跨一下界又有何妨呢？前些天我看到几百年后的一条新闻，说特朗普在大选中提出'买美国货，雇美国人'的口号，想靠这着儿振兴美国经济。如果借助经济学的知识，我们能够判断出这是一个费力不讨好，甚至注定会南辕北辙的政策。但我们还可以换个视角——从历史的视角来看，那么，刚才需要借助的那些经济学知识，早在你们中国人打鸦片战争的时候，美国人就已经对它不陌生了，这实在是自由主义世界里最基本的经济原理。特朗普不懂倒也罢了，他的团队里竟然也没人出来提点，这种事情的出现概率似乎不该很高才对。但为什么他'明知不可而为之'，为什么最后竟然还赢了选举？也许是因为他的口号虽然披着经济外衣，本质上却未必真的是个经济问题。然后，我们不妨切换到政治视角，在人口学、心理学和社会学的知识里化解疑惑。这时候我们甚至可以回过头来，重新从经济学的视角提出更深一层的问题：为什么自由主义国家的政府偏要担起振兴经济的义务呢？这明明就和自由主义经济原理相悖嘛，这就像没有哪家物业公司会对小区业主的经济状况负有义务！是的，我们会看到许多古怪的甚至愚蠢的经济政策和经济现象，但它们之所以古怪、愚蠢，往往并不是因为参与者、决策者多么古怪或愚蠢——这当然也是有的——而是因为它们并不是单纯的经济问题，甚至本质上就不是经济问题。我们还可以继续追问：如果希拉里当选，政策会有本质的不同吗？事实上，我们会看到，美国的两党是越来越相似的。要理解这个问题，我们甚至不需要像新闻评论员那样深挖美国社会的各种细节，一点博弈论的基础知识就可以给出简单、可靠的答案。所以，我想借几部小说和你探讨我们在政治哲学上的分歧，难道不可以吗？从最低限度来说，那些小说毕竟也是文学史上的经典，还有精彩的故事情节呢。就这么说定了，接下来我们来聊聊戈尔丁的《蝇王》。"

《蝇王》：少年儿童的政治秩序

(1) 获得诺贝尔文学奖的架空小说

我们假定真有一个桃花源一样的与世隔绝的地方，并且，在那里生活的不是鲁滨孙这样三观成形的成年人，而是一些未脱天真的孩子，你以为他们会自然而然地形成《桃花源记》里的社会形态吗？

这是英国小说《蝇王》(Lord of the Flies, 1954) 的情节设定，如果你没有看过这部小说，请千万不要在网络上搜索，尽情根据霍布斯给出的情节线索设想一下，想想那些孩子究竟会创建一个怎样的社会。

《蝇王》出版于1954年，是现代文学的经典之作。作者威廉·戈尔丁在1983年拿到诺贝尔文学奖，主要就凭这部小说。

戈尔丁是霍布斯的校友，也是从牛津大学毕业的。世易时移，戈尔丁时代的牛津大学已经不教经院哲学和亚里士多德主义了。戈尔丁原本主修化学，但只学了两年，终于遵从内心的召唤，改修文学专业，研究古老的英国史诗。以今天的眼光来看，这位文艺青年也太不考虑就业前景了，但理想主义者不会在乎这些。

"二战"爆发之后，戈尔丁参加了英国皇家海军，指挥过鱼雷艇，目睹过德军超级战列舰"俾斯麦"号被击沉的场面。战争期间的耳闻目睹、所思所想成为他战后小说创作的灵感源泉。这就见出他作为第一流小说家的功力：一般作家如果有了这样丰富的阅历，都会基于真实经历写作现实主义的故事，比如中国"文革"之后出现的很多"伤痕文学"作品，最能感动那些有着同样经历的人，但戈尔丁能从个人阅历中完全抽离出来，设计架空的背景，创造全新的情节。所以，哪怕你的阅历、时代、文化背景和他的完全不同，也并不影响你对他的小说产生共鸣。从美学意义上说，越是抽象的，才越是世界的，而不是像我们经常听到的那样，越是民族的，越是世界的——不，那只是混淆了"猎奇"和"共鸣"。

越是抽象的，越是世界的。只要我们沿着这个理路多想一想，就会想到在所有的艺术形式中，音乐是最抽象的。所以，美学有一种主张，认为所有艺术形式都要向音乐靠拢。

话说回来，《蝇王》就是一部标准意义上的架空小说。我们今天的架空小说已经被俗文学彻底占领了，所以很难想象一部架空小说也能登大雅之堂，拿诺贝尔文学奖。

(2)《蝇王》故事的初始设定

前几年热播的美剧《迷失》，其初始设定就是从《蝇王》学来的。你也许还记得《迷失》一开始的场面：一架飞机坠毁在一座无名岛上，飞行员死掉了，但乘客们幸存下来，这些素昧平生的人该怎么应对这场变故，怎么组织起来在这个全新的环境里生存，这就是故事最初的悬念。

《蝇王》正是这样开始的，核心区别只有一点：幸存者里没有一个成年人，全都是孩子，小的只有五六岁，最大的也不过十几岁。

最先出场的人物是温和的拉尔夫和一个胖嘟嘟的、患有哮喘病、外号叫"猪仔"的孩子。拉尔夫捡到了一只漂亮的海螺，把它像号角一样吹响，所有的孩子就从四面八方聚集过来了。其中最引人注目的是一队穿着唱诗班制服的孩子，他们虽然像其他人一样狼狈，但在班长杰克的带领下，竟然保持着良好的秩序。

面对这样的处境，孩子们会有怎样的反应呢？会不会号啕大哭，会不会惊慌失措？不，这都是多虑。事实上，他们发现岛上是一个没有大人的世界，或者说，没有大人管束的世界，他们首先感到的就是兴奋。

但他们很快就意识到，没有了大人的管束，就该自己管自己了。怎么管呢？就从登记姓名、选举首领开始。小说这样写道：

  选举这个玩意儿几乎就像螺号一样讨人喜欢。杰克提出异议。原先，大家只希望有个头头，现在却因为拉尔夫自己的主张而吵吵嚷嚷进行选举。谁也弄不清其中的缘由。哪怕在猪仔身上体现出不少的聪明和智慧，显而易见，最适合于当头头的还是杰克。然而，拉尔夫泰然自若地坐着。他那沉着冷静的态度十分引人注目，还有他那高大的身躯，迷人的外表。最不为人们所洞察而影响力最大的莫过于那螺号了。吹过螺号的人，将这精巧的东西放于膝间、在平台上静候他们的人，此时显得与众不同。

  "选他，拿螺号的！"
  "拉尔夫！拉尔夫！"
  "选拿螺号的当头头！"

这是一段很耐人寻味的描写。在儿戏一般的选举里，候选人其实只有两个：一个是杰克，因为他毛遂自荐；另一个是拉尔夫，因为他是吹响了螺号、和所有人都发生关联的人，而且外形突出，又有一只散发着权杖魅力的螺号给他加分。事实上杰克更强悍，更有领袖魅力，但除了唱诗班的孩子，其他人还都不认识他。所以，拉尔夫赢得选举可谓顺理成章，但矛盾也就在这时候埋下了种子。

如何安慰杰克，这是拉尔夫成为首领之后要解决的第一个问题。杰克不是那种自甘人下的人，何况他还自带了一个班底。于是，拉尔夫授权杰克仍然做唱诗班的统帅，只不过唱诗班不再是唱诗班了，而要变身为一队猎手。这也就意味着，拉尔夫虽然做了政治首脑，但军队掌握在杰克手里。这就是霍布斯最担心的主权分割。没有军队的主权者处境危险，他处在人人觊觎的位置上，却没有任何力量来保住自己的位置。

（3）小家伙和大孩子

拉尔夫和杰克，还有一名叫西门的同伴，一起到远方探险，为的是探明这片神奇土地的地形地貌。当他们登上制高点，发现这里真的是一座岛的时候，拉尔夫的一句话宣示了主权："这是属于我们的。"

接下来要做的事情，首先是打猎，然后是定规矩。定规矩显得格外重要，因为这些孩子说起话来争先恐后的，很快就乱成一团了。所以，谁要发言，必须像在学校里那样先举手，等拉尔夫把螺号交给他，他才能获得发言的资格。而且，除了拉尔夫，谁也不能打断别人的发言。

定规矩不难，要让大家遵守规矩就太难了，现实世界里不断冒出来的真实的困难使这些孩子狼狈不堪、矛盾丛生。但无论如何，他们活下来了，还渐渐形成了秩序。故事这样写道：

> 年纪小的孩子都被统统称为"小家伙"。从拉尔夫以下，个个身材都逐渐瘦小了。大孩子和小家伙活动范围泾渭分明，只有西

门、罗伯特和莫里斯介于两者之间。那些六岁左右真正的小家伙,过着一种独特而又紧张的生活。他们一天的大部分时间都在吃,把够得着的果子摘下来,不在乎它是否熟透可口。他们已习惯于肚痛和慢性腹泻。在黑夜中,他们担惊受怕,挤成一团,以求安慰。除了吃睡之外,他们有时间在粼粼海水边缘的白色沙滩上漫无目标、毫无意义地玩着。出乎意料的是,他们倒没有那么经常地哭着要妈妈。他们已经晒得全身黝黑,肮脏不堪。他们服从螺号的召唤,部分因为是拉尔夫吹的,他有成年人的身材,足以与成人世界的权威相联系,部分是因为他们喜欢集会,把集会看成一种乐趣。但是,除此之外,他们很少过问大孩子们的事情,自己过着富于强烈情感色彩的群体生活。

这个情景虽然不是我们日常能见到的,却使我们有很强烈的熟悉感,因为这些"小家伙"其实正是普通社会里的普通人。他们乐于服从权威,对"政治"并没有很强的参与意识,喜欢被大集体紧紧包裹着的感觉,早已习惯了生活中的各种不适,一切自主的活动都显得"漫无目标、毫无意义"。

大孩子们过着完全不同的生活:猪仔最是"忧国忧民",却很少被人重视;拉尔夫已经被管理工作折磨得心力交瘁,他毕竟肩负不来这份连成年人都会感到棘手的任务;只有杰克在狩猎野猪的过程中享受到饱满的成就感,而且对杀戮产生了一种微妙的迷恋。

(4) 面具的魔力

为了在狩猎的时候更好地隐蔽自己,杰克巧妙地利用了不同颜色的涂料:"他把一边脸颊和一只眼窝涂成白色,另一边涂上红色,并用木炭从右耳根到左下巴画出一条黑杠杠。"这样一种功能性的伪装竟然影响了他的心智,当他看到自己的脸孔在水中的倒影时,戈尔丁用尖锐的笔法写道:"令他惊讶的是,他看到的不是自己,而是一个可怕的陌生人。他泼掉水,跳起来,激动得哈哈大笑。在水塘旁边,他那筋骨突出的身躯撑着一副面具,既引人注目,又令人生畏。他开始手舞足蹈起来,他的笑声变成嗜血的狂叫。他跳着走近比尔。这副面具是个独立的东西,他在面具的背后隐藏着,已经没有羞耻感,也没有自我意识。"

这番话道出了面具对人的微妙影响。戴上面具,不仅意味着字面意义上的"不要脸",也意味着引申意义上的"不要脸"。面具之所以会有这种效果,是因为个人形象和这个人在社群中的排序高度相关,而每个人对社群排序都有着发自本能的敏感。拉尔夫的排序高,很大程度上就得益于整体形象好;猪仔恰好相反,他是所有孩子中最明智、最有理性的一个,但排序偏偏很低,可以说完全吃亏在整体形象上。隐去了脸,给人的感觉就是隐去了身份,从此不必为所作所为担负任何责任。当然,如果要做露脸的事,肯定先要摘掉面具。但即便一个人很清楚别人透过面具也能认清自己,他依然会觉得面具之下的自己少了很多心理负担。

身份意识是羞耻意识的根,身份意识越淡泊,羞耻意识也就越微弱。在现代社会生活,虽然不可能真的戴上面具或者把脸涂花,但面具的变种依然存在,最常见的就是制服。

从坏的方面看,周星驰电影里的那个斧头帮就是典型。黑社会要拉人入伙,必然会面临一个难题:有些人就是良知未泯,狠不下心干坏事。怎么解决这个难题呢?最简单的办法就是给组织成员定做统一制服,让他们从此不再是作为个体的"我",而变成"我们"中的没有面目的一员，变成大机器上的一颗螺丝钉。

制服的心理意义，就是弱化一个人的个体身份认知，强化他的集体认同。从好的一面讲，那些讲求组织秩序的机构会给员工定做统一制服，讲求创意的机构就反其道而行，让大家自由着装，自由装饰自己的办公位，借此强化每个人的个体身份认知。如果你要去的某个场合让你紧张，那么，你就尽可能穿得和大家一样。

在《蝇王》的孤岛天地里，杰克第一个发现了面具的妙用，然后他的所有手下全都有样学样，就这样形成了一个统一着装的暴力帮派，文明的约束力终于在他们身上失效了。

(5) 宗教的诞生与诗歌的魔力

杰克和他的狩猎队越来越"能征善战"了。他们用自制的标枪围捕野猪，为大家提供了最诱人的肉食。我们可以设想一下，在原始的境况里，狩猎大型动物最需要的是什么？

当然，是高效有序的配合，是生死与共的伙伴精神。

那么，怎样获得这样的特质呢？

那些孩子不停地谈论着狩猎的经过，游戏一般的杀戮让他们既紧张又兴奋。说着说着，就会有人模仿起野猪临死时候的样子，其他人自发地围拢过来，装着打他、杀他的样子，唱起一首简单的歌："杀野兽。割喉咙。血飞溅。"游戏有时候使人兴奋过度，以至下手没轻没重，那个扮演野猪的孩子当真吃了不少苦头。

但也有杰克他们对付不来的东西，那就是人人谈虎色变的怪兽。

怪兽究竟是真实存在的还是来自小家伙们的梦中想象，这曾是一个很多天来都悬而未决的问题，直到拉尔夫和杰克一起目睹了它的狰狞。

所谓目睹，其实只是一瞬间的事情，究竟是所见不虚还是杯弓蛇影，并不容易确定。目击者本人自然没有这么冷静的怀疑精神，他们在胆战心惊中接受了这个现实。

在这样一座小岛上，如何与怪兽共存，是一个很让人揪心的问题。当杰克带领狩猎队再次猎杀了一头野猪之后，他命人把一根木棍两头削尖，一头插进石缝，然后：

> 杰克举起猪头，插在木棍的尖端上面，往下压，棍子从柔软的喉头一直穿到猪嘴。他往后站着，猪头就在那里挂着，鲜血顺着木棍流下。
>
> 孩子们也本能地往后退。森林一片寂静。他们谛听着，最大的声音莫过于苍蝇围着野猪的内脏嗞血发出的嗡嗡声了。
>
> 杰克轻声地说："把猪抬起来。"
>
> 莫里斯和罗伯特用木棍叉住猪身，把沉甸甸的躯体抬起来，立正待命。周围死一般的寂静。他们站在干血堆上，突然变得鬼鬼祟祟。
>
> 杰克大声道："猪头是留给怪兽的。这是一件礼品。"
>
> 寂静接受了礼品。孩子们畏惧起来。猪头依然在那里，眼睛黯淡。猪嘴稍微裂开，似乎在微笑，牙齿间的污血正在变成黑色。孩子们一下子拼命跑开，穿过森林，朝着开阔的沙滩奔去。

这段情节描绘的正是原始宗教的诞生过程。接下来，在一个暴风雨之夜，更有宗教意味的事情发生了：猎手们不安地望着天空，焦躁的情绪蔓延开来，孩子们开始乱跑，尖叫。杰克召唤大家跳舞，人们纷纷跟来了，围成圆圈，边跳边唱。有人扮演野猪，有人扮演猎手。他们的动作越来越有规律，歌声也越来越有节奏。这里有一句话堪称点睛之笔：

"有些小家伙开始另围一圈,然后一圈又一圈地补充进来,似乎圆圈的重复本身可以确保安全。一个单一的有机体在搏动,在踩踏。"

于是,每一个作为个体的人,在歌声的节奏和舞蹈的韵律中融为一个集体,而这个集体并不是所有分立的人的统称,而是"一个单一的有机体"。换言之,所有人变成了一个人。如果人们不断以这样的仪式化身为一个人,使自我意识泯灭,族群意识加强,那么高效协作也就不难达成了。如果你就是他们中的一员,你写得一手朗朗上口、铿锵有力的诗歌,你就有了大祭司的能力,可以调动所有人的情绪,强化所有人的战斗意志,使所有人在迷狂的状态里消弭了对怪兽的恐惧。

是的,在原始社群里,诗歌和音乐既不是修身养性的艺术,也不是小情小调的玩具,而是沟通人神、协同部众的终极杀器。协同能力是群体生活的第一能力,一个部族的协同性越强,在残酷的生存竞争中也就越容易胜出。对协同性的偏爱是深深烙印在我们的基因里的,所以,对多元化的宽容往往是不得已的结果,或者需要仰赖强悍的理性。

诗歌和音乐在本质上是属于感性的,它们的原始功能就是消除理性的干扰,因为理性总会强化一个人的个体意识和怀疑精神,而这些都是使人陷入孤单和恐惧的生存大敌。所以,在孤岛的歌舞里,即便是猪仔和拉尔夫这样的"理性主义者",也不由得受到非理性狂热的吸引。戈尔丁写道:"猪仔和拉尔夫,面临空中雷雨的威胁,发现自己渴望在这个极度疯狂而又稍为安全的社会中占有一席之地。他们为能接触由棕色脊背围成的栅栏而感到高兴,因为栅栏将恐惧围住,使它服服帖帖。"

他们唱的歌只有简单的三句,歌词是"杀野兽。割喉咙。血飞溅"。我们从英文原文里更容易体会它的韵律感:"Kill the beast! Cut his throat! Spill his blood!"你可以回忆一下诗是如何具有巫术渊源的。《诗经》里有许多叠字和反复,虽然它们比"杀野兽"这三句美丽很多，但底层逻辑并无二致：重叠和反复最便于集体歌舞。如果唱的是"爱是一朵六月天飘下来的雪花还没结果已经枯萎"这种词，大家就不可能唱得齐了。

个体融入集体，这就相当于一群小孩子合并成一个巨人。让我们回忆一下之前讲的《利维坦》首版的扉页插图——千万国民聚拢成一个头戴王冠、手持利剑与权杖的巨人，那个巨人就是利维坦。

在《蝇王》孤岛上的"利维坦"里，原始宗教的仪式狂热使所有人丧失了理智。于是，当落单的孩子西门跟跟跄跄地闯进来后，孩子们立即把他当成怪兽，用舞蹈的圆圈围拢着他，棍棒纷纷落下。西门的逃窜更加激发了孩子们的野性，他们用石头砸他，用牙齿撕咬他，竟然真的杀死了他，却没有人觉得自己杀了人。

这样的情节并非来自凭空想象。在古希腊的传说里，游吟诗人俄耳甫斯因为永失所爱，整日陷在悲伤里不能自拔，拒绝了一切女人的示好。三年之后的一天，女人们开始庆祝酒神的狂欢节，而那位忧伤的歌者坐在冰冷的青石板上，仍然低吟着怀念亡妻的哀歌。这实在触怒了酒神的女祭司们，她们疯狂地用石头砸死了他，把他的尸体撕扯得粉碎，把他的头颅和竖琴丢进了河里。而在传说背后，俄耳甫斯很可能就是一位原始神秘教的祭司，无缘无故地惨死在女人们的仪式狂热里。酒神的女祭司是古希腊神秘教里既魅惑又恐怖的人物。

(6) 经济学规律的为难

在原始生活里，理性究竟有多大作用，这是一个耐人寻味的问题。农耕民族最需要理性，因为春种秋收太考验人的耐心。为了在遥远的秋天能有收获，必须早早地在春天付出辛勤的汗水，而那些种子明明可以直接用作当下的口粮以解燃眉之急。《蝇王》孤岛上的孩子们就遇到了这个问题——拉尔夫最关心的是篝火，因为只要篝火不灭，路过的船只就很容易发现他们，这是全体获救的唯一方法。

但是，要维护篝火并不容易，它需要专门的人手，而这些人恰恰又是狩猎队急需的。人力资源的天平应当向哪一边倾斜，要更可靠的篝火还是要更多的猪肉，这是一个严峻的经济学问题。

如果拉尔夫有一点经济学知识，他就会知道这是一个"生产可能性边界"的问题。在这座孤岛上，生产潜能的极限就明摆在这里，更多的篝火就意味着更少的猪肉，反之亦然。萨缪尔森在他的《经济学》中引述了艾森豪威尔总统的一句名言："人们制造的每一支枪，下水的每一艘军舰，发射的每一枚火箭，从最终意义上讲，都意味着对忍饥挨饿的人们的盗窃。"

是的，这就是所有经济组织都要直面的基本问题。我们一般在经济学教科书上看到的关于"生产可能性边界"的内容，大多用黄油和大炮举例。有限的资源到底该拿来生产更多的黄油，还是生产更多的大炮，这是很让人纠结的事情。但是，具体到《蝇王》的孤岛上，事情还要复杂得多。长远利益和眼前利益应该如何计算，又应该如何平衡呢？如果少吃肉，或者吃不上肉，那么每天的日子都很难挨，而就算篝火被保护得再好，天知道何年何月会有船只路过呢？但如果为了吃肉而牺牲篝火，就等于彻底放弃了获救的机会，这显然是无法接受的。

把问题简化一点来看：猪肉很容易估值，但如何给篝火估值呢？即便假定每个孩子都运用十足的、成年人一般的理性来思考这个问题，换言之，即便他们都是标准意义上的理性人、经济人，他们对篝火的估值也一定会千差万别。如果说这些千差万别的估值方案有什么共同点的话，那就是任何人的任何估值都没有任何扎实的依据。

即便我们换一个思路，不考虑孩子们理性与否，只考虑在这种情境下，哪种方案才是正确方案，我们照旧不会得出可靠的答案，因为没人算得出附近有船只经过的概率，就连"大约"的估计也估计不出。

没法给篝火估值，也就没法用篝火给猪肉定价。如果用科斯定理的思路，把篝火私有化，其他人可以自由地用猪肉来交换篝火主人的劳动，显而易见的是，搭便车会成为每个人的明智选择——只要有一个人"缴足费用"，篝火就会自动为每个人服务，它属于灯塔一样的公共物品。

经济问题于是只能有政治的解法，结果，这个两难问题导致了拉尔夫的篝火派和杰克的猪肉派的分裂。谁会赢得更多的支持，其实不难想见：当香喷喷的烤肉端出来的时候，没有几个人抗拒得了"眼前利益"的诱惑，篝火马上变成了冷冰冰的、无关痛痒的远景。

即便在理性意义上，这或多或少也算一个贴现率的问题。同样是一块钱，但今天的一块钱比明天的一块钱价值更高。《庄子》讲的那些"朝三暮四"的猴子就很懂这个道理，所以，它们宁愿朝四暮三，而不愿朝三暮四，反而是自诩聪明的人类没有搞懂，白白嘲笑了猴子两千多年。而在心理学意义上，诉诸原始本能远比诉诸理性更能够打动人心。所以，篝火派只剩下四个人——拉尔夫、猪仔和一对双胞胎兄弟，而其他所有人，全都追着烤肉的香味去了。

(7) 结局

局面越发不可收拾。杰克一伙偷袭了拉尔夫的营地，偷走了猪仔的眼镜——那是岛上唯一可以用来生火的工具。拉尔夫四人去找杰克理论，结果双胞胎兄弟被俘，在一顿拷打之下"识时务者为俊杰"去了，猪仔被杰克阵营里的二把手罗杰用巨石机关砸死了，拉尔夫被杰克一党当作野猪一样搜捕。

罗杰其实完全没有杀掉猪仔的必要，但他还是下手了。杀戮的快感使他的野心膨胀。当他从杰克身边走过的时候，戈尔丁写道："罗杰从首领身边侧身而过，仅仅肩膀没有撞着他。"

逃亡中的拉尔夫花了很长时间才终于使自己相信，杰克一党真的要置自己于死地。猎手们全部用颜料涂抹了脸颊，高歌狂舞，反复唱着"杀野兽，割喉咙，血飞溅"，而他们围捕的"野兽"曾经是他们的同伴、头领，并且，是一个和他们一样来自文明社会的孩子。

猎手们手持两端削尖的标枪，甚至燃起了林火，拉尔夫终于没逃掉。在越逼越近的喊杀声里，他摔倒在海滩上，不住地打滚，然后趴下来，举起手臂护住要害，准备喊出求饶的话。

但是，预想中的惨剧并没有发生。当拉尔夫摇摇晃晃地站起来，准备经受更多的恐怖时，却看到了一名海军军官和他身后的一艘快艇。

原来，林火吸引了一艘英国军舰的注意，救援者终于在最意想不到的时刻出现了。

军官看着狼狈的拉尔夫，又看了看不远处的猎手们，还误以为他们在玩什么游戏，误以为意图烧死拉尔夫的林火是孩子们发出的求救信号。过了好一会儿，他才发现岛上的局面并不像自己一开始想象的那样单纯。故事的结局是这样的：

军官问拉尔夫："我们看见了你们的烟火。可你不知道你们究竟有多少人吗？"

"不知道，先生。"

"我原以为，"军官一边想象摆在面前的搜索任务，一边说道，"我原以为，一群英国小孩——你们都是英国的吧——总会表现得好一些——我是说——"

"开始的时候是这样的，"拉尔夫说，"可是后来——"他顿了一下说,"我们那时候还在一起——"

军官表示理解地点了点头:"我知道,表现得不错,就像《珊瑚岛》一样。"

拉尔夫呆呆地望着他,霎时脑海中掠过一幅曾经在海滩上出现的迷人景象。然而现在,海岛犹如死木,上上下下全被烧焦。西门死了,杰克已经……想到这里,辛酸的眼泪直往下流,使他抽噎不止。自从踏上这座小岛以来,他第一次放声痛哭。痛苦、悲伤阵阵涌上心头。他泣不成声,浑身抽动。面对这座黑烟滚滚,将要化成焦土的海岛,他的哭声越来越高。在这种悲痛气氛的感染下,其他小孩子也抽搐、啜泣起来。蓬头垢面的拉尔夫站在他们中间,为人失去天真,为人心的邪恶,为正直聪明的朋友猪仔死于非命而悲伤。

军官被这些呜咽声、痛哭声所包围,感动得有些不知所措。他转过身去,好让孩子们有时间平复情绪。他等待着,目光落在远处那艘装备齐全的快艇上。

全书就此结束。这样的结尾是古希腊戏剧的经典模式:人间的惨剧实在无解了,天神出场,轻轻松松解决难题。我们不妨设想一下,如果军舰没有出现的话,岛上会变成什么样子?

拉尔夫一定会被杀掉,这是毫无悬念的。接下来,那场林火会烧掉岛上的一切,从此,吃饭只能靠水,治病只能靠气功了。新的困境会动摇杰克的领导权,罗杰有望借机上位。但上位之后还能有什么作为呢?他很可能会找个或神圣或迷信的理由杀掉一大批人,诸如向怪兽奉献人牲之类的,以减少人口的方式来降低资源消耗,熬到草木复生的时候。在这段苦熬的艰难时世里,最有捕鱼天分的孩子也许会威胁到罗杰的领导权。如果顺利的话,他会取代罗杰成为第四代领袖。

越是在严苛的、可控性弱的环境里,人们越容易向强者靠拢。第一代领袖拉尔夫并非真正的强者,他是借着一点天资、很多幸运和文明社会的习俗才当上了首领。当生存处境真的降低到"自然状态"的时候,杰克那样的强者注定会取拉尔夫而代之。在新旧权力交替之际,确实发生了霍布斯预言的两个主权者之间没有底线的战争。

严酷的环境导致强者的集权,这在军队和海船上表现得最突出。

行军打仗,时时处处都可能生死攸关,军官的权威只要稍稍动摇,凝聚力和战斗力就会瓦解。航海一度也是一种危机四伏、不确定性极高的事业,所以,船长就是天神一般的存在,掌握着生杀予夺的权柄。

戈尔丁恰好还写过航海小说三部曲,题为《前往世界尽头》(To the Ends of the Earth),前几年还被搬上银幕,主演是在中国知名度很高、人称"卷福"的本尼迪克特·康巴斯奇。故事发生在19世纪,年轻的英国贵族塔尔伯特乘船从英国前往澳大利亚,一路记载所见所闻,将船长的无限权力写得淋漓尽致。故事的重点却不在这里,而是在船长的无限权力之下,船员们如何发泄人性最底层的邪恶与野性。种种令人不忍直视的内容,经由塔尔伯特这个涉世未深却有着良好教养的贵族青年记录在案,尤其现出文明与野蛮交织时候的怪异张力。

我们似乎可以认定戈尔丁是一个悲观主义者,他相信人性本恶,而恶人创造不出好世界。"二战"的疮痍既是他文学灵感的源泉,也是他哲学观念的依据。诺贝尔委员会给他的授奖理由是"他在小说中以清晰的现实主义叙事手法和变化多端、具有普遍意义的神话阐明了当代世界中人类的状况"。

但戈尔丁本人不太愿意被贴上悲观主义者的标签。他在获奖词里有这样一段意味深长的话:"当我把世界视为一个由科学家们构筑起来的、受一套套规章制度操纵、不断一成不变地重复的世界时,我就成了悲观主义者,臣服在万能的'熵'神脚下。而当我考虑到科学家们勇往直前的精神力量的作用时，我又成了个乐观主义者。"

如果这是某种辩解的话，这样的辩解显得很无力，似乎只有前半段才是可靠的事实，后半段只是说出了美好的希望罢了。霍布斯会因为戈尔丁的前半段话把他引为知己，因为那段话里隐隐道出了机械决定论的意思，而霍布斯恰恰就是一个机械决定论者。

如果宇宙是一台超级机器，是受一些人们已知与未知的物理法则支配的，那么作为宇宙中的一员，人难道会例外吗？如果我们的意识与行为都是某种"运动"，那么，这种"运动"难道不受因果律的主宰吗？更进一步的问题就是，人究竟有没有自由意志。

这是哲学史上的一个经典问题，而到了今天，哲学对它已经无能为力了，物理学和神经科学把接力棒一分为二，继续向前探索。缺乏现代知识的霍布斯在这个问题上算是温和派，认为自由意志和决定论可以相容，但要使这种观点自圆其说是相当不易的。

话说回来，我们假想中的霍布斯向假想中的老子展示了《蝇王》的世界，以作为《利维坦》的一则佐证。老子会如何回应呢？

老子会说："在《蝇王》的结尾，那位海军军官不是提到了《珊瑚岛》这本书吗？所以，霍布斯先生，既然同属你们英国绅士的审慎想象，拉尔夫和杰克为什么就不能活成《珊瑚岛》那样呢？我很清楚，《蝇王》是专门针对《珊瑚岛》创作出来的，就连人物的名字都故意和《珊瑚岛》中的一样。在我看来，无论是戈尔丁的《蝇王》还是你的《利维坦》，都不过是悲观主义者的悲观幻想罢了。你为什么就不能多读一些《珊瑚岛》那样更有现实色彩的、充满真善美的故事呢？"

霍布斯只是摇头："你有《珊瑚岛》，我还有《动物农庄》呢。来吧，让我们进入下一回合！"

《珊瑚岛》与《动物农庄》：乌托邦与反乌托邦的对峙

(1) 进取的维多利亚时代

如果由你来设计一个孤岛生存的故事，要求是"必须合情合理地编出幸福的结局"，你觉得故事的核心要素应该是什么呢？

我的答案是，核心要素有两个：一是丰富的物质资源，二是悬殊的个人能力差异。

用这两点来看《蝇王》的孤岛，就会发现那里不但资源匮乏，几位主角的个人能力差异也并不很大，而《珊瑚岛》就完全具备了这两个要素。

当初笛福以《鲁滨孙漂流记》开创了"孤岛生存"的文学类型，引来一大批人的跟进，巴兰坦的《珊瑚岛》就是其中的佼佼者。《珊瑚岛》在当时的创新之处，是把主人公由成年人变成了孩子。这部书自从出版之后，长盛不衰，直到今天，一代代英国人的童年里都有它的陪伴。但中译本我只找到删节加简写的少儿版，情节只保留了前半段。如果你感兴趣，可以直接读英文版，语言并不古雅、艰涩。

《珊瑚岛》首版于1858年。这是中国人熟悉的一年，著名的《天津条约》就在这一年签订的，中英休战。也正是在这一年，东印度公司的权利收归英国王室。威廉·弗里斯的巨幅名画《德比赛马日》也是在这一年完成的，这幅画可以说是英国维多利亚时代的《清明上河图》，它选取特殊的时间、特殊的地点，描绘三教九流如何齐聚一堂，最能展现当时的时代风貌。你可以从这幅画里很直观地感受《珊瑚岛》的社会背景。

这幅画里展现的时代风貌，不妨用三个关键词来简单概括：繁荣、文明、进取。

进取往往意味着冒险。我们说一个人有进取精神，也就意味着他是一个勇于冒险的人。这绝不是旧式人物的良好特质，而是大航海时代带给英国人的强烈刺激造成的。我们看《鲁滨孙漂流记》的开头，笛福以第一人称交代鲁滨孙的性格："我在家里排行第三，并没有学过什么行业。从幼小的时候，我的脑子里便充满了遨游四海的念头。我那年迈的父亲叫我受到相当程度的教育，除了家庭教育之外，又叫我上过乡村义务小学。父亲的计划是要我学法律，可是我却一心一意要到海外去，其他什么事情都不能使我满意。我对于这件事情的倾心，使我对于父亲的意志和严命，对于母亲和朋友们的恳求和劝告，一概加以强烈的抗拒。我那顽固不化的怪脾气，仿佛注定了我后来的不幸生活。"

(2) 作为《蝇王》标靶的《珊瑚岛》

《珊瑚岛》同样使用第一人称叙事，开篇是主人公拉尔夫的自我介绍："故事有必要从我的早年经历和性格特点说起：我渴望到域外冒险，出海远航。我一直怀有浪迹天涯的激情，直到今天还是这样，这份激情是来自我心灵深处的，是我生命中的阳光。当我从孩童变成少年，从少年长大成人,我始终都在漫游——不是那种在家乡的林间、草地和山坡上的漫游,而是热情饱满地不断突破地理的局限,在广袤无垠的世界上漫游。"

在十五岁那年,拉尔夫终于说服父亲,独自上了一艘商船漂洋过海。他在船上交到了两个朋友:十八岁的杰克和十四岁的彼得金。如果你足够细心,应该留意到戈尔丁的《蝇王》完全套用了《珊瑚岛》的人名:拉尔夫和杰克,两个主要角色和《珊瑚岛》的一一对应,猪仔(Piggy)和彼得金(Peterkin)有着相似的发音。是的,《蝇王》是对《珊瑚岛》处心积虑的颠覆。

在《珊瑚岛》的故事里,商船不出所料地遭遇风暴,三个孩子成为船上全部的幸存者,被海水冲到了南太平洋中一座无人的小岛上。随即他们发现,这里简直就是一座伊甸园。树上有一年到头都吃不完的椰子,天然椰汁和淡水都能解渴,打鸟、捕鱼也都不是难事。那么,"丰富的物质资源"已经有了,就要看还有没有"悬殊的个人能力差异"了。

差异确实有。首先从年龄上看,杰克比拉尔夫年长三岁,比彼得金年长四岁,这在少年中已经算是很大的年龄差异了。而且从一开始,杰克就表现出了不凡的领袖魅力,无论从知识、技能、性格、谋划等哪方面看,他都注定会成为三个人中的带头大哥,而拉尔夫和彼得金除了心悦诚服,绝不可能有其他念头。

三个孩子融洽无间,就像生活在伊甸园里的亚当、亚当和亚当。还好,终于有一个女孩子出现了,她是某个土著酋长的女儿,和亲人一起被敌对部落追杀到这座岛上。三个男孩子见义勇为,救下了她和她的亲人。后来拉尔夫被海盗捉去,历经千难万险才逃回来。他们又在传教士的帮助下,促使酋长的女儿和父亲和好,后来这两人先后皈依了基督教。最后,三个孩子终于等来了文明世界的海船,依依不舍地离开了他们的伊甸园。

这部小说在温情脉脉和骑士精神的背后，暗藏着维多利亚时代的殖民主义意识形态，所以到了今天，它在文学批评界激起了许多争议。我们不必考虑这些争议，只用关注故事本身，看看三个来自文明世界的男孩子如何在孤岛上依然过着文明而友善的生活。霍布斯也许会认为杰克就是孤岛社群里唯一的主权者，这当然是很有可能的，但无论如何杰克都算是一个"开明君主"，和他的两个臣民相亲相爱。如果君主制和主权的唯一性是人类摆脱不了的宿命，那么《珊瑚岛》的模式无疑就是最理想的一种政治结构了。

所以，老子会这样对霍布斯说："你看，《珊瑚岛》模式让我们双方都能满意。"

霍布斯并不领情，反驳道："《珊瑚岛》里的三个孩子，真的是孩子吗？你没发现他们其实都是孩子模样的成年人？作者巴兰坦刻意给他们加了一些幼稚的言谈举止，但正是这些幼稚的言谈举止反而让读者很出戏，看他们就像看成年人在卖萌一样。他们的价值观是高度程式化的维多利亚时代价值观，他们的心态和行为是高度程式化的维多利亚时代绅士的心态和行为。这分明就是三位年轻绅士在一座美丽海岛上有惊无险的一段冒险生涯，是安抚孩童心灵的美丽童话。而且最为你忽略的是，那样一座气候宜人、物产丰富的南太平洋小岛，那是我们西方人的伊甸园，是你们中国人的世外桃源，根本就不是我在《利维坦》里描述的那个具有真实性与普世性的自然状态。"

老子狐疑了一下："难道你是说，我是被非典型环境和非典型人物误导了吗？"

霍布斯用力点头："到底还是中国人最了解非典！更有典型意义的故事，我向你推荐乔治·奥威尔的经典之作《动物农庄》，还是我们英国人的书。"

(3) 奥威尔的《动物农庄》

乔治·奥威尔有两部传世经典:《动物农庄》和《1984》。《动物农庄》是一部寓言体小说,篇幅短小,几十年前我曾经翻译过它。简言之,它讲的是一个农庄里动物觉醒、赶走人类、取得自立的故事,但其重点不在于"自立",而在于"自立之后"。

故事有一个奇幻的开场:农场主琼斯夫妇关灯睡觉,农场里的动物们悄悄地举行了一场集会。集会的主题是,在动物中享有超然威望的大猪梅杰要把前天晚上做的一个怪梦通报出来。

梅杰的长篇大论极富煽动性,它的各种变体在人类历史上不断发出喧嚣,哪怕对历史毫无兴趣的人也不会对它的内容有半点陌生。这段言论意义重大,我就多花一点篇幅,把它完整地摘引出来:

> 除了睡在后门外的乌鸦摩西,所有的动物都已到齐了。大猪梅杰见到大家都已安然落座并且全神贯注,便清了清嗓子开始讲话:"同志们,你们一定都已听说我昨晚的怪梦了。但是,我想过一会儿再讲我的梦。有些事情我想先说。同志们,我已大限将至,但在我死前,我觉得有义务拿出自己的一些心得和大家分享。我已走过了漫漫长路,我已费尽了无穷的思索,我想我已明白了生命的真谛,我想这就是我要对你们说的。
>
> "同志们,我们活着究竟是为了什么?看看吧,我们的生命悲惨、劳苦而短暂。我们吃饱饭不过是为了让身体还能够继续干活儿,直到用尽最后的一点力气。当我们不再有用的时候,就会被残忍地送进屠宰场。在整个英国,只有那些一岁以下的幼兽才懂得什么是快乐,什么是休闲。在整个英国,没有一只动物是自由的。在动物的生命里,只有悲惨和奴役,这就是赤裸裸的现实。

"但这就是命运吗?这只是因为我们的土地贫瘠得不能让他的子民过上体面的生活?不是的,同志们,绝对不是!我们的英格兰土地肥沃、气候宜人,即使我们的数量再多上几倍,也吃不完它所提供的食物。单是我们的这个小农庄就足够养活十二匹马、二十头牛和上百只绵羊——而且,它们还都能过上比我们现在更舒适、更体面的生活。为什么我们还要再继续这种悲惨处境呢?因为人类,人类从我们的手里偷走了我们几乎全部的产出。同志们,这就是问题的答案。归结成一个词就是——人类。人类是我们唯一的敌人。消灭了人类,就永远消灭了劳苦和饥饿。

"人类是这世上唯一一种只消费、不生产的生物。他不产奶,不下蛋,力不能拉犁,跑不能逐兔,但他是所有动物的主子。他使所有的动物为他工作,而他给动物们的食物却只能勉强让它们不致饿死,自己好从中掠夺余下的产出。是我们在辛勤地耕地,是我们的粪便使大地肥沃,而两手空空的也是我们。奶牛们,去年我看见你们挤出了成千加仑的奶,而这些本该喂养出强壮的牛犊的奶水又到哪里去了?每一滴都流进了我们敌人的喉咙里!你们,母鸡们,去年你们又生了多少只蛋?其中只有可怜的几只被孵成了小鸡,余下的都被送到市场上为琼斯的人换得了钱币。还有你,三叶,你生的四只马驹都到哪儿去了?有谁来供养和安慰你的晚年?——它们都在刚满一岁的时候被卖掉了,你再也没有见过它们。而你又得到了什么?仅仅是一口粮食和一个窝。

"甚至,这样的一个悲惨世界还不能让我们安享天年。至于我,我是从来不为自己抱怨什么的。我已经十二岁了,有了四百多个子孙。这只是每一头猪都该享有的正常生活。但是,没有哪一只动物会最终逃过刀斧。你们这些年轻人是不会像我这样幸运的。你,拳师,当你老迈无力的时候,琼斯先生会毫不犹豫地把你卖掉,你会被残忍地割断喉咙,你的肉会成为狗食。狗老了也没有好运,琼斯先生会在它们的脖子上系上砖头,把它们溺死在最近的湖里。

"这还不够清楚吗?同志们,所有的邪恶都源自人类的暴政。只有消灭了人类,我们的劳动果实才能真正为我们自己所有;只要消灭了人类,我们会在一夜之间变得富有而自由。同志们,这就是我要告诉你们的两个字:革命!我不知道革命会在什么时候开始,也许要等一个星期,也许要等上一百年,但我清清楚楚地知道,正义是终将来临的。仔细看吧,也许就在你短暂的余生里。并且,把我的意思传达给你们的后来人,让我们的子子孙孙都为正义而奋斗,直到有一天正义终于来临。

"记住,做了决定就不能动摇。关于那些人和动物有着共同利益的话连听都不要听,那全是一派胡言。人都是自私的。我们动物要联合起来与之战斗,所有的人都是敌人,所有的动物都是同志。"

这时,听众中起了一阵骚动。四只耗子爬出了洞来倾听梅杰的演说,却在狗的追逐下仓皇地逃回了洞里。"同志们,"梅杰要求肃静:"有一点必须要明确,那些野生的动物,比如耗子、野兔,究竟是我们的朋友还是敌人?让我们投票表决。"

表决很快就结束了,站在耗子一边的占了压倒性的多数,只有三只狗和一只猫投了反对票。

梅杰继续它的讲话:"我要说的已经不多了,只是有一点还要重复:你们要永远记住,两条腿的是敌人,四条腿的是朋友。而且,我们不能去模仿人类,即使我们已征服了他们,也不能沾染他们的恶习。我们不能住在房子里,不能睡在床上,不能穿衣,不能喝酒,不能抽烟,更不能去摸钱、做交易。人类的所有习性都是邪恶的。当然,最重要的是,任何动物都不能凌驾于它的同类之上。无论是弱小的还是强壮的,无论是聪明的还是蠢笨的,全都是兄弟。动物决不能残杀它的同类。所有的动物都是平等的。现在，我该告诉你们昨晚我到底梦见了什么。这个梦难以描述。它展示了一个未来，一个人类已被全部消灭的未来。它让我想起了一些我久已忘记的东西。那是多年以前，当我还是一只小猪的时候，妈妈和它的同辈们经常唱起的一支老歌，那个我曾熟悉的调子现在早已模糊。但在昨夜，它又重新回到我的梦里。这首歌我要唱给你们听：尽管我已年老，嗓音已沙哑，但当你们跟着我的旋律的时候，你们会比我唱得更好。这首歌叫作'英格兰的野兽'。"

大猪梅杰清了清嗓子就唱了起来。尽管如它所说，它的嗓音确实有些沙哑，但依旧唱得很好，况且这首歌的旋律很能扣动心弦。歌词是这样的：

英格兰的野兽，爱尔兰的野兽，
所有地方的野兽们，
聆听我这支欢快的歌，
唱的是我们金色的未来。

那一天迟早会到来：
人类的暴政将被推翻，
在英格兰富饶的大地上，
只有野兽们在自由穿行。

我们的鼻子上不再戴着笼头，
背上也不再有鞍鞯，
马刺永远腐烂，
皮鞭不会再响。

富饶得超过我们的想象,
所有的谷物,所有的粮食,
在那一天将全部属于我们。

英格兰的田野将会阳光普照,
流水清澈,微风和煦,
那一天我们将获得自由。

那时候我们都将工作,
尽管死亡仍不可避免,
牛、马、鹅、驴各种动物,
劳动是为了自由的缘故。

英格兰的野兽,爱尔兰的野兽,
所有地方的野兽们,
聆听我这支欢快的歌,
唱的是我们金色的未来。

　　歌声使所有的动物激动不已,它们渐渐地都跟着梅杰开始了哼唱。最笨的动物也已明了歌词的大意,聪明者如猪和狗早已经心领神会。终于,农庄里爆发了辉煌的合唱:牛在哞哞地吼,狗在汪汪地吠,羊在咩咩地叫,马在希律律地嘶鸣。看它们这般极度亢奋的样子,怕是要唱上整个通宵了。
　　不幸的是,这声响惊动了琼斯先生。他确信是溜进了狐狸,于是匆忙下床抓枪,向着黑夜连射六弹,子弹射进了谷仓的墙里。动物们的聚会便匆忙散场了,大家都飞也似的逃回了各自的栖所,农庄在一瞬间恢复了往日的宁静。

　　大猪梅杰的这段演讲，首先给所有动物强化了一种意识：我们的生活是悲苦的——有这样的悲苦、那样的悲苦，还有无穷无尽的悲苦。这些悲苦当然不是虚构的，只不过一定会有许多动物习惯了这样的日子，并不觉得这有任何过分。一个出色的煽动家，一定要迅速唤起所有人对现状的不满。

　　你对现状越不满，改变现状的愿望就越迫切，也就越想知道病根究竟在哪儿，对解决方案的接受度也就越高。

　　不幸的根源到底是什么呢？人类最经典的思路就是"不怕没好事，就怕没好人"。

　　世界本来应该井然有序，善男信女都应该过上和自己的品德相匹配的生活，但生活竟然不是这样，一定是有人使坏。坏人究竟是谁？如果只点出张三李四、马丁约翰，那就肤浅了，所以，对动物们来说，坏人并不是农场主琼斯夫妻，或者说不仅仅是他们，而是全人类。人类剥削压迫动物，这才是动物们一切悲苦的根源。

　　既然找到了症结，那就对症下药好了。全体动物联合起来，消灭人类！

　　不仅要消灭人类，还要把人类的思维方式和行为模式铲除干净。

　　讲完这些道理，梅杰接下来的话并不令人意外，那就是尽情渲染诱人的远景，然后带着大家一起唱歌。诗歌再一次带着原始的神秘力量出现在我们面前，那些简洁有力的语句、重叠往复的节奏，使所有动物加入其中，在狂迷中汇聚为一个整体。诗歌如同咒语，诗人焕发着宗教领袖的魔力。

(4) 轮回

三天之后，大猪梅杰在睡梦中平静地去世了，但它播下的革命火种迅速有了燎原之势。农场里的动物们联合起来赶走了外强中干的琼斯夫妻，把农场收归公有。接下来，魅力四射的公猪拿破仑取代了梅杰的领导地位。所有的猪成为拿破仑的亲信，狗成为拿破仑的枪杆子。当然，笔杆子也是少不了的，猪中才子缪斯不断施展诗人的法力。

就这样，动物农庄呈现出欣欣向荣的新生活，奥威尔如此写道：

> 现在，所有的命令都是通过鸣声器或另一头猪发布的，拿破仑自己两星期也难得露一次面。一旦他要出现在公开场合，那就不仅有狗侍卫的前呼后拥，而且还有一只黑色的小公鸡鸣锣开道：在拿破仑讲话之前，小公鸡先要响亮地啼叫一下。据说，即使在庄主的院子里，拿破仑也是和别的猪分开住的，用餐要由两条狗伺候着，餐具用的是上好的陶瓷制品。另外，每逢拿破仑的生日也要鸣枪致敬了，就像其他的两个纪念日一样。称呼上也做了改变，直呼其名是大不敬的，而要称呼他"伟大的领袖拿破仑同志"，而那些猪还喜欢锦上添花地给他冠以各式各样的头衔，如"动物之父""人类克星""羊的保护神""鸭子的朋友"等。鸣声器每次演讲时，总要泪流满面地大谈一番拿破仑的无上智慧和慈悲心肠，说他对普天之下的动物，尤其是对那些还不幸地生活在其他农庄里的受歧视和受奴役的动物，满怀着深挚的爱。在农庄里，大家已习惯于把遇到的每一件幸运和取得的每一项荣誉都归功于伟大的拿破仑。你会常常听到一只鸡对另一只鸡这样讲："在伟大领袖拿破仑的指引下，我在六天之内下了五只蛋。"或者两头正在饮水的牛高声赞美："多亏伟大领袖拿破仑同志的领导，这水喝起来真甜！"农庄里，动物

们的整个精神状态充分体现在一首名为"拿破仑同志"的诗中，诗是缪斯写的，才思泉涌：

孤儿的好友！
幸福的源头！
哦，主，是您赐给了我们粮食！
您的双眼坚毅沉着，
让我总是有激情如火，
让我总是有仰望的狂热，
伟大的拿破仑同志！

每日的两餐饱饭，
每夜那洁净的草垫，
恩主呀，都归功于您无私的赏赐！
每只动物都能享有安睡，
连梦都做得很美，
都是因为有了您的抚慰，
伟大的拿破仑同志！

我要是有头幼崽，
幼小得惹人怜爱，
哪怕他还太小，还不太懂事，
他也应该学会，
忠诚地聆听您的教诲，
第一声一定要这样叫，我的宝贝：
"伟大的拿破仑同志！"

农场的生活究竟和赶走人类之前有什么不同，农场之外的旁观者也许很容易得出答案。但农场里边的动物们，在歌声中一往情深地相信着自己的幸福，任何怀疑都毋庸置疑地来自农场之外的邪恶人类的谣言蛊惑。自从推翻了人类，农场里的动物们彻底摆脱了被剥削、被压迫的命运，过上了幸福而平等的生活。

是的，所有动物都是平等的，只不过，猪比其他动物"更平等"。

（5）人性的恶从何而来

霍布斯讲完了《动物农庄》的故事，对老子说："这就是我一直都在强调的，推翻了现在的主权者又如何呢？把现有的政治秩序捣碎重来，重来之后注定还是原貌，只是换个主子而已。如果大家都晓得这个规律，就该明白忍从是多好的美德，何必还要经历一场天翻地覆、生灵涂炭的折腾呢？"

霍布斯继续说着："你一定厌烦了我总是引述英国同胞的作品，好吧，那就换一换口味，讲讲屠格涅夫怎么样？他是个俄国人，《猎人笔记》是他的名著。我对书中的这样一则故事印象深刻：屠格涅夫很不解地问一个叫作霍尔的农夫为什么不向他的主人赎身，霍尔却反问道：'我为什么要赎身呢？'霍尔虽然存够了钱，但他的顾虑是，不赎身的话，自己只有一位主人，而一旦赎了身，所有的绅士和官吏就都能管自己了。摆脱了一位老爷，却换来了更多的老爷，这当然很不划算。显然，我们中间的许多知识精英，他们的见识还不如这位目不识丁的俄国农夫。他们幻想出各式各样的政治形态，诸如民主制、共和制。呸，什么民主，什么共和，掌权的人越多，老百姓要伺候的主子也就越多。掌权的人越多，主权也就越分裂，党争和内战的隐患也就越大。就看看我所生活的英国好了，等保王党和圆颅党打起内战，用千万人的鲜血重新洗过一轮牌，大家就会发现，要想过太平日子，还不是得找一个主子？所以才有了克伦威尔的摄政和查理二世的复辟。"

老子还是摇头："霍布斯先生，我很理解你的忧虑。但你有没有发现，你的忧虑与其说是来自你自诩的几何式的周密推理，不如说来自你那个时代的动乱气氛。只要你抛开眼前的干扰，看到更久远的世界，比如我们中国的尧舜时代。'日出而作，日入而息。凿井而饮，耕田而食。帝力于我何有哉。'那时候天下太平，百姓无事，完全感受不到统治者的存在，一位老者就这样悠悠然击壤而歌，这有多好。我还知道——尽管我不应该知道——在你们英国的14世纪下半叶，一位叫作约翰·保尔的教士也写过和《击壤歌》类似的两句诗：'在亚当耕田、夏娃织布的时候，谁是老爷？'"

霍布斯说道："没错，但你一定不知道，这位教士在几年之后身体力行地去实践自己诗歌里的理想，参加了瓦特·泰勒领导的那次著名的农民起义，最后失败被杀。然后呢，一切又恢复了常态。老先生，合理的政治结构一定要从人性出发。在你们中国人里面不乏我的支持者，比如，诸子百家的学术著作里有一部《管子》，我背得出这样一句话：'人故相憎也，人之心悍。故为之法。'人的天性就是彼此憎恨的，而且人心地狠辣，必须用法律来约束他们。《击壤歌》的世界，听上去太不现实。"

老子很不服气："人并不是天生就坏，坏都是因为仁义礼智破坏了原本的纯良。"

以我们今天的眼光来看，霍布斯总是强调集权国家的核心优势就是稳定，但中国人相信压迫必定引发反弹，所以利维坦式的稳定注定不能长久，会形成中国历史上典型的治乱循环、朝代更迭。老子问不出这样的问题，但我们可以去问。而霍布斯最有可能的回答是："所谓压迫必定引发反弹,那是因为被压迫的人不明白《利维坦》的道理,只要他认真学懂了,就会知道反抗过后照旧是压迫,还不如忍从的好。"

这种观点在中国古代的某些智者看来实在是小儿科。他们早早就有发觉,如果哪位主权者遇到这样的反抗,那只能说明他的压迫手段太缺乏技巧了。事实上,如果没有压迫,反抗更容易出现,和平局面更容易被打破。所以,在这些古代智者看来,压迫是必要的,但必须运用得巧妙。

"破窗谬论"并不荒谬

(1)"生于忧患而死于安乐"

先秦古籍《国语》记载公父文伯的母亲告诫儿子该怎么做官的道理:"过去圣王治理人民,总是挑贫瘠的土地让他们去种,让他们一直都过劳苦的日子,所以圣王才能一直维持他的统治。"至于这个骇人听闻的道理为什么能够成立,理由有点貌似《孟子》的名言"生于忧患而死于安乐",只不过这里是用老百姓的忧患保障了那位圣王的安乐。

汉朝有一部集道家之大成的《淮南子》,里边讲过一个更加匪夷所思的故事:周武王灭掉商纣王,得了江山,可心里不大安稳,于是请教姜太公:"我夺了商纣王的天下,这是以臣弑君、以下犯上的行为呀,如果后世有人效法我的样子,搞得兵连祸结,那可就不好了。你看这该怎么办呢?"

姜太公答道:"大王,您能提出这个问题来,这很好。这就好比打猎,猎物还在活蹦乱跳的时候,猎人唯恐把箭射轻了,可等到猎杀成功之后,又希望猎物的伤口越小越好。

"您如果想长久地占有天下,最好的办法就是蒙住老百姓的眼睛,堵住老百姓的耳朵,引导着他们多做一些无用功。同时,用烦琐的礼乐来教化他们,让他们各自安于本职工作,养成安逸的心态,让他们的脑袋从清清明明变成浑浑噩噩。

"达到这种程度之后,再摘掉他们的头盔,给他们戴上以翎毛装饰的帽子;解下他们的刀剑,让他们手持笏板;制定为期三年的守孝规则,以此来限制他们的生育;大力宣讲等级秩序和谦卑退让的精神,让他们不起争斗之心。多给酒肉让他们好吃好喝,再用音乐使他们好玩好乐,用鬼神使他们敬畏天命,用繁文缛礼使他们丧失自然天性,用厚葬久丧使他们耗尽财产,让他们为丧事置办奢侈的陪葬品,这样来使他们陷入贫穷,让他们挖壕沟、筑城墙来耗费体力,这样做下去,就没有多少人还能犯上作乱了。——只要这样移风易俗,就不难永保江山。"

《淮南子》最后用姜太公的这番话来说明《老子》的一句名言:"化而欲作,吾将镇之以无名之朴。"我们这里援引陈鼓应的翻译:"(万物)自生自长而至贪欲萌作时,我就用'道'的真朴来镇住它。"

我们看姜太公这番话,实在太歹毒了,当真是以"愚民"为指导思想,而在具体的愚民手段上兼采百家之长——既有儒家的礼乐,也有墨家的"明鬼",尤其是这句话:"让他们挖壕沟、筑城墙来耗费体力,这样做下去,就没有多少人还能犯上作乱了。"这应该是姜太公这番话里最令人气愤的一个观点了。但遗憾的是,正如哈耶克曾经感叹的,"最坏的家伙最容易爬到权力的顶峰",最恶毒的主意也同样最容易得到广泛的实施。所谓劳民伤财有助于政权稳定,说的就是这样的事,这就是道家哲学的一个要点:君臣异道。

(2) 君臣异道

如同愚民术一样,"君臣异道"也是一种普世性的政治智慧。亚里士多德概括过他那个时代所观察到的被称为"僭术"（僭主的家法）的统治技术："僭主的习惯就是永不录用具有自尊心和独立自由意志的人。在他看来，这些品质专属主上，如果他人也自持其尊严而独立行事，这就触犯了他的尊严和自由，因此僭主都厌恶这些妨碍他的权威的人。暴君还有宁愿以外邦人为伴侣而不愿交结本国公民的习性，他们乐于邀请外邦人，同他们聚餐并会晤；他们感到外邦人对他们毫无敌意，而公民却抱有对抗的情绪。"（《政治学》）

亚里士多德的这番见解很大程度上源自他的师承。《理想国》里的苏格拉底在描述僭主独裁者的时候就说过类似的话："一个十足的僭主独裁者……在他已经和被流放国外的政敌达成了某种谅解，而一切不妥协的人也已经被他消灭了之后，他便不再有内顾之忧了。这时他总是首先挑起一场战争，好让人民需要一个领袖。而且，人民既因负担军费而贫困，成日忙于奔走谋生，便不大可能有工夫去造他的反了。"

这些两千多年前的西方智慧，对于中国读者来讲一点都不陌生，道家学者尤其会引之为同道。

另外，所谓"君臣异道"，最高统治者"无为而治"了，可具体工作总得有人来做。如果全国人民一起"无为"，当然只能一起饿肚子了。所以，越是下层的人就越得"有为"，就越得和"领导之道"反向而行。就算实在没事，领导也得给他们找点事出来。

从管理角度来讲，如果只看积极的一面，这倒很有几分道理。有过大公司总裁经历的巴纳德曾就这个问题发表过著名的看法：总裁的任务不是亲力亲为，而是为下属们维系一个良好的工作环境。（《管理的功能》）为什么要维系这个良好的工作环境呢？自然不是让下属们无为，而是让他们有为，最大限度地有为。

这个道理至少适用于两个层面：一是从管理层内部来说的，二是就宏观意义上的治国之道来说的。

关于管理层内部的无为，我们可以看一个三国时候的例子：陈矫在魏国担任尚书令，有一次魏明帝突然造访，陈矫赶紧接驾，问道："陛下这是想去哪里呀？"魏明帝说："我就是来你这儿，我想进来看看公文。"陈矫说："看公文是臣子我的职责，不是陛下该做的。如果陛下觉得我不称职，就罢免我好了。您还是起驾回去吧。"这一番话说得魏明帝羞答答的，真就掉转车头回去了。(《三国志·魏志·陈矫传》)

建安年间，徐干也从理论高度讲过这个道理：做帝王的，就算眼睛再怎么尖，就算耳朵再怎么灵，就算书法、算术、射箭、骑马样样第一，可对治国有什么用呢？这都是掌管具体工作的小官员的素质，而不是人君的素质。帝王就算这些样样都不会，天下难道就会乱吗？(《中论·务本》)

徐干描述的这个理想统治者的特殊素质，在《论语》里叫作"君子不器"，在刘劭品评人物的名作《人物志》里叫作"其质无名"，后者至少从字面意义上应了《老子》中那句"无名，天地之始；有名，万物之母"。这种人业无所专，不是专业人才，处理具体事务不大在行，但可以统筹调动各种人才。

这是管理学的精髓，刘邦就很擅长。刘邦总结自己的成功经验，说过一段很著名的话："运筹于帷幄之中，决胜于千里之外，我不如张良；镇国家、抚百姓、给饷馈、不绝粮道，我不如萧何；连百万之军，战必胜，攻必取，我不如韩信。这三位都是人中之杰，我能够任用他们，所以我才能拥有天下。"

这段话到了唐代，被赵蕤引到他的《反经》里作为例证，用以说明"知人者，王道也；知事者，臣道也"。不仅如此，无形的东西才是有形万物的主宰；看不见源头的东西才是世道人情的根本。鼓不干预五音，却能够统御五音。掌握了君道真谛的人，不去做文武百官负责的具体事务。

这就是对《老子》中的"无为"理论的详细发挥。然而，看到这里，我们就会发现一个有趣的现象：同一套道理，往玄而又玄的方向上说，就是许多人心目中的《老子》，一旦落实到具体的操作层面，却每每流入法家。

当我们明白了这些道理，就能够读出经济学上的"破窗谬论"的深意了。

(3) 破窗谬论

何谓"破窗谬论"？亨利·黑兹利特（Henry Hazlitt）在他那本流传很广的《一课经济学》（Economics in One Lesson）里这样介绍过：

> 话说一个顽童抢起砖头，砸破了面包店的橱窗。当店主怒气冲冲追出来时，小捣蛋早已逃之夭夭，只剩下一群看热闹的围观者。大家盯着橱窗的破洞以及四下散落的玻璃碎片。不一会儿，人们觉得应该进行一下哲学思考。跟通常的情形一样，接着有些人开始议论，宽慰店主和众人的心：玻璃碎了很是可惜，可是这也有好的一面。这不，对面的玻璃店又有生意了。他们越琢磨越来劲：一面新的橱窗需要多少钱？要250美元。这笔钱可不算少。不过，这没什么好埋怨的，事情本来就这样，要是玻璃永远都不破，那么做玻璃生意的人吃什么？玻璃店多了250美元，会去别的商家那里消费，那些个商家的口袋里多了几个钱，又会向更多的商家买东西。经这么一说，小小一面破橱窗，竟能够连环不断提供资金给很多商家，使很多人获得就业机会。要是照这个逻辑推下去，结论便是：扔砖头的那个小捣蛋，不但不是社会的祸害，反而是造福社会的善人。

（蒲定东译，中信出版社，2008）

让我们来看一看黑兹利特的分析：

且慢！让我们来分析其中的谬误。至少围观者所做的第一个结论没错，这个小小的破坏行为，的确会给某家玻璃店带来生意。玻璃店主对这起捣蛋事件除了略表同情之外，更多的应该是高兴。但是，面包店主损失掉的250美元，原本是打算拿去做一套西装的。如今，这钱被迫挪去修橱窗，出门就穿不成新西装了（或者少了同等价钱的其他日用品或奢侈品）。他原来有一面橱窗和250美元，现在只剩下一面橱窗。或者说，在准备去做西装的那个下午，他本来可以心满意足地同时拥有橱窗和西装，而结果却只能面对有了橱窗就没了西装的糟糕现实。如果我们把他当作社区的一员，那么这个社区就损失了一套原本会有的新西装，于是变得比以前更穷了。

简单来说，玻璃店主的这桩生意，不过是从做西装的缝纫店主那里转移来的，整个过程并没有新增"就业机会"。那些围观的人只想到了交易双方——面包店主和玻璃店主——的情况，却忘掉了可能涉及的第三方——缝纫店主——的窘迫。围观者完全忘了他，恰恰是因为现在玻璃碎了，他也就失掉了亮相的机会。人们过两天就会看到崭新的橱窗，但绝不会看到多出那套被牺牲掉的西装，的确如此，因为它永远不会被做出来。人们总是只看到眼前所见的东西。

黑兹利特有没有说对呢？如果是在自由市场的大环境里，他的确没有讲错。但如果请霍布斯和姜太公来谈这个问题，他们一定会说："黑兹利特责怪别人'总是只看到眼前的东西'，其实他自己才是。如果不搞这些劳民伤财的事情，怎么能确保和平稳定、长治久安的政治秩序呢？人的天性总是饱暖生闲事，所以，对橱窗玻璃时不时都该砸一下的。"

"破窗谬论"还涉及另一个问题，那就是"利维坦"到底有没有目标，或者说"利维坦"该不该有目标。请你回忆一下我之前讲过的《老子》的内容，当时我谈到奥克肖特的一篇很著名的文章《巴别塔》，文章里说："在政治活动中，人们是在一个无边无底的大海上航行；既没有港口躲避，也没有海底抛锚，既没有出发地，也没有目的地，他们所做的事情就是平稳地漂浮。大海既是朋友，又是敌人，航海技术就在于利用传统行为样式的资源化敌为友。"

在奥克肖特以及标准意义上的自由主义者看来，航行应该是一个随波逐流的过程，否则很容易事与愿违。但这样的观念很难被普通人接受，这也就意味着，一个政党如果当真这样标榜自己的政治纲领，一定得不到绝大多数国民的支持。一个不给自己设置远大目标并高调标榜的政党，自然缺乏强者的魅力，这是可想而知的事情。而如果有竞争的党派这时候站出来宣示自己的远大目标，一定更容易赢得民心。

真正的难题出现了：如果一个政党的核心人士很清楚这些道理，他们该怎么做呢？如果本着良知，那就要眼睁睁看着自己的党派落选；如果想在竞争中取胜，就很有必要揣着明白装糊涂。我们看西方世界里的竞选大战，一些明知行不通的政策之所以会被高调标榜出来，未必真是因为当事人的无知。

当某个政党给自己和全体国民设置了一个远大目标之后，"破窗谬论"就会以各种形式一再发生，这同样是可想而知的事情。从积极的一面来看，投鼠不忌器，打碎橱窗或者花瓶其实是灭鼠的代价，这在政治斗争里是常有的事，只不过灭鼠不一定会被张扬出来。而且，"砸破橱窗"还有"定向调控"的意义，会把需求从其他地方引向某些特殊的产业,而无论其结果在经济意义上是好是坏,它往往从一开始都隐含着"明知不可而为之"的政治目的。

甚至通货膨胀也可以看作"砸破橱窗"的一种。比如,在西方一些利维坦式的国家里,如果政府想刺激消费,让大家把存款都拿出来花掉,最简便的办法就是增发货币,引发通货膨胀。在通货膨胀造成的恐慌里,人们会觉得与其把钱继续存在银行贬值,还不如拿出来买一些也许并不急需的东西。在这个过程里,被"砸掉"的是许许多多看不见的橱窗,被牺牲的是许许多多看不见的西装和其他的东西。市场上许许多多质次价高、产能过剩的商品很快都卖光了,原本许许多多该被市场竞争淘汰的商家幸存下来了,大规模的失业并没有发生,伴随失业浪潮的不稳定因素就这样被消弭于无形,政府还在无形中多收了税。

黑兹利特认为单纯的通货膨胀并不会创造更多的需求,他显然忽略了通货膨胀有着洗劫存款的意义,还可以逼出人们更大的生产积极性。当然,这样来安排经济,经济配置显然是低效的,但政府不会在意这些,正如霍布斯所言,和平稳定的生活环境才是最要紧的事情。凝聚力是和平稳定最需要的东西,而适度的紧张局面最容易激发凝聚力,"砸破橱窗"正是在人为地制造忧患。

《左传》中记载了这样一个故事:郑国和楚国结盟,背叛了晋国,晋厉公准备出兵伐郑,晋国大臣范文子却说:"我希望诸侯都能背叛我们,因为这样一来,我国内部的祸患就会缓解;如果只有郑国背叛我们,我担心我们国内的忧患马上就会发生。"

随后在晋国伐郑的战役中,晋国和楚国面临决战,而范文子极力避战,他的理由是这样的:"我国的前代君王虽然多次征战,但都有不得不战的苦衷,当时秦、狄、齐、楚都很强大,如果我们不尽力作战,子孙就会衰弱不振。但现在不同,三个强国都已经顺服,真正配做我们敌人的就只剩下楚国一个。只有圣人才能使国内、国外都没有忧患,倘若执政的不是圣人，那么消除了外患必然会兴起内忧。如此看来，我们何不避退楚国，留着这个外患来警诫自己呢？"

这是一种清醒的理性认识、一种高明的政治技巧，可以被现代社会学的社会冲突理论拿来作为例证。时不时要砸碎一些橱窗，多么必要！除非我们在一个单纯的自由市场里，并且只在经济存量里做单纯的加减法，破窗谬论才真的荒谬。

让我们再看一段黑兹利特的议论：

讲完粗浅的"破窗谬论"，有人会说，任何人只要动脑筋想一想，一定不会犯这样的错误。事实上，穿着各种伪装的破窗谬论，在经济学历史上却最为冥顽不化，而且此种谬论在过去任何时候都没有现在这么盛行。如今，每天都有许多人在一本正经地重复着同样的错误。这些人包括工业巨头、商会、工会领袖、社论主笔、报纸专栏作家、广播电台与电视台的评论员、技巧高深的统计专家，还有一流大学的经济学教授。他们正在用各自的方式宣扬破坏行为所带来的好处。

如此显而易见的"错误"之所以能够影响深远、支持者众，除了有人真的"没想通"，也有人揣着明白装糊涂。如果砸碎别人的橱窗对自己有好处，那就给自己找个正当的理由去砸好了。每个人追逐私利，诚如亚当·斯密所言，不自觉地促进了公益，但各种内耗注定避免不了，世界的运作比单纯的经济关系复杂许多。

(4) 大世界之恶与小国寡民之美

老子深深感叹:"其实完全不必那么复杂。霍布斯先生,还有这位熊先生,你们都想多了。尤其是你,霍布斯先生,你生活在一个大世界里,你看到的是莎士比亚环球剧院的人头攒动,是远洋货船的熙来攘往。人心早就在这样的世界里坏掉了,所以你才会想象出一个残酷到无法生存的自然状态。但你不知道,在世界变大之前,在国王的华丽排场和议会的群情骚动出现之前,人类是以一个个'小国寡民'的形态生活着的。在那样的生活形态里,你所宣扬的和平稳定才是真正的自然状态。你错把被文明玷污之后的人性当作了人性的本来面目,所以你的推理哪怕再周详,再像几何算式那样牢不可破,终归不过是沙上建塔。"

霍布斯辩白道:"人人彼此为敌的自然状态也许真的不曾存在过,但我们难道不可以从国际关系中推想到这种状态吗?如果你真的认真读过我的《利维坦》,应该不会忽略这样一段话:'就具体的个人来说,人人相互为战的状态虽然在任何时代都从没有存在过,然而在所有的时代,国王和最高主权者由于具有独立地位,始终是互相猜忌的,并保持着斗剑的状态和姿势。他们的武器指向对方,他们的目光互相注视。也就是说,他们在国土边境上筑碉堡,派遣边防部队并架设枪炮,还不断派间谍到邻国刺探,而这就是战争的姿态。但由于他们用这种办法维持了臣民的产业,所以便没有产生伴随个人自由行动而出现的那种悲惨状况。'"

老子还是摇头:"我记得这段话,但这根本构不成对我上述观点的真正反驳。霍布斯先生,即便在这段内容里,你还是没有把眼光放远,放到大世界出现之前的人类生活里去。假如你能活到20世纪,我相信俄国学者克鲁泡特金的《互助论》一定会让你改变看法。"

霍布斯悻悻说道:"我已经死了,时间对我来说已经没有意义。所以，我读过《互助论》。让我好奇的是，这部书的观点不但反驳了我，也同样反驳了你。你主张'治大国若烹小鲜'，但人家根本连'治理'和'国家'都否定了。"

老子终于点了一次头："无论如何，《互助论》和我的学说只是小有龃龉，对你的学说却是釜底抽薪啊。"

※ 第三章

《互助论》、《天演论》和《社会学研究》

奢侈的死刑：
为什么要用十几名士兵枪决一名人犯

（1）作为反面教材的《互助论》

本章我们要从俄国学者克鲁泡特金的《互助论》讲到托马斯·赫胥黎的《进化论与伦理学》(Evolution and Ethics)，这是一部大家都很熟悉的书。如果你对这个书名感到陌生，这不奇怪，因为它是以另外一个并不准确的译名而著名的，那就是《天演论》。

严复翻译《天演论》，是当时中国思想界的一件大事，影响一直到今天，只不过"百姓日用而不知"。严复最佩服、最想译介的学者并不是赫胥黎，而是社会学先驱斯宾塞，后面我也会讲到斯宾塞的《社会学研究》(The Study of Sociology)，严复的译本叫作《群学肄言》。书的选择虽然跨度很大，但话题是和之前一脉相承的。

先说《互助论》。这是一本很冷门的书，今天知道它的人并不太多。而那些为数不多的知道它的人，大多也都是从别人对它的批判里知道它的。

这也难怪，因为《互助论》是宣扬无政府主义的经典之作，而无政府主义历来臭名昭著。无论是革命的政府还是反动的政府，谁都不喜欢有人鼓吹"无政府"。商务印书馆把这本书收入"汉译世界学术名著丛书",并在中译本序言里再三叮嘱读者:"在这本书里,克鲁泡特金以伪科学的方法来宣扬无权威、无政府、无国家的社会是可以'实现'的","克鲁泡特金的世界观和方法论,是经过资产阶级用伪科学装扮起来的唯心主义和形而上学,在历史观和社会观上,克鲁泡特金更是彻头彻尾的唯心主义者","其在历史科学上是一窍不通的","克鲁泡特金自己是一个庸俗进化论者,社会学中的主观唯心主义者"。在序言的最后,译者审慎地总结说:"今天商务印书馆重新翻译、出版这本《互助论》,是为了提供一本反面教材,作为研究、批判无政府主义思潮之用。"序言落款是1963年2月。

这些话让我想到了一些读者给我的反馈,说我讲的内容"没用","不是好道理"。必须承认,前人的很多道理都已经落后于时代了,还有一些非但落后,更是赤裸裸的"坏道理",比如我在另一本书中讲过的教女人自杀为未婚夫殉节的道理。我还讲过《女巫之锤》,这是古登堡印刷术发明以后的第一本经典畅销书,但我显然不是要教大家怎样从身边的女人中辨识女巫。"经典"和"正确"没有必然关联,"经典"和"有用""好道理"也没有必然关联。商务印书馆能在20世纪60年代翻译出版《互助论》这样一部"经典大毒草",这等见识真令人钦佩。时隔半个世纪,今天,当我们以新时代的心态重读克鲁泡特金这个"伪科学者""庸俗进化论者"的各种荒腔走板的歪理邪说时,也许会发现这本"反面教材"竟然很有一些让人着迷并且启发人思考的地方。

薛兆丰老师曾讲过"公地悲剧",提到埃莉诺·奥斯特罗姆(Elinor Ostrom, 1933—2012)因为推翻了"公地一定会产生悲剧"这个经济学界的普遍误解,获得了2009年的诺贝尔经济学奖。薛老师说,这样的思想,早在1974年,张五常在《一种价格管制理论》(*A Theory of Price Control*)中就已经讲得十分清楚,显然,诺贝尔奖组委会忽略了张五常的原创性贡献。

如果这样追溯的话，当你看过《互助论》，就会发现被诺贝尔奖组委会忽略的原创性贡献至少可以追溯到这部1902年出版的老书。《互助论》从动物界的自发性互助秩序开始论述，接连论述了人类在各个文明阶段的自发互助，得出的结论比张五常和埃莉诺·奥斯特罗姆的更加极致——政府根本没必要存在。

(2) 克鲁泡特金：一个背叛了自己阶级的人

1842年，克鲁泡特金出生于一个俄国贵族家庭。他自幼接受良好的贵族教育，成年以后顺理成章地担任了公职。职务之便使他四处游历，掌握了丰富的地理知识。他在退职之后加入地理协会，成为一名很有声望的地理学家。

1872年，克鲁泡特金年方而立，在去瑞士旅行途中接触了革命思想。革命思想总能使人洗心革面，克鲁泡特金从此便从贵族变身为革命者，加入了著名的第一国际。第一国际的全称是国际工人联合会，马克思担任领袖。这是我们中学历史课本都会讲到的内容。

我们很容易想当然地以为，当时的革命者就是马克思主义者，"革命"和"马克思主义"是同义词。然而，事实上，第一国际并不是铁板一块，虽然大家都想推翻资本主义，但到底用什么方式推翻，推翻之后又该怎么建设，对这些问题，大家的想法并不统一。当时能够和马克思主义分庭抗礼的有一个以巴枯宁为首的巴枯宁派，整天宣扬无政府主义。巴枯宁和他的名著《国家制度和无政府状态》是我之后会讲到的书，现在先按下不表，把焦点集中在克鲁泡特金身上。

克鲁泡特金对巴枯宁派一见倾心，然后以一个无政府主义者的姿态回到俄国。

真诚的革命者首先都是真诚的革命家,没耐心守在书斋里钻研理论。克鲁泡特金也不例外,他义无反顾地投身于人民运动的洪流,当然,也就毫无悬念地成为沙皇政府的通缉犯。

1874年,三十二岁的克鲁泡特金被捕入狱,两年后成功越狱,逃亡国外。革命者当然不会平静地度过流亡生涯,1882年,四十岁的克鲁泡特金因为组织恐怖活动被法国政府逮捕,在牢房里坐满了五年的刑期,获释之后移居伦敦。痛定思痛之下,他终于从一个活跃的革命家变成了一个活跃的革命理论家,《互助论》就是他这一时期的作品。

革命家谈理论,最常见的缺点就是入世情怀太重,压倒了冷静客观的学术精神。但克鲁泡特金是个例外,从论据的选取到逻辑推理的层层深入,完全不失一名学者应有的姿态。我们经常在西方电影里看到枪决犯人的场面,犯人被蒙着眼睛,靠墙站着,十几米之外,十几名士兵站成一排,举枪射击。为什么杀一个毫无还手之力的人,要耗费这么多的人力和子弹呢?

(3) 浪费子弹为何是必要的

这个问题的第一层解释是,这来自一个悠久的传统。我们看《圣经》,《旧约》部分常有一群人用石头砸死一个人的事情,所以行刑队枪决人犯,只不过是把石头换成了枪。《新约》有一则很著名的故事,说耶稣正在圣殿里教导大家,忽然经学家和法利赛人带来了一个女人。他们指着那女人对耶稣说:"先生,这女人是在犯奸淫的时候被抓到的。摩西在律法上吩咐过,对这样的女人要用石头打死,你是什么意见呢?"

他们之所以这样说,是想给耶稣设一个圈套。耶稣如果说"那就按照摩西律法来办吧",这就违反了罗马法,因为他们生活在罗马占领区,只有罗马人才有权判人死刑。但耶稣如果说"放了那女人",那就明显违背了摩西律法,纵容通奸。

面对这样的两难处境,耶稣的做法是弯下身来用指头在地上写字,仿佛什么都没听见。找碴儿的人不断地问他,他终于站起身来说:"你们中间谁是没有罪的,谁就可以先拿石头打这个女人。"说完之后,耶稣继续弯下身来在地上写字,而那些来势汹汹的人,从年老的开始,一个个都离开了。(《约翰福音》8∶1—8∶11)

我当然不是要借这个故事来讲神学,我只想请你留意当时执行死刑的传统方式:就像群殴一样,一阵乱石把人砸死。我最早知道这种风俗的时候,只是感到恐怖,认为这是一种虐杀的方式,是为了让死者多受罪。但是,《互助论》给出了不同的解释,认为这种风俗的起因是在执行死刑的时候,谁也不愿意充当刽子手。这就是问题的第二层解释。这源于蒙昧部落里血债血偿、集体执行的风俗。到了19世纪中叶,行刑者拿的枪里有一支装的是空弹,但谁也不知道自己拿的枪里装的是空弹还是实弹,"所以每个人都不以为自己是刽子手,以此安慰自己不安的良心"。(附录1)这段话的原文在文稿最后的附录里,如果你有深入了解的兴趣,可以在附录中查看。以后凡有大段值得引述的原文和展开介绍的内容,都用这种方式呈现。

在克鲁泡特金看来,"以眼还眼,以牙还牙"并非出于凶残,反而出于节制。我们之所以觉得凶残,只是因为戴了一副文明世界的眼镜。

要留意的一个要点是,个人主义,或者说强烈的自我意识,也是文明社会的产物,而在原始部落里,每个人都把自己的生活和部落的生活看作一致的,谁也不愿意亲手杀死与自己休戚与共、相濡以沫的同胞——他们是真正意义上沾亲带故的同胞,而不是我们今天基于国家观念、被做了引申发挥的"同胞"。(附录2)

从这个角度出发，我们会很容易理解《旧约》一类的古代典籍——亚当和夏娃两个人犯罪，凭什么全人类都要为此承担原罪；上帝为了惩罚埃及法老，为什么一夜之间击杀埃及所有的头生子；耶利哥之战中，亚干一个人违背了上帝的谕令，为什么全部以色列人都要受罚；而当他们查明亚干才是罪魁祸首的时候，为什么一口气打死了亚干全家……

在先民的意识里，个人主义情怀欠缺到匪夷所思的境地。可是，这些蒙昧的人，生活资源如此有限，你多吃一口，我就少吃一口，应该巴不得抢口粮的人少一点才好，却为什么会对除掉"竞争对手"有着这样大的心理障碍呢？即便在我们今天这样一个文明社会里，在职场上某些利益丰厚的地方，我们也见惯了各种尔虞我诈、明枪暗箭。如果候选人有十个，而肥缺只有一个，大家不但会削尖脑袋去钻营，还会使出浑身解数去挤掉竞争者。如果杀人不犯法，天知道会发生多少命案。面对这种局面，我们很自然地会想起霍布斯的话："这是一切人对一切人的战争。"

但克鲁泡特金摇了摇头："根本就没有这回事！"

是的，克鲁泡特金是霍布斯最坚定的反对者之一，而他用以战斗的武器，是来自达尔文的进化论。

这话貌似荒唐，仿佛在说有人拿着马克思的《资本论》为资本主义辩护一样。这也难怪，因为进化论的核心原理只有八个字：物竞天择，适者生存。进化论对竞争的意义如此强调，以致激起了许多道德家的不满。我们中国人看晚清以来的历史，总结出一句深入人心的名言："落后就要挨打。"这就是说，无论你是好是坏，无论你有没有得罪人，在弱肉强食的世界里，落后就是你注定要挨打的核心理由，其他一切冠冕堂皇的说辞都是借口，道德只是利益的伪装。众暴寡、强凌弱，都是自然规律，不会因为我们的厌憎而消失。

如果我们真的不喜欢欺负人，真的仅仅爱好和平，强化武力只是为了以备不时之需的防御而已……但是，什么才是最好的防守呢？每个人都知道这个问题的答案：进攻就是最好的防守。

（4）没有任何借口

　　修昔底德的《伯罗奔尼撒战争史》很精彩地为我们描写了古代雅典和斯巴达之间的一场战争。其中有这样一个耐人寻味的细节：雅典当时已经战胜了波斯，成为希腊世界一呼百应的盟主，弥罗斯则是一个小小的岛国，人口主要是来自斯巴达的移民。弥罗斯人和其他岛民一样，不愿意隶属"雅典帝国"，起初在雅典和斯巴达之间保持中立，后来因为遭受雅典的欺凌，才公开成为雅典的敌人。

　　雅典于是发动了强大的远征军，但在动武之前先派出使者和弥罗斯人交涉。这完全不是"狼和小羊"式的对话，雅典使者非常坦白地说，我们不必编什么理由，谎称你们损害了我们的利益，你们也不需要申诉自己的无辜，大家直接谈谈实际问题就好，"因为你们和我们一样，大家都知道，经历丰富的人谈起这些问题来，都知道正义的标准是以同等的强迫力量为基础的；同时也知道，强者能够做他们有权力做的一切，弱者只能接受他们必须接受的一切"。

　　雅典使者认为，他们征服弥罗斯是势所必然的，否则便会影响雅典帝国的稳定。因为如果弥罗斯保持中立而雅典竟然不加以制裁的话，其他城邦就会认为雅典软弱，而那些本来就对雅典的统治心怀不满的人更会因此受到鼓舞，"这些人民可能轻举妄动，使他们自己和我们都陷入很明显的危险"。

　　任凭雅典使者如何晓以利害，谈判还是破裂了，最后，雅典远征军围攻弥罗斯。修昔底德如此记载说："因为城内有叛变者，弥罗斯人无条件地向雅典人投降了。凡适合于兵役年龄而被俘虏的人们都被雅典人杀了；妇女及孩童则出卖为奴隶。雅典人把弥罗斯作为自己的领土，后来派了五百移民移居那里。"

如果我们以弱肉强食的标准来看，弥罗斯人纯属不识时务。显然，仅仅落后并不至于挨打，落后还不服软才会挨打。

雅典使者的论调以一种相当极端的方式解释了什么叫"进攻才是最好的防守"，而他们的顾虑的确有着充足的心理学依据。现代心理学关于"从众"现象的大量研究告诉我们，只要善于利用从众心理，那么颠倒黑白、指鹿为马其实是再容易不过的事情，事实上这也正是集权政府常常做的工作。而最能够动摇这种从众的稳定局面的，莫过于个别强硬的少数派的出现。

这是一种古老的政治智慧。我们还可以参看古代史家李维的经典名著《罗马史》对"荣耀者塔昆"的一段记载。公元前6世纪，卢西乌斯·塔昆尼乌斯·苏佩布斯通过一场宫廷政变僭取了罗马王位，成为罗马王政时代的第七位国王，人称"荣耀者塔昆"。他的儿子塞克斯特斯征服了一座敌对的城市，派信使返回罗马给父王报信，说自己已经控制了大局，不知道下一步应该做什么才能够稳定局面。当信使来报的时候，塔昆正在花园里休息，他听着信使的汇报，始终一言不发，最后忽然举起一根棍子向罂粟花丛横扫过去，将几株最高的罂粟花的花冠扫落，然后自顾自地走了。无奈之下，信使只好两手空空地回去向王子交差，一五一十地汇报了整个经过。王子忽然会心，明白了父亲是要自己将城里素来有声望、有地位的人杀掉，这样一来就没人敢生异心了。

19世纪的英国画家塔德玛以细腻还原古罗马风情著称，他有一幅画名为《塔昆尼乌斯·苏佩布斯》，画的就是这个扫落罂粟花的场面。时至今日，英语里还有所谓的"高罂粟综合征"(Tall Poppy Syndrome)，大略就是中国古语"木秀于林，风必摧之"的意思，两千多年前那位暴君的无言之喻始终不曾过时。

亚里士多德的《政治学》也讲过这个故事，情节几乎与上述一模一样，只是人物不同："荣耀者塔昆"变成了僭主伯利安德，罂粟变成了黍穗。亚里士多德有段评价，大意是说，众暴寡，强凌弱，每每如此。（附录3）

这里所谓的僭主，是古希腊历史上常有的称谓，指的是通过政变之类的不正当途径取得政权的人。陶片放逐律是古代雅典的一种特殊政策，大约创制于公元前500年，初衷是为了保护平民政体，生怕有英雄豪杰独揽大权。雅典人如果看谁木秀于林、行出于众，就在公民大会投票表决要不要把他放逐出去。支持放逐的公民把这个人的名字写在陶片上，投进陶罐，集满六千个陶片就执行放逐令。

这种心态绵延两千多年，直到今天，仍然有很多人如此理解国际关系，相信一个国家的崛起必然会引起邻近强国的忌惮，招致明里暗里的破坏和压制。对此霍布斯会表示赞同，而之后将要讲到的斯宾塞会站在社会进化的角度发表异议，说这种旧思路已经跟不上新形势了。

话说回来，古代雅典人当然只有古代思维，此时此刻他们要对弥罗斯人做的，正是"荣耀者塔昆"要对高罂粟花做的。于是，雅典人将侵略看作自保的必要手段，由此使侵略行径戴上了华丽的道德光环。

所以，当弥罗斯人诉诸神祇的时候，雅典使者表现得非常坦然，宣称自己欺负人的事业完全得到神的保佑，一点都不理亏和心虚。（附录4）

雅典使者一定会对《狼和小羊》的故事嗤之以鼻。我们虽然很容易想象雅典使者是如何盛气凌人，但很难想象他们在神祇面前居然也可以问心无愧——从对话的上下文来看，他们应该是真心实意的。这番言辞会把一些相当有分量的政治哲学逼到一个尴尬的境地，譬如中国儒、道两家都主张为政应当效法天道，这是从对大自然的朴素观察中得来的体悟：日升月落，四时轮转，一切都是那么井然有序，不假雕琢，所以人类社会的有序政治应当像天道（自然规律）一样，顺之则昌，逆之则亡。我在前面讲过的钱锺书对《老子》哲学的质疑，古代雅典人早已经做过了。

雅典使者如果学过进化论的话，词锋一定还会犀利很多。生存竞争就是这样严酷，就是这样血淋淋、赤裸裸的。

附录1

克鲁泡特金《互助论》（李平沤译，商务印书馆，1984）："所有蒙昧人都认为血仇必须要用血来还。如果有谁被杀了，凶手必须偿命；如果有谁受伤了，伤人者也必须流血。这个规则是没有例外的，甚至对动物也是一样。如果打猎的人使动物流了血，他回到村子时也要流他的血。这是蒙昧人的公正观念，现在在西欧仍是按这个观念来处理凶手的。如果加害者或被害者属于同一部落，那么，就由这个部落和被害者来解决这件事情[1]。"

---

1 原注：需要谈到的是，在执行死刑时，谁也不愿意充当刽子手。每一个人都扔石头去打，或者用斧子去砍，但都小心翼翼地避免击中要害。在较后一个时期，由僧侣用一把圣刀来刺死牺牲者。再以后，是由国王执行死刑，直到文化发达而发明了绞刑吏。参见巴士顿《历史上的人类》第三卷《血仇》对这问题的深刻见解。尼斯教授说，在我们这个时代，在军队中执行死刑的时候还存在着这种部落习惯的残余。在十九世纪中叶，习惯的做法是命令十二个士兵出来，十一人拿实弹的枪，一个人拿空弹的枪，一齐向被判死刑的人射击。由于这十二个士兵都不知道他们之中谁拿的是实弹的枪，所以每个人都不以为自己是刽子手，以此安慰自己不安的良心。

附录2

《互助论》:"如果加害者或被害者属于同一部落,那么,就由这个部落和被害者来解决这件事情。如果伤人者属于另外一个部落,而那个部落因为这种或那种理由拒绝赔偿时,被害者的部落便要决心由自己来报复。原始人是那样把每个人的行为都看作部落的事务,是根据部落的意思做的,所以,他们往往认为氏族应该对每一个人的行为负责。因此,他们可以向加害者的氏族或亲族中的任何一个人进行正当的报复。然而,报复往往超过了罪犯的行为,这是常有的事情。他们本来是想打伤那个罪犯,但很可能就把他打死了,或者打伤的程度比他们所预想的要重,这样就又引起了一场新的仇斗。因此,原始时代的立法者们慎重地把报复行为限制于以眼还眼、以牙还牙、以血偿血的做法。"

附录3

亚里士多德《政治学》(吴寿彭译,商务印书馆,1983):"这种政策不仅僭主们常常视为有利于国政而加以实施,寡头和平民政体也同样应用这些手段。陶片放逐律就是类似的措施,使才德著称的人远离本土,他们在邦内的势力便日渐消失。强邦对于小城或弱族也会施行同样的虐政,雅典人对于塞莫斯岛人、启沃岛人和累斯博岛人的征伐就可举以为例:雅典的霸权一经巩固,它就不顾盟约,而以强暴加于它的盟邦。"

附录4

　　《政治学》中雅典使者是这样说的:"关于神祇的庇佑,我们相信我们和你们都有神祇的庇佑。我们的目的和行动完全合于人们对于神祇的信仰,也适合于指导人们自己行动的原则。我们对于神祇的意念和对人们的认识都使我们相信自然界的普遍和必要的规律,就是在可能范围内扩张统治的势力,这不是我们制造出来的规律;这个规律制造出来之后,我们也不是最早使用这个规律的人。我们发现这个规律老早就存在,我们将让它在后代永远存在。我们不过照这个规律行事,我们知道,无论是你们,还是别人,只要有了我们现有的力量,也会一模一样地行事。所以谈到神祇,我们没有理由害怕我们会处于不利的地位。"

永恒的政治动物：蚂蚁和蜜蜂

(1)"互助"和"竞争"是反义词吗

　　克鲁泡特金怎么可以拿进化论当武器来反对"一切人对一切人的战争"？这怎么看怎么像拿着《论语》反对儒家，拿着《老子》反对道家一样。还有一个相关的问题：人类应对生存竞争的最有力的武器是什么？

　　要回答这两个问题，就又要回到我们已经熟悉的蜜蜂和蚂蚁问题了。西方人也和我们一样有着"天人合一"的意识，观察大自然是如何顺畅运作的，找出规律，让人类社会也做相应的运作。亚里士多德既然早就说过蜜蜂和蚂蚁是"政治动物"，一代代研究人类政治行为的学者就很喜欢将蜜蜂和蚂蚁作为切入点。我们已经知道，霍布斯为了证明自己的学说，花了不少笔墨让人类和蜜蜂、蚂蚁撇清关系。而克鲁泡特金为了反驳霍布斯，大量援引了当时最前沿的动物学研究成果，论说蜜蜂、蚂蚁以及其他许许多多的动物都是以出入相友、守望相助的模式生活，也就是说，它们都是很懂得"互助"的生物。正是这种互助的能力，使它们在残酷的自然竞争中存活下来。人类也一样，应对生存竞争的最有力的武器不是体力，不是智力，而是互助的能力。所以，克鲁泡特金给自己这部书取名《互助论：进化的一个要素》(*Mutual Aid : A*

Factor of Evolution），以英文在伦敦出版。

这是一个很耐人寻味的标题。它之所以强调"进化",是因为达尔文的进化论在当时的知识界已经得到了相当广泛的接受,而作为一名严肃的学者,克鲁泡特金相信自己并不是达尔文的对头,而是进化论的修订者。"互助"并不是"竞争"的反义词,而是"竞争"的最重要的手段。所以,"互助"就是"进化的一个要素",一个被达尔文和许多进化论者忽视的最重要的进化要素。《互助论》的核心纲领,正是书名里蕴含的这些意思。

(2) 从读书的两个要领说起

理解一本书,最好先弄清这样两点:第一,它来自谁;第二,它反对谁。

《互助论》来自进化论,也在反对进化论。更加准确一点说,它来自达尔文的进化论,反对赫胥黎、马尔萨斯这些达尔文的战友。所以,按照学术脉络,我很想先讲一讲达尔文、赫胥黎和马尔萨斯的作品,但那要绕一个太大的圈子,几番斟酌之下还是决定从简为好。

话说回来,今天我们提起进化论,"物竞天择,适者生存"八个字几乎涵盖了一切。但如果我们把视野拉近,就会看到进化论的阵营并不是铁板一块,每个学者都有自己独到的主张。

比如,稍稍熟悉进化论历史的人就会知道,赫胥黎号称"达尔文的斗犬"。达尔文本人躲在家里偷偷研究,偷偷著书立说,不大和别人发生正面冲突,正是赫胥黎高举达尔文的旗帜,和各种学界名流、政教显贵打得不亦乐乎。

赫胥黎这样的战斗狂人,天然就更容易接受进化论里的战斗性。在他看来，所有生物都在大自然这个竞技场里殊死搏斗，强存弱亡。这个真理是不是也适用于人类呢？当然，只要人不是上帝造出来的，而是由猿进化来的，又能有什么理由自外于生物界呢？克鲁泡特金特地摘引了赫胥黎的一篇《生存竞争和它对人类的意义》，让读者看看这种充满战斗精神的进化论多么可怕、多么残酷：

> 从伦理学家的观点来看，动物世界大概是和格斗士的表演一样。每个生物都受到相当好的对待，被安排去战斗。于是最强的、最敏捷的和最狡猾的便能活下去再战斗一天。观众用不着因为角斗场上没有饶它们的命而表示不满。

人类世界和动物世界一样：

> 最弱的和最愚钝的要失败，而那些最顽强和最狡猾的，在其他方面并不是很好、只是最能适应他们的环境的便生存下去。人生是一场连续不断的自由混战，除了有限的和暂时的家庭关系以外，霍布斯所说的个体与整体的斗争是生存的正常状态。

直到今天，我们普通人心中的进化论仍然是这个样子。大家当然不喜欢这样的世界，尤其不喜欢这样一种人类世界，所以对进化论难免会有或多或少的抵触心理。拿进化原理解释人类社会，就会显得一切众暴寡、强凌弱都是自然真理。这种学说一般被称为社会达尔文主义，其实它在达尔文主义出现之前就已经存在了。

在克鲁泡特金看来，赫胥黎不仅是达尔文主义者，还是一位社会达尔文主义者，所以，赫胥黎应当很能理解霍布斯的理论。赫胥黎其实有点冤枉，他所蒙受的冤屈是进化论者常常蒙受的。这个话题我会留到之后再说，这里就不展开了。

话说回来，普通人接受社会达尔文主义时尤其需要科学精神：无论喜不喜欢，社会规律的真相就是这样，不因为你不喜欢就不存在，正如那些性善论、人道主义也不会因为你喜欢就变成客观真理。坦然接受我们不喜欢的真相，然后基于这种真相把社会向着我们喜欢的方向推进，这才是脚踏实地的办法，比整天空谈"真善美"要好太多了。

如果克鲁泡特金是站在"真善美"的道德立场上反对赫胥黎的"假恶丑"，那么他的著作也就只剩下情感价值，不值得我们深究了。事实上，在西方世界"天人合一"式的理论里，赫胥黎站在一个极端，卢梭站在另一个极端，而克鲁泡特金以学者的严谨，同时和这两种极端为敌。

卢梭眼中的大自然很有中国道家的情趣，一派天真烂漫，和谐有序。克鲁泡特金讲道："卢梭所犯的错误是他完全不想到嘴和爪的恶斗，而赫胥黎则犯了相反的错误。但不论是卢梭的乐观论还是赫胥黎的悲观论，都不能看作对自然界的公正无偏的解释。"

在这样的论断下，我们可以知道，克鲁泡特金首先要做的，就是"对自然界的公正无偏的解释"。而这样的解释既来自他的亲身观察，也来自人类学和生物学的学术前沿。

(3) 种间竞争和种内竞争

我们之前已了解过进化论的两个概念：种间竞争和种内竞争。前者指的是不同物种之间的竞争，后者指的是同一个物种内部不同成员的竞争。种间竞争的残酷性是有目共睹的，比如，羚羊要努力比豹子跑得快，否则就要被吃掉；豹子要努力比羚羊跑得快，否则就会被饿死。但是，种内竞争是否也是这样的你死我活呢？

种内竞争似乎也是有目共睹的：我们每个人从小学开始就要争夺名次，成年以后争夺工作机会，谈恋爱的时候都要谨防有人横刀夺爱，职场上要争夺更高的薪水和更好的升迁机会，买房子要用更高的价格争夺更好的房源，养孩子要用更多的资源为他们争夺更好的教育条件……我们几乎时时刻刻都在自觉不自觉地和同胞竞争，在早高峰时间挤公交车的经历就是最有说服力的直观体验。

所以，种内竞争的存在无须特地证明，要证明它不存在才需要惊人的论证。我之前讲过，曾经统率苏联生物学界三十年的李森科就是种内竞争最坚决的反对者。他理由是，如果种内竞争真的存在，资本家岂不成了当之无愧的精英，而饱受资产阶级剥削压迫的无产阶级岂不成了缺乏竞争力的低能儿？

当然，资本家确实是社会精英，无产者缺乏竞争力也是不争的事实。只不过在阶级斗争的意识形态下，这样的事实因为政治上的不正确，也就只能沦为"真实的谎言"了。

更加可悲的现象是，人虽然会虐杀各种动物，但人对人的迫害才是最凶残的，这同样是一个不争的事实。道德家往往会从文化角度解释这种现象，但是在达尔文《物种起源》的第三章里，有一个小标题叫作"同种的个体间和变种间生存斗争最激烈"，它给出了一个更有普遍意义的生物学上的解释。达尔文举了一些例子，诸如"在俄罗斯，小型的亚洲蟑螂入境之后，到处驱逐大型的亚洲蟑螂。在澳洲，蜜蜂输入后，很快就把小型的、无刺的本地蜂消灭了"。这种情形很像我们的祖先智人消灭了其他的原始人类。

但是，这里面有一个很容易被人忽略的细节，那就是，正如新来的蜜蜂"齐心协力"消灭了土著蜜蜂，智人部落也是"齐心协力"地消灭了其他的原始人类。《互助论》正是在这个问题上给出了独到的见解:"虽然在各种动物之间进行着极多的斗争和残杀,但在同种的,或至少是在同一个群的动物之间,也同时存在着同样多的(甚至还要更多)互相维护、互相帮助和互相防御。合群如同互争一样,也是一项自然法则。"

(4) 种内竞争真的存在吗

克鲁泡特金仔细观察自然界,审慎地向人们提问:种内竞争真的存在吗?

硝烟弥漫的"二战"确实是种内竞争的绝佳范例,也确实有人拿"物竞天择,适者生存"的理论解释这场战争的合理性。但是,克鲁泡特金会请大家认真看看大自然,首先看看被亚里士多德称为政治动物的蜜蜂和蚂蚁,为什么只看得到互助,却看不到竞争?

《互助论》大量引述生物学家的研究成果,单是在蚂蚁的生活习性这个专题下,提到的著作就有乔治·罗曼斯的《动物的智慧》、比埃尔·友伯的《内地的蚂蚁》、佛勒尔的《关于瑞士的蚂蚁的研究》、布朗沙的《昆虫的变形》、法布尔的《昆虫记》、艾布拉尔的《关于蚂蚁的习性的研究》、约翰·刘波克爵士的《蚂蚁、蜜蜂和黄蜂》等。在这些著作的描述里,蚂蚁是一个令我们汗颜的物种。它们的每一种工作,诸如生儿育女、寻找食物、建筑巢穴、养育幼虫,都是按照自愿互助的原则进行的。不同蚁巢的蚂蚁如果偶然遇到,一般都会彼此闪避,但如果同一个蚁巢里的两只蚂蚁遇到了,就会用触须打招呼,嗉囊里存有食物的蚂蚁还会慷慨地吐出食物喂给对方。克鲁泡特金如此描写蚂蚁生活中最惊人的部分:

如果一个嗉囊饱满的蚂蚁竟自私到拒绝喂养一个同伴，那它将被看成一个敌人，甚至比敌人还坏。当它的亲族和另一个种的蚂蚁打仗时，如果它拒不援助的话，它们将比攻击敌人还要凶猛地反过来攻击这个贪心的蚂蚁。如果一个蚂蚁没有拒绝喂养属于仇敌方面的蚂蚁，那么它将被后者的亲族当作朋友看待。

克鲁泡特金当然知道这些内容会多么惊世骇俗，所以最后还不忘补充一句："所有这些情况都是经过最严密的观察和确切的实验所证实的。"

在这个问题上，我们今天能够借助的科研成果比克鲁泡特金所借助的更多，也更深入。我们知道，蚂蚁会从下颚底部和肛门尖端释放一种特殊的化学物质来传递信息。只不过对于蚂蚁如何维系一个庞大而稳定的社会，今天仍然没有确切的结论。

克鲁泡特金还注意到，蚂蚁缺乏自我保护的能力。是的，它没有保护色，很容易被天敌发现，高大的蚁巢也格外招摇。蚂蚁也没有坚硬的铠甲，小小的攻击就可以结果它的性命。它的攻击力也弱得惊人，一只蚂蚁简直无法对任何弱小的生命造成伤害。在残酷的自然竞争里，蚂蚁实在没有幸存的理由。

(5) 组织能力是不是终极杀器

其实，我们人类何尝不是如此呢？中国古人早就思考过这个问题，比如《荀子》中有一段名言：

水火有气而无生，草木有生而无知，禽兽有知而无义。人有气，有生，有知，亦且有义，故最为天下贵也。力不若牛，走不若马，而牛马为用，何也？曰：人能群，彼不能群也。人何以能群？曰：分。分何以能行？曰：义。故义以分则和，和则一，一则多力，多力则强，强则胜物，故宫室可得而居也。故序四时，裁万物，兼利天下，无它故焉，得之分义也。

这段话的大意是说，水火有形但没有生命，草木有生命但没有智力，禽兽有智力但没有义，这些特质只有人类才完全具备，所以人是天下最尊贵的。要论力气，人比不上牛；要论速度，人比不上马。但牛马都被人驱使，这是为什么呢？答案是，人能形成组织，牛马却没这个能力。人之所以能够形成组织，靠的是名分。名分之所以能够实施，靠的是义。靠着义来实施名分制度，人类社会就能协调有序，协调有序就能团结一致，团结一致就能强大，强大就能战胜万物。所以，人类可以建造宫室，安排一年四季的生产活动，利用天下万物来使天下人受益。

我们如果从进化论的角度来理解荀子这段话，那么，它最核心的意思就是，组织能力是赢得生存竞争的关键能力。单个的人是很弱小的，独居的人很难存活下来，但人的组织能力是所有生物中最强的，所以才能够聚沙成塔，依靠合力攀登到食物链的顶端。

如果让霍布斯来解释这种现象，他会说这是利维坦的力量。但克鲁泡特金斩钉截铁地说：

蚂蚁这个分成一千多种的大科动物，其数目是那么多，以致巴西人竟说巴西是属于蚂蚁的而不是属于人的。在这个科里，同一个巢或同一个巢穴集团的成员之间是不存在竞争的。无论不同的种之间的斗争是多么厉害，也无论在战争时有着什么样的暴行，但集体内部的互助、已成习惯的自我献身和经常为了共同福利的自我牺牲,都已经成为法则。蚂蚁和白蚁废除了"霍布斯笔下的那种斗争",因此它们生活得更好。它们那种奇妙的巢穴,也就是它们的建筑,在比例大小方面超过了人类的建筑;它们修筑的道路和在地上的拱形走廊,宽阔的大厅和粮仓,它们的谷物田、谷粒的收获和使谷粒"麦芽化";它们孵卵和养育幼虫的合理方法,以及建造特别的窠巢以饲养蚜虫——林内[1]美妙地称之为"蚂蚁的乳牛"——的合理方法;最后,它们的勇敢、胆量和优越的智慧,所有这些都是它们在繁忙和辛勤的生活的每一个阶段中实行互助的自然结果。这种生活方式,其结果必然会发展蚂蚁生活的另一个特征:个体的主动性的巨大发展——它反过来又显著地促成了高度而复杂的智力的发达。这样的发达,使人类的观察者也不能不有很深的印象。

我们看《互助论》中描述蚂蚁的这段文字,如果把"蚂蚁"替换成"人",完全就是《荀子》那段名言的翻版。那么,让我们回到一开始的问题:蚂蚁也好,人类也好,应对生存竞争的最有力的武器是什么?荀子和克鲁泡特金会给出一致的答案:群体协作能力。

虽然单个蚂蚁如此弱小,但因为出色的群体协作能力,成群的蚂蚁使许多强壮的昆虫望而生畏。蚂蚁专家佛勒尔曾经试着把一口袋蚂蚁倒在草地上,然后他看见惊人的事情发生了:蟋蟀有多远逃多远,听任蚂蚁抢占了它们丢下的洞穴;蜘蛛和甲虫连刚刚到手的猎物都抛下不管,自顾自地逃命去了;就连黄蜂的巢也被蚂蚁占领了。尽管有许多蚂蚁在这场恶战中牺牲,但这种牺牲难道还算不上舍生取义吗?

达尔文盛赞过蚂蚁的头脑,说那是"世界上最奇妙的微小物质之一,也许比人的头脑更为奇妙",克鲁泡特金这样回应:"这难道不应

---

[1] 现译为林奈。

该归功于蚂蚁在社会中以互助代替了互争这一事实吗？"

群体协作的力量使弱者无惧强者。如果我们要认真理解这种协作能力，不妨从爱情开始观察。是的，爱情就是群体协作的一种极端形式，它意味着最小规模的群体和最深程度的协作。所以，越是爱得死去活来，小群体的协作水平越能发挥出双剑合璧、天下无敌的威力。所以，我要告诉那些执着于学以致用的同学：那些偶像剧和言情小说绝不仅仅是无聊的消遣，而是唤醒我们本能深处洪荒之力的武功秘籍。鸡汤文里宣扬的"爱让我们征服世界"之类的傻话其实真的不傻，一代代的无知少女竟然比许多饱学宿儒更加接近真理。

爱，而非理性，才是征服世界的终极杀器

（1）问世间，情为何物，直教生死相许

爱情既然如此重要，为什么却总是如此短暂，以至情侣之间总会生出"人生若只如初见"的伤感呢？

在回答这个问题之前，我想先谈一首大家很熟悉的词。金章宗泰和五年（1205年），年仅十六岁的元好问在赶考途中遇到一名捕杀大雁的猎人。那猎人说："今天早晨我抓到了一只大雁，已经把它杀了，还有一只大雁明明已经挣脱了我的网，却在天上悲鸣，不肯飞远，最后自己摔在地上死掉了。"元好问于是买来死雁，葬在汾水之滨，和同伴一起赋诗纪念。多年之后，元好问回忆这段往事，填了一首《摸鱼儿》，开头几句就是不断被后人引用的"问世间，情为何物，直教生死相许"。

我们不妨假想一个场景：当那只悲鸣的大雁正要殉情的时候，一只路过的大雁及时拦住了它，然后苦口婆心地劝说："年纪轻轻的，别寻短见嘛。你怎么这么傻呢！死都不怕，难道还怕活着？何必非在一棵树上吊死？三条腿的蛤蟆不好找，两只翅膀的大雁还不有的是？"

这是我们人类劝阻自杀的经典套路，它的隐含前提是，活着总比死了好，好死不如赖活着。是的，求生存，求繁衍，这是一切生物最基础

的本能，自杀行为似乎是一件不可理喻的事情。如果从进化的角度来看这个问题，那么我们应该相信，自杀行为的背后一定有着某种洪荒之力，这种力量必须是一种异常强悍的生存优势。

这话听起来很有吊诡色彩，它意味着求死的力量本质上竟然是一种求生的力量。

这当然不是诡辩。我们只要从群体协作的角度出发，就可以很轻松地理解"殉情"。

在人类的家庭生活中，既可以有爱，也可以无爱。爱虽然并非不可或缺，但它会带来最大限度的包容。当你爱一个人，他（她）的缺点在你眼里都是可爱的特质；如果你嫌弃一个人，他（她）的优点也常常禁不起你的挑剔。从这个角度来看，爱是一种宝贵的能力。爱的能力越强，包容度也就越高，而包容度越高，协作能力也就越强。在原始而严酷的生存环境里，武大郎和潘金莲的组合注定会输给罗密欧与朱丽叶的组合。

如果请今天的神经科学家来看罗密欧与朱丽叶的殉情，他们会说这是两个少年人大脑中的苯基乙胺分泌过多的结果。苯基乙胺是一种神经兴奋剂，给人狂热、勇气和自信，使人心跳加速、瞳孔放大、蔑视一切艰难险阻。相反，如果苯基乙胺的水平太低，一个人就会陷入郁闷、沮丧的情绪。这时候不妨去谈一场恋爱，安排一场有冒险色彩的旅行，或者吃几块巧克力。巧克力是一种富含苯基乙胺的食物，冒险也可以激发苯基乙胺的分泌，这些小技巧都可以用来唤醒恋爱的感觉。

所以，比起罗密欧，韦小宝更应该是科学意义上的爱情偶像，他的人生就是一连串的恋爱、冒险和赌博，苯基乙胺的分泌水平远远高于常人。

但是，兴奋剂就像邪派武功，有速效却难持久。我们的身体很快就会让热恋熄火，取苯基乙胺而代之的是一种叫作内啡肽的东西。内啡肽能起到镇静剂的作用，让我们感到温馨、舒适和依恋。从恋爱到婚姻的神经化学过程，就是从苯基乙胺到内啡肽的过渡。

这些奇妙的神经化学物质是亿万年的进化史留在我们体内的烙印。它们的种种表现，诸如爱与宽容，虽然被文明世界里的文明人做出过各式各样的道德意义和美学意义上的解读，但归根结底，它们是大自然赐给我们的生存利器，比虎豹的爪牙更加令人生畏。倘若没有这些神经化学物质，我们就无法和他人形成伙伴关系，无法安心地把后背交托给伙伴，无法在艰险的环境里和伙伴相濡以沫，那么，我们怎么可能凭借一己之力生存至今呢？

(2) 母爱和亲子关系

除了爱情和婚姻关系，我们还可以看看母爱和亲子关系。

我们知道，人类婴儿格外脆弱，不像马驹，刚一落生，挣扎几下，就可以像成年马儿一样奔跑。所以，人类婴儿要想顺利成长到足以自立的阶段，必须在多年时间里得到成年人的妥善关照。

给小孩子把屎把尿、喂奶喂饭，还要忍受他们不分时间地点的大哭大闹，这要耗费成年人太多的毅力。父母常常会被磨到心力交瘁、生无可恋的境地。但我们为什么很少听说有气急败坏的父母把孩子掐死呢？显然，有一种强大却不可名状的力量在制约着他们的行为。从另一方面来看，福利院一样可以把孩子养大，但为什么即便在我们这个如此相信专业分工的时代，父母还是不愿意把孩子交给这样的"专业机构"来抚养呢，为什么孩子总会大哭大闹地不愿意离开父母呢？

我们会说，父母和子女之间存在着爱的纽带。

严复的偶像赫伯特·斯宾塞在他的名著《社会静力学》里这样讲

过:"假如没有强烈的爱去引导人们抚养、保护他们的子孙,而只有关于维持地球上人口是适当的或必要的这种抽象意见,那么养育后代所引起的麻烦、焦虑和费用是否不会如此远远超过预期的利益,以致使人类这一物种迅速消亡,也是颇成问题的。"

斯宾塞的学说,我在后文还会谈到。现在,我们很有必要追问一下,这条如此重要的爱的纽带究竟是如何形成的呢?

在行为主义心理学大行其道的日子里,人们普遍相信,人的所有行为都可以追溯到最基本的趋利避害的本能。正是在母乳喂养这种行为中,婴儿获得饱足,母亲饱胀的乳房得到清空,彼此获利,于是哺乳无论对于母亲还是婴儿,都是与快感相伴随的,两者的亲密关系就会伴随这种快感不断得到强化。

但是,这个观点很快就受到了亨利·哈罗的挑战。哈罗和助手们制作了两只猴子妈妈:一只是用木头做的,全身包裹着海绵和毛线,胸前装着奶瓶,体内藏着一只可以提供温暖的灯泡;另一只是用铁丝编的,同样在胸前装着奶瓶,体内藏着灯泡。也就是说,两只猴子妈妈除了触感不同,一切都是相同的,也都可以满足猴子宝宝对奶水和温暖的需要。

随机分配给两位猴子妈妈的猴子宝宝们表现出了强烈的偏向性:无论安排哪位"妈妈"给幼猴喂奶,所有的幼猴都会整天守着木质的、柔软的"妈妈",那些由铁丝"妈妈"喂养的幼猴,只有在吃奶的时候才不得不离开木头"妈妈",但一吃完奶它们就会回到木头"妈妈"的怀抱。这个实验成功颠覆了"有奶就是娘"这句不中听的谚语。母亲的柔软身体可以带来哈罗称为"接触安慰"的愉快体验,使幼崽可以消除紧张和恐惧,享受着由安全感带来的舒适和满足。

哈罗的研究成果于1958年发表在《美国心理学家》上,题为《爱的本质》(*The Nature of Love*),深刻改变了心理学的研究方向,无意中也为克鲁泡特金的《互助论》提供了一点支撑。我刚看到哈罗这个观点的时候，禁不住不怀好意地想到：如果检验一下刺猬的亲子关系，会不会得出同样的结论呢？

我还真的去查证了，于是发现，小刺猬出生才几个小时就会生出尖刺，貌似很难和妈妈发生哈罗所谓的"接触安慰"，但是刺猬妈妈会像猪妈妈哺乳的时候一样侧躺着，于是腹部贴向腹部，"接触安慰"依然发生着爱的奇效。

今天的神经科学告诉我们，身体接触会刺激多巴胺的分泌，有助于消除紧张和抑郁。为什么独身的人抑郁水平更高？从这个角度来看，部分要归因于缺乏和他人的肢体触碰。当然，在无人售票普及之前，公交车售票员绝不是一个很有快感和安全感的职业，但是在今天的销售技巧里，巧妙地、貌似无意地轻轻触碰对方的身体，比如轻拍一下对方的手臂，能够产生近乎催眠术一般的效果，轻易间消解对方的戒心。在美剧《生活大爆炸》里，潘妮做医药公司的销售代表时，就用这一招收获了很多订单。在《都市侠盗》里，骗术专家苏菲也总能用这个简简单单的招数骗到别人为自己做事。这都不是编剧的虚构，而是真实存在的、有着心理学和神经科学依据的销售技巧。

更多的肢体接触有助于培养更好的亲密关系。当我们有意识地运用这种知识时，这种知识就变成了一种实用技巧，而这种技巧的本质，没错，就是爱。

把神圣的爱还原到生物学层面，或多或少是让人尴尬的。但无论如何，爱就是我们的终极杀器，没有爱就没有宽容，没有宽容就无法形成稳定的伙伴关系，而如果我们真的是霍布斯所说的那种生物，整天明争暗抢，彼此小心提防，那么我们的生存概率更不知要低到怎样的地步了。正如蚂蚁和蜜蜂如果过着无组织、无纪律的生活，就注定无法筑巢，无法觅食，无法抵御天敌的进攻。

(3) 适者就是强者吗

　　克鲁泡特金虽然不具备以上这些现代科学才会带给我们的知识，但他仅仅凭着朴素的观察和推理，就看出了在同一物种之内，互助的天性是一种何等可观的生存优势。那么，让我们回过头来再看一看"适者生存"这个法则，就会发现所谓"适者"常常被人们等同于"强者"，"适者生存"因此变成了"强者生存""强存弱亡"。近百年来中国人常常挂在嘴边的"落后就要挨打"，也意味着同样的逻辑。那么，在一代代的自然选择之后，貌似文天祥式的人物应该会成为人类社会的主体人口，阿Q式的人物应该就剩不下多少了。无论这个推论是否成立，它至少不是老子会赞同的。

　　如果你很孱弱，很落后，而且真的挨了打，这个时候，如果你把挨打的理由归结为孱弱和落后，别人总会忌惮你几分。因为他们知道，一旦你变强了，变先进了，那些比你弱小、比你落后的人就该承受"落后就要挨打"的后果了。另外，即便你很弱小，很落后，也总有比你更弱小、更落后的人，他们挨你的打也就变成了天经地义的事情。

　　但是，事情一般不会这样。如果你真的挨了打，你可以告诉老师、找警察、上法院，而无论是老师、警察还是法官，谁也不会用"落后就要挨打"这句话把你打发回去。我们讲"落后就要挨打"这句话，适用面仅限于国际关系。这恰好验证了霍布斯的说法：一国之内因为有了主权者，主权者有义务替你主持公道，但国际关系属于若干主权者之间的关系，这就等同于自然状态下的人际关系，一切人与一切人为敌，落后当然就要挨打，这是"生存竞争"决定的。如果在一个国家之内，主权者突然消失，那么"落后就要挨打"这句话就适用于每个人。为了避免这种可怕的状况，我们还是给自己找个主权者吧，即便他是个暴君。

　　"但是，"克鲁泡特金反问道，"适者就是强者吗？人家达尔文可不是这么讲的。生存竞争真的就是'一切人对一切人的战争'吗？人家达尔文也不是这么讲的。"

克鲁泡特金的方法是"回归原典"，先把达尔文的意见搞清楚，然后把各种附加在达尔文进化论概念上的曲解涤除干净。这貌似一件颇堪惊诧的工作，因为"生存竞争""适者生存"这样的概念是如此通俗易懂，难道还能发生多大的曲解不成？不过，这个问题尤其值得我们中国人关注，因为中国人对进化论的误解也许能在全世界排名第一。这些误解是如何发生的，这是一个耐人寻味的问题。

《天演论》与误译的影响

(1)《天演论》并不是一部单纯的译作

中国人接触进化论,要归功于翻译大师严复。但严复译介过来的,并不是达尔文的原著,而是赫胥黎的《天演论》。

《天演论》这个题目如果直译,应当译作《进化论与伦理学》。顾名思义,我们应当不难想到,把进化论和伦理学并列来谈,该是一件何等刺激的事。诸如老弱病残该不该被淘汰,所谓的"劣等民族"该不该被消灭,进化论给出的答案往往会让伦理学难堪。

《进化论与伦理学》并不是赫胥黎真正意义上的"著作",而是他在牛津大学做过的一场演讲的内容,主办方是罗马尼斯基金会。罗马尼斯基金会有这样一个规定:演讲的人应当避开宗教和政治问题。即便以今天的眼光来看,这也绝不算什么苛刻的要求,稍有社交知识的人都会把这些话题当作言论禁区。但是,如此简单的要求,真把赫胥黎难住了,因为进化论天然就和宗教、政治绑在一起。简单讲,如果进化论成立,就算一个字都不谈宗教,上帝造人自然失去了立足点;就算一个字不谈政治,君权神授自然没了依据。赫胥黎思来想去,最后把心一横,做了一场无拘无束的演讲。

这是1893年的事情，演讲稿于翌年整理结集，和其他几篇论文合并发表。而严复决定译介，是在1894年或1895年。在那个年代能有这样的反应速度，实在让人吃惊。从这个角度上看，严复就是一百多年前的万维钢老师。严复为了介绍进化论，不去翻译大部头的、根源性的学术专著《物种起源》，而是选了赫胥黎的演讲稿小册子。

（2）甲午战争之后的民族情绪

对中国人来说，1894年是怎样一个年份呢？那是中国的甲午年，是甲午战争爆发的年份。所以，要理解这一时期的中国思想界，排名第一的关键词就是"民族情绪"。

《天演论》在1896年翻译完成，1898年正式出版。翻译界最著名的"信、达、雅"三原则就是严复在这本书的"译例言"里提出来的。这三个原则全由中国传统经典而来。《周易》所谓"修辞立诚"，就是"信"；《论语》所谓"辞达而已"，就是"达"；《论语》又所谓"言之无文，行之不远"，就是"雅"。严复原文说："三者乃文章正轨，亦即为译事楷模。故信、达而外，求其尔雅。此不仅期以行远已耳，实则精理微言，用汉以前字法句法，则为达易，用近世利俗文字，则求达难。"

我之所以引述这段原文，是因为这就是严复译文的典型风格。所以，严复的"雅"，不是我们一般意义上的典雅精致，而是指专门用汉朝以前的文言来翻译当代西方学术前沿的论著。他为什么不用白话文呢？一来是因为白话文运动还没有兴起；二来是因为严复可以算作桐城派古文家的一员，最推崇先秦诸子的文章风格；三来是因为严复的读者定位很明确：译书不是给普罗大众看的，而是专门给高级知识分子看的，而高级知识分子最熟悉、最钟爱的语言就是雅致的文言。梁启超在年轻时代很推崇严复翻译的亚当·斯密的《原富》(今天译作《国富论》),但连他都很恼火严复的文言,说严复刻意模仿先秦文体,如果不是熟读古书的人,根本就看不懂。

所以"信、达、雅"的"雅"在翻译界一直饱受争议,从来都不是一个公认的标准。梁启超批评说:发达国家的文体,常常随着它们的文明进程一起演进,何况学术性的文章必须用流畅的文字才能表达清楚,否则怎么能让学生看懂呢,怎么向全国人民传播文明思想呢?严复的回答是,他译的这些书就不是给学生看的,而是给那些熟读中国古籍的人看的。

结果出乎严复的意料,《天演论》一出,立刻成为畅销书,流行全国。因为当时的民族情绪实在太需要这样的内容了。

正是《天演论》使中国人明白了"落后就要挨打"的道理,明白了"保种图存"的唯一策略就是富国强兵。于是,随着《天演论》的风行,"物竞天择""优胜劣汰""适者生存"这些概念成为全社会的口头禅。胡适追忆当年盛况,说过这样一番话:"《天演论》出版之后,不上几年,便风行到全国,竟做了中学生的读物了。读这些书的人,很少能了解赫胥黎在科学史和思想史上的贡献。他们能了解的只是那'优胜劣败'的公式在国际政治上的意义。在中国屡战屡败之后,在庚子、辛丑大耻辱之后,这个'优胜劣败'公式确是一种当头棒喝,给了无数人一种绝大的刺激。几年之中,这种思想像野火一样,燃烧着许多少年人的心和血。'天演''物竞''淘汰''天择'等术语都渐渐成了报纸文章的熟语,渐渐成了一班爱国志士的口头禅。还有许多人爱用这种名词做自己或儿女的名字。陈炯明不是号'竞存'吗?我有两个同学,一个叫作孙竞存,一个叫作杨天择。我自己的名字也是这种风气下的纪念品。"

胡适提到的"燃烧着许多少年人的心和血",我们可以在邹容的《革命军》里看到样板:"革命者,天演之公例也。革命者,世界之公理也。革命者，争存争亡过渡时代之要义也。革命者，顺乎天而应乎人也。革命者，去腐败而存善良者也。革命者，由野蛮而进文明者也。"

邹容讲的"革命"和"顺乎天而应乎人"，原本都是古语，出自《周易》，原话是"天地革而四时成，汤武革命，顺乎天而应乎人"。再追溯一步的话，"革"原本是皮革加工的术语，指的是把动物的皮去掉毛发，后来引申为"改变"。"革命"的"命"原意是"天命"，所以"革命"的含义就是"改变天命"。商汤王灭掉夏朝，建立商朝，周武王灭掉商朝，建立周朝，都意味着天命发生了改变，从庇佑旧王朝变成庇佑新王朝了，这就是所谓的"汤武革命"。这样的破旧立新既顺应天命，又顺应人心，所以叫作"顺乎天而应乎人"。

《周易》的六十四卦系统里，第四十九卦是革卦，第五十卦是鼎卦，这就有了"革故鼎新"这个成语。《天演论》的问世使旧语言有了新意义。"革命"不仅仅意味着改朝换代，还意味着"天演之公例""世界之公理"，意味着帝国对稳定的追求注定失败。环境变了，曾经的"适者"已经"不适"了，当然要做出相应的改变才对。

(3) 翻译、转述与发挥

《天演论》一开篇描写自然草木，严复的译笔曾经使少年鲁迅一见倾心：

> 赫胥黎独处一室之中，在英伦之南，背山而面野，槛外诸境，历历如在几下。乃悬想二千年前，当罗马大将恺彻[1]未到时，此间

---

[1] 即恺撒。

有何景物。计惟有天造草昧，人功未施，其借征人境者，不过几处荒坟，散见坡陀起伏间，而灌木丛林，蒙茸山麓，未经删治如今日者，则无疑也。怒生之草，交加之藤，势如争长相雄。各据一抔壤土，夏与畏日争，冬与严霜争，四时之内，飘风怒吹，或西发西洋，或东起北海，旁午交扇，无时而息。上有鸟兽之践啄，下有蚁蝝之齮伤，憔悴孤虚，旋生旋灭，菀枯顷刻，莫可究详。是离离者亦各尽天能，以自存种族而已。数亩之内，战事炽然。强者后亡，弱者先绝。年年岁岁，偏有留遗。未知始自何年，更不知止于何代。苟人事不施于其间，则莽莽榛榛，长此互相吞并，混逐蔓延而已，而诘之者谁耶？

这样的自然界何其严酷，草木不但要与天斗，还要与鸟兽虫蚁斗，"各尽天能，以自存种族"。区区几亩地之内，局面是"战事炽然"，而战斗的结果总是"强者后亡，弱者先绝"。这些语句，在当时的中国人看来该是何等触目惊心。但是，如果人们读的是1971年的白话译本，并不容易被激发起同样的情绪。下面我来摘引白话译本的同一段落：

可以有把握地想象，二千年前，在凯撒到达不列颠南部之前，从我正在写作的这间屋子的窗口，可以看到整个原野是处在一种所谓"自然状态"之中。也许除了就像现在还在这里或那里破坏着连绵的丘陵轮廓的为数不多的一些垒起的坟堆以外，人的双手还没有在它上面打上烙印。笼罩着广阔高地和狭谷斜坡的薄薄的植被，还没有受到人的劳动的影响。本地的牧草和杂草，分散在一小块一小块土地上的金雀花，为了占据贫乏的表面土壤而互相竞争着；它们同夏季的干旱斗争，同冬季的严霜斗争，同一年四季时而从大西洋时而从北海不断吹来的狂风斗争；它们竭尽全力来填补各种地面上和地下的动物破坏者在它们行列中间所造成的空隙。年复一年，它们总维持着一种平均的类群数量，也就是本地植物在不断的生存斗争中维持着一种流动的平衡。无可怀疑，在凯撒到来之前的几千年中，这个地区就已存在着一种基本上类似的自然状态；除非人类进行干预，否则就没有任何明显的理由来否定它能够在同样长久的未来岁月中继续存在下去。（《进化论与伦理学》翻译组译，科学出版社，1971）

拿这段译文和严复的译文对比，如果我们采用最宽容的标准，倒也不会苛责严复什么。但是，严复译文里的"自存种族"和"强者后亡，弱者先绝"这些最骇人的字眼，完全是严复的个人发挥。让我们再看另外一段，先看贴合原文的白话译本：

> 因此，我们现在开始考察的植物界自然状态，决非具有永久不变的属性。更确切地说，它的真正本质就是不稳定性。它可能已经持续了二万年或者三万年，它可以再持续二万年或三万年不起显著变化，但是它的已往肯定是一个很不同的状态，因此继之而来的肯定同样是一个很不同的状态。能够持续下来的并不是生命形式的这种或那种结合，而是产生宇宙本身的过程，而各种生命形式的结合，不过是这个过程的一些暂时表现而已。在生物界，这种宇宙过程的最大特点之一就是生存斗争，每一物种和其他所有物种的相互竞争，其结果就是选择。这就是说，那些生存下来的生命类型，总的说来，都是最适应于在某一个时期所存在的环境条件的。因此，在这方面，也仅仅在这方面，它们是最适者。

我们再来比照一下严复的译文：

> 故知不变一言，决非天运。而悠久成物之理，转在变动不居之中。是当前之所见，经廿年卅年而革焉可也，更二万年三万年而革亦可也。特据前事推将来，为变方长，未知所极而已。虽然，天运变矣，而有不变者行乎其中。不变惟何？是名天演。以天演为体，而其用有二：曰物竞，曰天择。此万物莫不然，而于有生之类为尤著。物竞者，物争自存也。以一物以与物物争，或存或亡，而其效则归于天择。天择者，物争焉而独存。则其存也，必有其所以存，必其所得于天之分，自致一己之能，与其所遭值之时与地，及凡周身以外之物力，有其相谋相剂者焉。夫而后独免于亡，而足以自立也。而自其效观之，若是物特为天之所厚而择焉以存也者，夫是之谓天择。天择者，择于自然，虽择而莫之择，犹物竞之无所争，而实天下之至争也。斯宾塞尔曰："天择者，存其最宜者也。"夫物既争存矣，而天又从其争之后而择之，一争一择，而变化之事出矣。

我们看严复用到的语言，仿佛给洋人穿上了汉服："天运"是《庄子》中的话，"悠久成物"是《周易》中的话，"体、用"之辩是中国思想史上的经典命题，"虽择而莫之择，犹物竞之无所争，而实天下之至争也"，这是《老子》的典型表达方式。赫胥黎如果看得懂这样的中文，一定会很困惑地说："这好像有点似是而非啊。"

没错，傅斯年对严复的译文有过一个很中肯的评价，说严复翻译的书籍"以《天演论》和《法意》最糟……这都是因为他不曾对于原作者负责任，他只对自己负责任"。

在这段阐述"天演"的内容里，严复所做的与其说是翻译，不如说是转述，所以非但很难和原文对应上，甚至也不是很忠于赫胥黎的原意。赫胥黎叙述的进化时间尺度，是"二万年或者三万年"，严复加上一个"经廿年卅年而革焉可也"，二三十年就要见出进化的成果，这至少不是哺乳动物能够胜任的。但是，如果没有这种急功近利的改写，《天演论》也就不可能成为畅销书了，毕竟有哪个关心国运的读者耗得起两三万年呢？

最要紧的是，借斯宾塞（严复译作"斯宾塞尔"）的话来解释进化论，这是最能惹恼赫胥黎的事情。赫胥黎和斯宾塞虽然私交不错，但学术观点差异很大。赫胥黎谈进化，只认为这是自然规律，而人类社会的道德伦理要反其道而行，这就是"进化论与伦理学"一名的由来；斯宾塞谈进化，却属于"人法地，地法天，天法道，道法自然"，让生物学作为社会学的基础。严复最服膺斯宾塞的学说，所以在《天演论》里灌注了许多斯宾塞所喜而赫胥黎所忧的内容。

比如"适者生存"这个核心观点，赫胥黎谈到的"最适者"未必就是最强大、最先进的，这是进化论最常被误解的一节。赫胥黎解释说：

> 现在一般应用于宇宙过程的"进化"一词，有它独特的历史，并被用来表示不同的意义。就其通俗的意义来说，它表示前进的发展，即从一种比较单一的情况逐渐演化到一种比较复杂的情况，但其含义已被扩大到包括倒退蜕变的现象，即从一种比较复杂的情况进展到一种比较单一的情况的现象。

在这个意义上，"进化论"应当翻译成"演化论"，或者像严复那样翻译成"天演论"才好。"进化"这个词会给人一种错觉，认为事物的变化总是"前进"的，或者说，总是从简单变成复杂。这是拉马克的进化论所主张的，但问题是，复杂的不见得就是最适合环境的，不见得就会成为"物竞天择"法则下的当然赢家。野蛮胜过文明，这是历史上太常见的事情。强大的恐龙被淘汰，弱小的哺乳动物取而代之，这更是古生物学上很显著的例子。"进化无定向"，这个原则是最常被人忽略的，也是为严复和《天演论》的读者们所忽略的。

严复屡屡抛开原文，借用斯宾塞的观念来解释进化论，而赫胥黎的演讲很大程度上就是为了反对斯宾塞而发的。严复并非不晓得这一点，事实上，他在《天演论》的自序里明确讲道："赫胥黎氏此书之旨，本以救斯宾塞尔任天为治之末流。"这话的意思是说，赫胥黎反对的只是斯宾塞学术的"末流"。赫胥黎本人肯定会说："我对斯宾塞的一些观点确实无法赞同！"

在严复而言，这是一个关乎"认知一致性"的问题。他最佩服的西方学者就是斯宾塞，他又觉得赫胥黎的罗马尼斯演讲很值得译介到中国，于是对赫胥黎和斯宾塞之间的尖锐矛盾就只有尽量淡化了。

但是，严复的"淡化处理"怎么看都像拉偏架。他不但为自己的译文加进了很多按语，直接为斯宾塞辩护，还对译文本身做了斯宾塞化的加工。所以直到今天，很多中国人对进化论的理解其实不是达尔文和赫胥黎式的，而是拉马克式的早期进化论和斯宾塞式的社会达尔文主义。作为一位名满天下的社会学家，斯宾塞是持永恒进化观的，相信人类社会永远前进着，前进的步伐不可逆转，直到晚年才对这个看法有所调整。

社会达尔文主义的极端形式，就是严复刚刚说过的"任天为治"。这个词完全是道家哲学范儿，是老子和庄子都会讲的。但是，老庄的"任天为治"和社会达尔文主义的"任天为治"截然不同。

我在介绍《利维坦》时讲过钱锺书的一个观点，现在有必要回顾一下：禽鸟昆虫也属于"万物"，但《老子》不拿来做例子，却以"草木"来做示范，教人柔弱的道理，但是，鲍照在《登大雷岸与妹书》中说道："栖波之鸟，水化之虫，智吞愚，强捕小……"杜甫的《独立》也说："空外一鸷鸟，河间双白鸥。飘飘搏击便，容易往来游。草露亦多湿，蛛丝仍未收。天机近人事，独立万端忧。"杜甫这时候看到的是，高天大地，到处都潜伏着杀机；天上、河里、草丛里，飞鸟鱼虫都在弱肉强食。他由此感叹"天机近人事"，自然界的这种现象和人类社会很像，让人越想越是忧愁。

当时我还说过，《中庸》明明说"万物并育而不相害"，而事实分明是"万物并育而相害"，这不正是达尔文进化论里的世界吗？如果"圣人"师法天地自然的残酷一面，立身处世一定和师法草木之"柔脆"很不一样吧？

（4）"任天为治"

人类如果"任天为治"，到底是好是坏呢？如果更进一步，把"保种图存"和"任天为治"结合起来，似乎古代的斯巴达人才是人类社会的唯一楷模：他们会把孱弱的婴儿杀掉，只保留强壮的婴儿抚养，用既残酷又不道德的手段来训练。老弱病残有没有活下去的理由，这是不言而喻的——如果放任他们活着，只会浪费社会资源，拖全社会的后腿。

这样的观点，其实正是为赫胥黎所谴责的。他在演讲里这样说道：

> 使我感到惊讶的是，有这么一些人，他们习惯于图谋主动或被动地灭绝人们当中的弱者、不幸者和多余者，他们为自己的这种行为辩护，自称这是由宇宙过程所批准的，是保证种族进步的唯一途径。假如他们坚持下去的话，必然会把医学看成妖术，而且把医生看作是不适于生存的人的恶意的保护者。在他们撮合婚姻时，种马繁殖原则产生了主要影响，因此他们的整个一生都是在培育一种抑制自然感情和同情心的"高贵技艺"。

赫胥黎的孙子里出过一个著名的文学家叫阿道司·赫胥黎，他最有名的作品是小说《美丽新世界》，和奥威尔的《1984》、扎米亚京的《我们》并称"反乌托邦三部曲"。《美丽新世界》描绘了一个生物工程空前发达的未来世界，人是从生物工程的流水线上批量生产出来的，这就保证了每个人都是"优质品"。这样一个世界，正是作家的祖父托马斯·赫胥黎所担忧的。

如果托马斯·赫胥黎对伦理学的观点仅限于此的话，那么他不过是在以一个道德家的姿态发言，无论再怎样感人肺腑，终归都缺乏科学意义上的说服力。所以，赫胥黎极力要说明的是，天道和人道并不是一回事，社会的进化和人的进化也不是一回事。赫胥黎这样讲：

> 文明的前进变化，通常称为"社会进化"，实际上是一种性质上根本不同的过程，即不同于在自然状态中引起物种进化的过程，也不同于在人为状态中产生变种进化的过程。
>
> 英国的文明，从都铎王朝统治时期以来，无疑已经发生了巨大的变化。但是我不知道有任何一点证据足以支持如下的结论：伴随着这种进化过程，作为这个王朝臣民的人们体质上或精神上的特征发生了变化。我不曾发现有任何根据去揣度今天的一般英国人同莎士比亚所知道的和描写的英国人有什么可以觉察到的区别。我们从他那伊丽莎白时代的魔术镜中，就可以看到我们自己清晰的肖像。

今天我们读这段文字，很难想象这出自一名生物学家的专业演讲，因为生物学意义上的进化论和所谓的"社会进化"完全是风马牛不相及的事情。"社会"不是一个生命体，或者说不是一个活物，赫胥黎何必要讲这些废话呢？

是的，如果要套用"物竞天择，适者生存"的原理解释国际关系，就必须认可一个前提，即社会，或者国家、民族、社群，是某种活物，有自己的生老病死。这种观念正是斯宾塞的招牌理论，而赫胥黎在字里行间一直都在反驳斯宾塞这位缺席的论敌。

如果白马非马，中国也非国吗

（1）唯名论与唯实论

社会、国家、民族、社群，这些东西是不是实体？

显然，在日常生活中，我们都是把这些概念当作实体来使用的。只要随便看看国际新闻，就总会听到"中国如何如何""美国如何如何"，甚至"欧洲如何如何"，中国、美国、欧洲，每个词都可以当动作的主语。再比如"中国的国家利益""美国的国家利益"，既然有语法上的所有格，难道还不算实体吗？

在西方哲学的脉络里，这种问题属于源远流长的唯名论和唯实论的问题。

中国古人也研究过唯名论和唯实论的问题，公孙龙的"白马非马"就是最著名的例子。"马"和"白马"都是"名"，也就是说，都是一种从具体事物中抽象出来的名词概念，并不和某一个具体事物相对应，或者说"马"和"白马"只是人们为了表述上的便利而发明的概念，现实世界中只存在"这匹白马"或"那匹白马"，但不存在"马"或"白马"。"这匹白马"或"那匹白马"才属于"实"，对应着现实世界中的具体的马。简单讲，如果你认为"马"或"白马"都是实体，那你就是唯实论者；如果你认为"马"或"白马"只是概念，不是实体，那你就是唯名论者。

你很可能会觉得这种分别有点荒唐，集合名词怎么可能是实体呢，怎么可能有人相信唯实论呢？但我们必须回到古代，奠定西方哲学基石的柏拉图就是一名唯实论者。他的影响力有多大呢，我只举一个例子：直到两千多年之后，在远隔重洋的中国，王国维写《人间词话》，标榜"境界"和"理想"，这些概念的美学根底就是柏拉图的唯实论。这个话题，我在这里就不展开了，之后会讲到的。

宋朝人分析何谓"太极"，费尽了辨析和争论，他们的一个很重要的误区就是没认清名与实的区别。"太极"到底是一种抽象的规则还是具象的实体，这是第一位的问题。如果是前者，是某种终极真理，那就根本谈不上"太极"可不可分，朱熹也完全不必借用"月印万川"的比喻；如果是后者，那就需要进一步论证"太极"是单一实体还是集合名词。

很多哲学问题，本质上其实只是语法问题。

话说回来，"社会"究竟是集合名词还是实体，曾经是一个很严峻的问题。

首先，我们要知道，汉语中的"社会"并不是一个中国本土词语，而是日语对"society"的翻译。严复不愿意用日本人发明的新词，所以用"群"来表示"社会"。严复翻译斯宾塞的名著《社会学研究》，译名就是《群学肄言》。严复在这部书的《译余赘语》里边有过解释："荀卿曰：'民生有群。'群也者，人道所不能外也。群有数等，社会者，有法之群也。社会，商、工、政、学莫不有之，而最重之义，极于成国。"这段话首先揭示了"群"在中国古代典籍里的来历：荀子早就说过"民生有群"，人类是群居动物，不合群就没法生活。"群"有多种，"社会"是有法律约束的"群"。商、工、政、学各有各的"社会"，国家是"社会"的最重要形式,或者说国家是"有法之群"的终极形式。

"群"这个字倒是最方便我们顾名思义,"社会"难道不就是一个"人群"吗?既然是一个"人群",当然是一个集合名词才对。

所谓集合名词,意味着它是对若干独立个体的统称,它所包含的那些个体才是实体。斯宾塞的论敌就是这样来理解"社会"的,他们把"社会"比喻为在大厅里听演讲的听众。演讲一旦结束,人们自然就会散去,"听众"不复存在,所以,"听众"并非实体。

如果套用古希腊的哲学方式来理解这个问题,我们可以让"听众"逐个散去。每走掉一个人,我们都来问自己一句:"'听众'还存在吗?"就像从沙堆里取走一粒又一粒沙,问"沙堆"是否还在。

古代人觉得这种问题很玄妙,因为他们一来并不很清楚集合名词是怎么回事,二来"实体"意味着"存在",这种关系一旦和集合名词纠缠在一处,就会生出一种奇幻感。

比如,我们都会说"一座森林",貌似森林是一个实体,一个真实存在的东西。但佛陀会告诉你说:"你错了,'森林'并非真实存在,它是'空',没有自性,它只是很多树木的因缘和合。"佛教讲"四大皆空",逻辑就是这么来的。如果请佛陀为斯宾塞和他的论敌们裁判是非,佛陀会说何止"听众"是空,就连听众中的每一个人也都是空,换言之,每一个人都没有自性,不是实体,而是一堆细胞的因缘和合,随时都有一批细胞死掉,又有一批细胞新生,此刻的你并非刚才的你,弹指一挥间之后的你也不会是当下的你。

是的,佛陀对"空"的理解本质上就是对集合名词的最极端理解。这些语词的迷雾,常常幻化为哲学争端,所以后来维特根斯坦等人才从语言学入手消解传统的哲学问题。这种方法甚至可以消解很多日常迷思,比如我们再看到"美国如何如何"这种话的时候,就会想到美国并不是一个独立实体,其中每个人有每个人的利益诉求,每个群体有每个群体的利益诉求，矛盾远比共识多，即便是政界高层，也从来没有团结一致的时候。

（2）斯宾塞的社会有机论

当然，这种思维方式很反人性，很耗脑力，很容易降低我们的反应速度。我们只需看佛教为培养人对"空"的认识，做出了何等不厌其烦的论证，设计出了何等耗时耗力的办法。现在话说回来，斯宾塞对这些看法不以为然。他在《社会学研究》这部书里专门开设一章来辨析这个问题，说社会不但是实体，而且是有机体。换言之，社会不但是一个单独的物体，而且是一个活物。

这是斯宾塞最著名的论点，被称为"社会有机论"。

简言之，一个社会绝不像一个演讲厅。在演讲厅里，听众之间的关系既短暂又不稳定。我们去听一场演讲，几乎不会和身边的听众发生任何关系，但社会不是这样的。在一个社会里，你和你的邻居、同事，甚至远在他乡、素未谋面的人，都存在着或多或少的协同关系，而这种关系不但贯穿你的一生，还会延及你的子孙。从这个意义上看，社会是实体，这是毋庸置疑的事情。

作为实体的社会和同样作为实体的生物存在着太多的共性，完全可以构成类比。最重要的共性有四点：①生长发育；②结构进化；③功能分化；④相互依存。

所谓生长发育，是说一只小鸡会成长为一只大鸡，一个小邦国也会成长为一个大帝国。所谓结构进化，是说社会组织形式总会从简单发展到复杂。在结构简单的社会里，所谓的功能分化是随着结构进化而来的。正如我在前文讲过的，春秋时代文职和武职并不分家，同样一位大臣，在朝就是文官，带兵外出就是武将，后来专业分工越来越精细，文官手无缚鸡之力，武将目不识丁，但各司其职，各擅胜场。所谓相互依存，是说社会越复杂，功能越分化，各部分之间的依存程度就越高，比如武将要请文人做幕僚，处理各种公文，文人也要靠武将来保平安。分工越细，依存度越高，一个小小的局部问题就很容易影响整个社会。比如在现代社会，清洁工是一个不太被人注意的群体，但当他们罢工的时候，用不了几天，一个璀璨的大都会就会变成一个恶臭熏天的垃圾场，千百万人的生活都会受到严重影响。如果这种局面再延续几天，整座城市就会陷入瘫痪。

如果大家受不了了，就会找清洁工的代表谈判。清洁工组织狮子大开口，要求执行每天半小时工作制，月薪十万元，在双休日和法定节假日之外，每年休三百天年假。怒不可遏的市民们想要自行解决清洁问题，却发现这件事的技术壁垒竟然远比想象中高，而作为核心设备的垃圾车还被清洁工组织垄断了。

从这个角度来看，越复杂的社会反而越脆弱。这就像我们洗衣服，洗衣机虽然高效省力，但故障率远远高于搓板儿。在搓板儿时代，人人都应付得来自家的搓板儿，但到了洗衣机时代，专业客服和维修工就应运而生了。同样的道理，当社会随着结构进化和功能分化进入"洗衣机时代"，就会产生社会控制系统来做各种协调管理。在国家层面而言，这就是政府存在的意义。

社会的某个局部出现问题，就好像洗衣机的某个零件出了故障。任何"零件"的故障都有可能导致"洗衣机"的整体瘫痪，清洁工罢工就是一个例子。那么，政府作为维修工，可以有各种办法来维护社会秩序，比如根据我之前谈到的"高罂粟综合征"，政府可以指派法定的暴力机构，逮捕罢工运动的领头人，枭首示众，以儆效尤，也可以采用"编户齐民"的思路，用行政手段培养每位清洁工对同伴的疏离感，使他们成为永远无法凝聚起来的一盘散沙，只会对政府的号召齐心响应。

当推论进行到这里，我们似乎可以嗅出《利维坦》的气味，感觉斯宾塞接下来就要说：主权者就是全社会意志的集中体现，全体国民应当心往一处想，力往一处使。如果有这样一只鸡，左腿想往右走，右腿想往左走，这怎么行呢？

但是，出人意料的逆转发生了。斯宾塞说，一个作为有机体的社会毕竟和一只鸡不同，社会中的每个成员都有自己的意识，都有感知苦乐的能力。所以，作为一只鸡，身体的每个部分都是为了整体而存在的，而作为一个社会，整体反而是为了每个部分而存在的，也就是说，不要问你为国家做了什么，而要问国家为你做了什么。

经此一问之后，斯宾塞发现，国家为人民做的不是太少了，而是太多了。

※ 第四章

斯宾塞的《社会学研究》和《社会静力学》

道法自然：社会学的兴起

（1）自然规律和社会规律是一回事

请你想象一下，这些事情中，哪些是国家和政府不应该做的：货币的发行和管理、灯塔之类的公共设施的建造、国家法定的宗教信仰、慈善事业、普及教育、邮电服务。

在赫伯特·斯宾塞看来，所有这些事情，政府都不该做。

是的，在自由放任的方向上，斯宾塞比亚当·斯密走得更远。

应该已经有人怒不可遏，想要痛斥斯宾塞的奇谈怪论和铁石心肠了。但是，如果拿这个问题来问问老子，老子很可能会对斯宾塞点头称许。是啊，这不正是"道法自然"的体现吗？

在老子看来，道是宇宙的本源，也是万事万物的运行规则，顺之则昌，逆之则亡。举一个最浅显的例子，"水往低处流"就是道的体现，如果你挖一条水渠，随着水渠的走向，地势越来越高，水当然引不过来。治国一样要遵循自然规律，要把那些不自然的事物尽数剔除掉才好。比如"仁义礼智"这些东西，它们一点都不自然，是逆着自然规律而来的。"大道废，有仁义"，就是这么回事。

政府做慈善事业，用儒家的话说就是仁政。做与不做，首先不是道德问题，而是成效问题。政府做慈善，这不"自然"，就像挖水渠把水往高处引一样，注定没有好结果。

敏锐的人应该会觉察到，我这里似乎偷换概念了：水往低处流，涉及的是自然规律，政府做不做慈善，涉及的是社会规律，这明明是两个概念、两个规律！

如果就这个问题请教老子，他会认为这完全不是问题，因为自然规律就是社会规律，正所谓"人法地，地法天，天法道，道法自然"。

"自然"并不是和天、地、道并列的东西，事实上，"道"并不会效法任何东西，它的"自然"只是"自然而然"罢了。《老子》中也有内证，比如"功成事遂，百姓皆谓：'我自然'"（第十七章），《老子》中凡用"自然"都是这个意思。我们看古代大牌注释家的说法，河上公说"道性自然，无所法也"，王弼说"法自然者，在方而法方，在圆而法圆，于自然无所违也"。我们可以用水来想象一下，水倒在方杯子里就是方的，倒在圆杯子里就是圆的，它并不是特意要把自己变成方的或是圆的，只是顺应自身的特性而已。

按照这句话揭示的"法"的次序，难道人只能效法大地，不能效法天和道吗？

古人的遣词造句不像今人这么严谨。钱锺书有过一个合情合理的推论，说最终的学习目标当然是"道"，但是，"道"隐而无迹，朴而无名，神龙不见首尾，太不容易学了；没办法，退而求其次，效法天地好了，但天地也不好学，寥廓苍茫一片，不知道从何学起才对；没办法，再退而求其次，效法天地之间常见的事物好了："上善若水"（第八章）；"旷兮其若谷"（第十五章）；"为天下豀"（第二十八章）；"犹川谷之于江海"（第三十二章）；"上德若谷"（第四十一章）……

以上这些例子都是就地取材，效法身边常见的事物。但这种效法并不是对自然界的完完全全、原原本本的效法，而是有着很明确的主观选择标准，比如山就不该学，老子嫌山太高了，不学高山而学低谷；火也不学，因为火苗是向上蹿的，老子要学的是向下流的水。学水也不是什么都学——水的特性很多，孔子看到的是"逝者如斯夫，不舍昼夜"，告子看到的是水流没有一定的方向，但这都不是老子关心的，老子要学的是水的柔弱，这就是老子从自然规律中探究社会规律的办法。

斯宾塞一样觉得以自然规律比附社会规律根本不是问题，而要解释这个"不是问题"，我们有必要了解一点社会学的起源。

(2) 孔德开创社会学

社会学是19世纪在法国诞生的，创始人是实证主义哲学家奥古斯特·孔德（Auguste Comte）。

我们在中学历史课上都学过"三大空想社会主义者"，即欧文、圣西门和傅立叶，孔德就曾做过圣西门的秘书。后来两个人割袍断义，在不同的精神追求里走向共同的饥寒交迫。

"实证主义"这个词就是圣西门率先提出来的，但它到了孔德手里才发扬光大。所谓实证主义，简单讲，就是注重经验中可以观测的素材和现象，甩开那些形而上学的思辨。我们可以把实证主义理解成比较原始的科学精神，所以，孔德的意思也就是说，我们要用科学的方法，而不是玄学的方法来认识万事万物。凡是不能用科学方法来研究的，那就悬置不论，比如太阳的化学性质，因为人类永远不可能飞到太阳上采集样本来做化学分析。

这真是孔德举过的例子。他只要多活几年，就能看到人类找到了利用光谱分析太阳的化学性质的方法。他的例子虽然举错了，但无论如何，其出发点在当时还算是很先进的。

孔德把全宇宙的现象分为五类：天文现象、物理现象、化学现象、生物现象和社会现象。所以，学科也相应地被分为五类：天文学、物理学、化学、生物学和社会学。

宇宙既然是一个整体，那么这五类现象和五门学科当然不是彼此孤立的。它们彼此关联，但并不平等。五门学科以天文学为首，然后依次是物理学、化学、生物学和社会学。排序的依据是谁先到达实证阶段，谁就更有普遍性、简明性，谁对其他学科的依赖度更低，谁就排得更靠前。序列在前的学科是序列在后的学科的基础，天文学是最具本源性的基础科学，社会学则是科学发展的最后的、最精深的阶段。

对这样的排序，今天的物理学家一定不以为然，但他们不会比数学家更恼火。数学家一定在想：我们的位置在哪里？我们研究的内容难道属于形而上学的思辨吗？仔细一想，数学还真的算是抽象的、思辨性的学问。

在孔德的时代，天文学、物理学、化学和生物学都已经形成专门的学科，只有对社会现象的研究还没能进入实证阶段。看来，时代呼唤着社会学出现。创建社会学，舍我其谁？

作为学科创始人，孔德当然享有对这个新学科的命名权。他取的名字是"社会物理学"。顾名思义，研究社会要像研究物理一样，探究现象背后的基本规律，然后就可以应用这些规律解释历史、预测未来。后来孔德怀疑有人偷用了"社会物理学"这个名字，于是改称"社会学"。1839年，"社会学"一词正式出现在孔德的《实证哲学教程》第4卷，由拉丁语中表示"社会"的"societas"和希腊语中表示"学说"的"logos"复合而成，这标志着社会学的正式确立。

但是，我们即便接受了"社会学"这个说法，也有必要记住孔德原本给它的定位是"社会物理学"，这就回应了我在前边提到的问题："社会物理学"这个概念意味着，自然规律和社会规律是相通的。

至于社会学的研究方法，在孔德看来，这和它的上一级学科生物学高度一致。生物学家最基本的研究对象是生物个体，比如一棵树、一条狗。换言之，生物学做的是整体性的研究，并不会把一棵树、一条狗割裂开来，研究一个叶片上的一条叶脉或者一条狗尾巴上的一根毛。社会很像一个生物体，或者说有机体，所以，社会学也要从这个角度去研究。

孔德并不知道今天的生物学前沿已经是分子生物学了，人毕竟很难超越自己的时代。

孔德当时的生物学主要有两大板块：一个是解剖学，另一个是生理学。既然社会学和生物学如此相似，那么社会学也应该有两个板块。孔德说，这两个板块就是社会静力学和社会动力学，前者研究社会秩序，后者研究社会进步。我们只要想到达尔文的进化论这时候尚未问世，就有理由佩服孔德这些既先进又幼稚的构想。

(3) 作为孔德接班人的斯宾塞

孔德虽然创建了社会学，给社会学规划了研究方向和研究方法，却没有取得很大的成就。真正把孔德这套想法发扬光大的是比他小二十二岁的英国学者赫伯特·斯宾塞。今天我们提起"社会有机论"，第一个联想到的名字往往是斯宾塞而不是孔德。斯宾塞有一部名著，书名就叫《社会静力学》，全名是《社会静力学，或人类幸福的基本条件的说明及其中首要条件的详细论述》(*Social Statics, or, The Conditions Essential to Human Happiness Specified, and the First of Them Developed*, 1851)，如果我们不知道孔德，就不会理解斯宾塞这个书名的含义。

但斯宾塞对孔德的评价不高,认为他总是怀有偏见,并且被爱国主义情怀——法国人的骄傲——干扰了理性。

斯宾塞确实比孔德更加沉静,更有理科生的感觉。是的,出身于一个普通教师家庭的斯宾塞从小就是一个优秀的理科生,文科知识一塌糊涂。毕业以后,他应聘做了铁路工程师,后来升级成铁路绘图员,业余时间喜欢搞搞科技小发明,眼看着就要以理工男的姿态终老一生。谁也想不到,这个有为青年竟然很草率地辞了职,转战文科阵营去了。

这次转行还算成功,他的文章经常能在激进报刊上发表,后来还结集成书。但写作不是一个收入丰厚的行业,只有位于金字塔尖的少数人才能名利双收。斯宾塞虽然已经是个小有成就的作家,但微薄的稿费实在无法保障生计,逼得他只能含羞带臊地回到原先的工作岗位。

那一年他还只有二十四岁,年轻人的冲动总是可以被原谅的。但世事就是这样无常,仅仅两年之后,经济危机爆发,铁路交通大受影响,斯宾塞毫无悬念地失业了。

直到四年之后,也就是1848年,斯宾塞终于找到了一份很好的工作:周刊助理编辑。这本周刊在今天依然声名显赫,中国读者也越来越多,它就是《经济学人》(The Economist)。

《经济学人》创刊于1843年,到斯宾塞就职的1848年已经做出了不小的名气。这份工作收入丰厚,更大的好处是能够结识很多精英人物,斯宾塞和赫胥黎的友谊就是在这一时期奠定的。

还有一个好处,就是有充裕的业余时间。这哪里是一份工作,简直就是镀了金的人生跳板。这时候的斯宾塞眼界更开阔了,思想更成熟了,文笔也更流畅了。1851年,他发表了自己的第一本社会学专著《社会静力学》,翌年出版《人口理论》(A Theory of Population, 1852)。我们从孔德给社会学所做的规划来看,这两本书分别对应着社会静力学和社会动力学。斯宾塞对社会进化的理解在很大程度上也正是来自生物学，但不是达尔文的进化论——那时候《物种起源》还没有问世——而是拉马克的进化论。

（4）达尔文之前：拉马克的进化论

在进化论的发展史上，拉马克是达尔文的前辈。早在1809年，正是达尔文出生的那年，拉马克发表名著《动物学哲学》(*Philosophie zoologique*)，他提出的进化论观点在当时足以惊世骇俗。"进化论"这个词的第一次出现，就是在拉马克这部书里。

但是，当时真没能惊世骇俗，因为拉马克被彻底边缘化了，连论文都很难发表，一生在贫病交加中做研究，最后在贫病交加中辞世。

之所以出现这样的悲剧，是因为当时生物学界的主流学说是所谓的"灾变说"：上帝用洪水淘汰旧物种，然后创造新物种，而物种一旦被创造出来，就会一直保持原样。拉马克的理论可以称为"渐变说"，它认为物种是逐渐演变的，比如长颈鹿以前并没有这么长的脖子，一代代逐渐进化，终于变成了现在这个样子。

拉马克的进化论有两个核心原则，即"用进废退"和"获得性遗传"。

用拉马克的原话说，所谓"用进废退"，是说"在发育还没有到达极度的时候，动物中，无论哪一器官，愈长使用，愈能有力，愈能向前发展，愈能增大；它的能力的进步与使用的时间成正比。至于长久废而不用的器官，则于无形之间自己会变得萎缩，能力也逐渐减退，结果至于消失"。所谓"获得性遗传"，是说"一切缘于悠久的环境影响，或缘于长久的使用与长久废而不用的关系，各类生物所获得的改变，都能因自然力而传至下代子孙"。

举例来说，"用进废退"就好比我们去健身房锻炼，肌肉越练越发达,如果不去健身,每天像我这样起早贪黑给专栏写稿,那么肌肉就会越来越萎缩,甚至完全消失。"获得性遗传"是说健身房里练出来的健美肌肉可以遗传给下一代——我们可以在生活中看到,运动员的子女确实都有很好的身体素质,相反,像我这样的人,生下来的孩子一定弱不禁风,从幼儿园时代就是所有人欺负的对象。

这话说来辛酸,还是用长颈鹿的例子来解释这两项原则吧:长颈鹿的脖子那么长,一定是因为它们一直努力伸着脖子想要吃到更高处的树叶,脖子就这样越伸越长。而脖子每伸长一点,这个特征就会遗传给下一代,于是子子孙孙,遗传特征缓慢积累,短颈鹿就变成长颈鹿了。

长颈鹿的祖先为什么非要这样做呢?在拉马克看来,不仅是长颈鹿,每一种生物天生都有这样的动机,追求更高级、更复杂、更完善的形式。也正是因为这个缘故,简单、低等的生物会慢慢进化成复杂、高等的生物。

拉马克是研究无脊椎动物的专家,事实上,脊椎动物与无脊椎动物这种二分法就是由拉马克确定的。拉马克把无脊椎动物分成十个纲,把它们按照阶梯形排列,把这个序列看成进化的次序。拉马克这样讲过:"在相继产生各种各样的动物时,自然从最不完善或最简单的开始,以最完善的结束,这样就使动物的结构逐渐变得复杂。"是的,这才是真正意义上的"进化"论,而不是达尔文提出的"演化"论,单细胞生物就可以这样逐渐进化成人。

从这里我们可以看得出牛顿的影响力。在牛顿的宇宙体系里,上帝仅仅做了"第一推动",宇宙就按照物理法则自行运转起来,完善起来,这个过程再不需要烦劳上帝他老人家插手干涉。同样的道理,生物界也在上帝的"第一推动"之下,根据进化规律自行发展,逐渐演变成今天的样子。

这样的理论貌似离经叛道，其实深究起来的话，我们会发现它甚至比灾变说更给上帝留面子。道理是这样的：即便上帝一开始就设计出所有物种最完善的样子，但环境是会改变的，最适应原有环境的生物未必就能适应翻天覆地之后的环境。如果地球的年龄真像神学家们推测的那样只有几千年，倒也谈不上多么显著的环境变化，但是，这是一个化石大发现的时代，山崖上的贝壳化石触目惊心地向人类提醒着这里曾经发生过怎样沧海桑田的巨变。所以，地球一定有着相当悠久的历史，一定发生过许许多多次的沧海桑田，如果物种不能改变自己来适应新环境，怎么可能存活到今天呢？

如果你已经人到中年，应该会对这个说法有一种熟悉感。你甚至会想：这不就是达尔文的进化论吗？当然不是，这是拉马克的进化论。

斯宾塞在《社会学研究》中罗列了当时英国人做出的科学贡献，对进化论的渊源提到了这样一笔：

> 不久以前，达尔文先生对生物科学有伟大的补充。他的祖父先于拉马克阐述了这个笼统的认识：生物体通过适应性的变化而演变，但没有像拉马克那样确定这个观点。达尔文先生与祖父有相似的见解，但发现他们俩都错误地解释了变化的原因。其中一些原因是正确的，但不足以解释所有的作用。达尔文确认了他称为"自然选择"的更深层的原因，成功地使这一假说由仅仅部分合理转变成十分合理。他确立了这个观点，十分令人钦佩，绝大多数博物学家已接受了他的观点。他的观点使生物演化的过程更容易被人理解，使全世界生物学观念发生了革命。（张宏晖、胡江波译，华夏出版社，2001）

斯宾塞虽然对达尔文不吝赞美之词，却并不曾真正分清拉马克和达尔文的理论分歧——达尔文的确"十分令人钦佩",但他的贡献只是"对生物科学有伟大的补充"。

斯宾塞的社会学深受拉马克进化论的影响,而严复把斯宾塞奉为偶像。进化论被译介到中国正是通过严复,而严复还不是一个忠实的翻译家,所以在严复那里,达尔文的进化论和拉马克的进化论就没有界分得很清晰。其他人对进化论的转述又往往是从严复对斯宾塞和赫胥黎的转述式的翻译而来的,所以,中国人对进化论的理解从一开始就有偏差。

拉马克的进化论和达尔文的进化论有着本质的不同。"用进废退"的理论很早就遭到了质疑,因为它无法解释生物界的"拟态"现象。我们还拿长颈鹿举例:长颈鹿的脖子也许真的随着努力越长越长,但它身上的迷彩伪装该怎么解释呢?这总不是"努力"可以长出来的吧?再比如枯叶蝶的外形,静止的时候完全和一片枯叶一模一样,野兔在不同的季节变换不同的毛色,这都不是"努力"可以达到的效果。达尔文的"物竞天择"却可以完美解释拟态现象:恰好发生了这种基因突变的个体比同伴更有生存优势,被"自然选择"这只"看不见的手"筛选出来,最大限度地繁衍后代。

直到1943年,路利亚和德尔布拉克在《遗传》杂志发表论文,题为《细菌从病毒敏感型向抗性型的突变》,这是对拉马克主义的一次致命打击。1953年,沃森和克里克揭示出DNA双螺旋结构,从此遗传问题就要在基因中寻找答案了。在这样的研究基础上,我们终于知道遗传信息的传递只能从DNA到RNA再到蛋白质,而不能由蛋白质传递给DNA,这就意味着后天性状无法遗传,"获得性遗传"似乎从此失去了最后一点立足之地。

生物到底是"进化"还是"演化",或者说生物的进化到底是有定向的还是无定向的,这也是拉马克与达尔文的一个核心分歧。我们如果仅仅站在当下反观历史,就很容易成为拉马克的支持者,但如果我们可以抽身于时空之上，俯瞰巨大时间尺度里的生物变迁，很可能会转而拥戴达尔文的理论。也许将来的某一天，天崩地裂，飞沙走石，人类这种娇贵的高级动物将不再适应新的环境，地球将成为蜗牛的天下。

但斯宾塞不认为会有这样的事情发生。在他早期的思想里，无论无机物世界还是有机物世界，历史的车轮永远滚滚向前，万事万物无不是从低级到高级、从简单到复杂、从不确定到确定地发展着。尽管他后来修正了这个看法，承认有退化现象存在，但他还是认为所谓退化不过是暂时的，进步不是直线向前，而是曲折前行。总体来看，仍然是从简单到复杂，从不确定到确定。

基于这样一种前提，我们就可以理解为什么斯宾塞会认为诸如货币的发行和管理、灯塔之类的公共设施的建造、国家法定的宗教信仰、慈善事业和邮电服务这些在今天看来显然属于政府的分内事，民间无法自发完成的工作，都是政府不该插手的事情。政府干预就等于揠苗助长，说得更严重一点就是逆天，结果非但低效，甚至会适得其反。社会这个有机体是一个超级复杂的复杂系统，不是能计划、能预测、能控制的，任由它自动自发地生长才是最好的方式。但我们最容易发出的疑问是：难道普及教育也不应该吗？我们亲身经历着九年制义务教育，分明也看到了它的显著成效，斯宾塞难道看不出来？

斯宾塞：义务教育不能搞

(1) 义务教育的本质是慈善

"货币的发行和管理、灯塔之类的公共设施的建造、国家法定的宗教信仰、慈善事业、普及教育和邮电服务"，这些项目里，哪些可以合并？

这两个问题其实是一个问题，第二个问题只是对第一个问题的提示。

所以，答案是普及教育的本质是慈善，"普及教育"和"慈善事业"是可以合并的。

薛兆丰老师曾讲过，一位经济学家在世界银行工作了十六年，发现这个国际扶贫机构效率实在低得惊人。

世界银行并不是严格意义上的政府机构，做慈善尚且如此低效，那么在自由主义经济学者看来，政府做的慈善事业会如何低效，应该可想而知。

而我们熟悉的九年制义务教育，在本质上就是一种慈善事业。如果"商业是最大的慈善"，为什么不可以取消义务教育，让市场化的私立学校取而代之呢？我们至少可以试想一下，如果没有义务教育这种慈善，少年儿童的学习会是什么样子。

我们不妨先看看今天大城市里的所谓学区房，它是推高房价的罪魁祸首之一。还有所谓的择校费、赞助费，动辄几万、十几万。虽然有了义务教育，虽然可以享受慈善，但每位家长为了给孩子争夺更好的教育资源还是心甘情愿地不惜砸锅卖铁。这背后的道理在于：越来越多的人发现，教育是改变命运的最佳途径，而无论教育多么普及，无论教育可以享受多大程度的慈善经费，优质教育资源永远是稀缺的。稀缺会导致高价，这是自然而然的事情。

（2）教育可以随行就市吗

如果请斯宾塞解决停车问题，他会给出的建议一定是，政府撒手不管，车位随行就市。教育问题也是一样的道理：政府撒手不管，上学随行就市。

英国工会活动家登宁在《工联和罢工》中说过一段名言："一旦有了适当的利润，资本就胆大起来。……有300%的利润，它就敢犯任何罪行，甚至甘冒绞首的风险。"这段话后来被马克思在《资本论》里引用，因此而广为人知。当我们说起"知识改变命运"的时候，我们当然知道上学能给孩子带来多大的利益。那么，那些"敢犯任何罪行，甚至甘冒绞首的风险"的家长无论把学区房的房价哄抬到怎样的高度，都是可以理解的。

既然家长为教育而赴汤蹈火的动机如此强烈，政府又为什么要搞强制性的九年制义务教育呢？

不知道很多为孩子入学而焦头烂额的家长有没有想过：那些对教育并不重视却偏巧住在学区房里的人家，轻轻松松地挤占了自家孩子的教育名额,这实在让人气结啊!如果教育不是慈善,而像在市场上一样,各种教育资源陈列出来,有不同档次、不同价格,提供给不同需求的人群,这为什么就不可以呢?一旦办成了慈善,就会有许多并不介意教育质量的人毫不珍惜地占有了优质教育资源,这难道就是好事吗?

小孩子从小跟父母学手艺,也一样是不错的出路。我们在学校学的很多制式化的知识,成年之后根本就用不到。为什么不可以让每位家长按照自家的切实需要,自由自主地给孩子选择学业呢?如果能做一个大样本统计,看看所有孩子都学了一样的功课之后,在每个人身上,有多少学来的知识对他有益或有用,这个数据不一定好看。

《何帆大局观》中有一期"谁来帮助求职者",曾谈到教育和就业上的某种错位:"很多人觉得,像在GAP店里卖衣服、在麦当劳卖汉堡包,或是到公司里做前台接待员,似乎都不需要任何技能。这是非常错误的。哪怕是最基础性的工作,也需要独特的技能,遗憾的是,这些技能都没有在中学或大学里传授。"

(3) 自觉自愿、自由选择的教育传统

在普及教育出现之前,学习曾经是一种自觉自愿、自由选择的事情,并不会举国少年儿童都学习一样的功课。陶匠的孩子从小给父亲打下手,长大以后继承父业,制琴师的孩子也是一样,还有艺人的孩子,从小耳濡目染,家庭熏陶才是最有力的教育。今天看来最离奇的要数日本江户时代,富裕的商人会在女儿六七岁的时候送她们到贵族府邸当差。(附录1)

我们看女孩子从小接受这样一种教育,分明自己也高兴,父母也喜欢,长大以后还会最有出息。如果有哪家父母愿意把孩子这样安置,难

道还应当遭受谴责不成？

至于男孩子，学手艺明明也是好的，王尔德就这样讲过。

奥斯卡·王尔德基本算是斯宾塞同时代的人，他在游历美国的时候，从这个"美丽新世界"反思祖国英国的教育事业，感慨说："儿童天生对书本反感，手工艺应该成为教育的基础。"（附录2）

我们从王尔德的话里似乎还可以引申出这样的意思：如果全国人民的早年教育并不那么整齐划一，整个社会对新思想的接受度应该更高。至于手工艺究竟何以堪当教育的基础，这倒是显而易见的道理。

今天很流行"工匠精神"这个词，但如果我们真的考证"工匠精神"的来历，就会发现它恰恰来自上述那种家族传承的教育方式，在一代人之内很难讲什么"工匠精神"。（附录3）

反对者当然会说："义务教育是一种国家行为。一个富强的国家，一个昌盛的民族，不可能由文盲建成。"但斯宾塞一定会反驳说："你搞反了。国家这个有机体，其存在的意义是为国家之内的每一个个体的幸福服务，而不是相反。"

在"五四"以来的中国，知识分子普遍相信普及教育、开启民智是一件重要得不能更重要的事业，因为它关乎"保种图存"。如果说国家利益、民族利益高于一切，那么义务教育的重要性岂不是不言而喻吗？

但是，《社会静力学》中有这样的话："如果'民族利益'应该是最高准则的话，为什么我们不应当把你们的财富，以及别的像你们一样的人的财富，用来清偿国债呢？"当然，他不曾想到中国的爱国志士是甘愿毁家纾难的。不过，这些爱国志士同样难以想象的是，在斯宾塞的时代和国度，有太多知识分子对"开启民智"这种事情嗤之以鼻，并不认为广大人民群众真的值得教育。于是，普及教育或义务教育自然也就没有存在的必要。那么，最后请你思考一个不太人道的问题：如果有100万元，到底是平均分配给100户贫困家庭更好，还是给一个富家子办一场烟火派对更好?

这一节我们谈了斯宾塞对义务教育的看法,你只需要记住一个观点:普及教育的本质是慈善。你还可以思考一个问题:义务教育是不是强制性的慈善?

附录1

日本江户时代,富裕的商人会在女儿六七岁的时候送她们到贵族府邸当差,让她们从小浸润在贵族礼仪中,这样的话,当她们到了嫁人的年龄,才会有大家闺秀的风范,更容易嫁到好人家。这也是一种既难能可贵又很有目的性的教育。

六七岁的女孩子如何当差,说来有趣,是要带了保姆一起去的。在江户文学所谓"滑稽本"里,式亭三马的《浮世澡堂》是一部代表作,其中有一篇《在公馆里当差的女儿的事情》写的就是这种女孩子的故事。女孩子的妈妈在和女伴扯闲话的时候是这么说的:"当差真是难得的好事情呀。并不要怎么教训,举动自然地规矩起来了。在家里无论怎样严格地说,总是有些行为礼节改不过来。上到公馆去,住在那里之后,一切举动自然而然地与前不同了。还有,你知道,这孩子上去的公馆,大概是俸禄很高吧,所以才是十分富贵哩。从津贴什么起,一切都十分优厚。而且那房间里的亲娘是个性情很好的人,把这当作自己的孩子一般看待,种种照应,所以当差很是容易。还有夫人看见她中了意,不叫她的名字,却叫她作小顽皮,什么小顽呀小顽地叫。每逢客人来到的时候,都说起这孩子给她夸耀。这真是十分难得的事情。"

附录2

王尔德的《美国印象》:"美国的男人都只关心生意。用他们的话说,他们确实精明过人。他们还特别容易接受新思想。他们接受的教育是实用的。我们对儿童的教育完全基于书本,但我们必须允许儿童有自己的头脑,然后才能教育这个头脑。儿童天生对书本反感——手工艺应该成为教育的基础。我们应该教育男孩子和女孩子如何用他们的手来制作某样东西,这样他们就不会这么好破坏,好调皮了。"

附录3

我们还是以制琴师为例,制作小提琴的木材往往要阴干十几二十年,父亲选择的木材经常要到儿子手上才拿来制琴。一件精美的工艺品,甚至要经过祖孙三代,乃至四代的手,才终于宣告完成。斯宾塞会说:"义务教育在相当程度上斩断了家族技艺的良好传承。如果真要弘扬工匠精神,不如先从废除义务教育做起。想想看吧,一个面包师的儿子,如果也要成长为一个面包师的话,花上很多年最宝贵的时间去学语文、数学之类的功课,有什么意义呢?更何况,小孩子学习了这些功课之后,被同学们年复一年地影响之后,很可能就对家族技艺失去了兴趣,长大以后就谋求其他的发展去了。从大概率上说,他也许做了个蹩脚的教师,也许做了个二流的医生,而他本可以成长为一位第一流的面包师的。"

我同情一切，就是不同情疾苦

（1）埃拉加巴卢斯的玫瑰

如果现在有100万元，到底是平均分配给100户贫困家庭更好，还是给一个富家子办一场焰火派对更好？

答案貌似不言而喻，但是，如果随机挑选斯宾塞时代的高知来回答这个问题，后者中选的概率很可能不低于一半。

先让我们把时间追溯到两千年前。传说古罗马著名昏君埃拉加巴卢斯用皮革在天花板上吊顶，在夹层里藏满玫瑰花瓣。宴席上，他兴之所至，突然发动机关，看刹那间玫瑰花雨漫天飘落，听宾客和侍女们惊惶尖叫。有时花瓣太多太厚，反应不及的宾客就在花海中窒息而死。

和斯宾塞同时代的英国画家塔德玛画过这个场面。如果我发了财，我会收购塔德玛的全部作品来装饰我的廉租房。假如我真的这样做了，并且奉埃拉加巴卢斯为偶像，那么我就会和拜伦、波德莱尔这样的大诗人交上朋友。

人们用"埃拉加巴卢斯"代称那些放荡淫靡的人，拜伦就被他的敌人们扣上了这个不名誉的头衔。但是，以今天的眼光来看，埃拉加巴卢斯的这场玫瑰盛宴哪里放荡淫靡，简直就是第一流的行为艺术。

至于浪费这样多的玫瑰，草菅这样多的人命，难道对于宴会有任何实际的功用吗？

一想到"实际"，就落于下乘了。明朝文人陈继儒为《花史》作跋，说"有野趣而不知乐者，樵牧是也"，也就是说，樵夫和牧童整天生活、工作在充满野趣的地方，却对野趣彻底缺乏感受力。我更愿意摘引冈仓天心介绍日本花道的一段文字："原始人将最初的花环献给他的恋人，从而脱离了兽类。就这样，他超越了粗野的本能需要，变成了一个人。当他认识到无用之物的妙用时，他便进入了艺术的领域。"（《茶之书》）

一位位精英人士就这样把生活活出荒唐，把荒唐活成艺术，我们熟悉的奥斯卡·王尔德就是其中的佼佼者。他后来因为风化罪而被判监禁，在雷丁监狱写信给同性恋情人道格拉斯，这封长信成为名著《自深深处》。

王尔德在信中这样回忆："你母亲开始跟我说起你的性格，她说了你的两大缺点，你虚荣，还有，用她的话说，'对钱财的看法大错特错'。我清楚记得当时我笑了，根本没想到第一点将让我进监狱，第二点将让我破产。我以为虚荣是一种给年轻人佩戴的雅致的花朵；至于说铺张浪费嘛——我以为她指的不过是铺张浪费——在我自己的性格中，在我自己的阶层里，并不见勤俭节约的美德。"（朱纯深译，译林出版社，2008）

这些话可以让我们窥见当时英国上流社会的基本心态：铺张浪费并不算罪过，勤俭节约也绝非美德。我们今天之所以理所当然地持有相反的观点，只是因为我们的道德来自平民社会。勤俭节约甚至算不得中国人的传统美德，否则"食不厌精，脍不厌细"的孔子就活得太不道德了。

虽然很多貌似全新的事物和观念都有着悠久而不为人知的渊源，

但也有很多我们以为天经地义的传统，历史其实并不如想象中的那么久远。

（2）文化精英的超然姿态

正是精彩的放纵使人魅力四射，这样的魅力才是王尔德最推崇的道德。在戏剧《温德米尔夫人的扇子》里，他借角色之口处处讥讽俗人的道德，有一句话堪称点睛："我们都在臭水沟里待着，不过我们中有些人正抬头瞧着头顶上的星星。"

在王尔德眼里，俗人的生活毫无美感可言，不过是在臭水沟里苟活并习惯了这里的恶臭，进而把这种忍受力标榜为高尚的道德。即便有人一夜暴富了，他们那种"全新"的生活姿态也无非是把臭水沟里的水花溅得更大而已。只有像他自己这样的少数精英，虽然摆不脱臭水沟这个大环境，却偏偏拒绝忍耐，只是"抬头瞧着头顶上的星星"。

让我们回到《自深深处》，看看王尔德怎样抱怨道格拉斯的缺点："总而言之，你的铺张挥霍对我来说是乏味透顶，因为钱说真的无非是花在口腹宴饮，以及诸如此类的行乐上。不时地让餐桌花红酒绿一下，可说是件赏心乐事，但你的无度却败坏了所有的品位和雅趣。"当然，在王尔德眼里，饕餮和挥霍都不算什么，只要够精彩就好。王尔德对道格拉斯真正不满的是："我那时没想到，你会有这一大恶——浮浅。"

在写这封长信的时候，王尔德已经入狱两年，信里用洋洋洒洒好几万字倾吐了对道格拉斯的各种怨念，但是，在这个唯美主义者的心里，"浮浅"竟然始终都是他对道格拉斯最为不满甚至不屑的一点，甚至当撇开两人的关系不谈时，"浮浅"也算是所有恶行中最严重的一种。（附录1）

(3) 人间疾苦并不值得同情

"不浮浅"貌似必然是精英的特权，但是，"浮浅"并不必然和"贫穷"关联在一起。

1882年，王尔德在美国做巡回演讲，可想而知他对当时的粗俗美国不会有几分好感。他毫无顾忌地向听众倾诉自己对美国的各种不良印象，有些话讲得非常刻薄。比如讲起西部见闻，他说："我发现在落基山脉以西，人们关于艺术的知识是如此贫乏，以致一位艺术爱好者——他在年轻时也做过矿工——竟然起诉铁路公司要求赔偿，因为他从巴黎进口的米洛的维纳斯的石膏像到货时没有了双臂。但更叫人吃惊的是，他打赢了官司，获得了赔偿。"（附录2）

但是，刻薄的王尔德竟然也用小小的篇幅讲了见闻中的一点闪光处，而且和华人有关，他说那些穷苦的华工"用和玫瑰花瓣一样纤巧的瓷杯喝茶"，很有情调。（附录3）

这些华工如果听到王尔德如此评论自己，也许会哭笑不得吧。如果穷人没有活出这种情趣，那么他非但不会欣赏，甚至缺乏同情。在《道连·格雷的画像》这部小说里，他借亨利勋爵之口这样说过："我同情一切，就是不同情疾苦……我不能同情疾苦。那实在太丑恶、太可怕、太悲惨。那种赶时髦的同情疾苦有一种非常不健康的味道。人的感情应当倾注在生活的色彩、生活的美、生活的乐趣之中。生活的伤疤少碰为妙。"

所以，当这样的精英分子见到人间疾苦，下意识的反应并不是同情心的爆发，而是会想办法把这样一个世界隔在墙外，就像伦敦一度分为东区和西区那样。人的同情心往往只作用于和自己有过相近境况的他人身上。

在王尔德看来，活出绚烂和华彩才算是活出人的样子，与之相反的活法完全不值一顾。当然，绚烂的美常常需要一掷千金的财力与豪情。不惜耗费巨资去追求瞬间的美，这在普通人看来是不可想象的败家行径，然而，有"恶魔诗人"之称的波德莱尔把它叫作"风流作风"。他在《美学珍玩》里说："风流作风是英雄主义在颓废之中的最后一道闪光……风流作风是一轮落日，犹如沉落的星辰，壮丽辉煌，然而没有热力，充满了忧郁。民主的汹涌浪潮漫卷一切，荡平一切，日渐淹没了这些人类骄傲的最后代表者……"

你也许已经愤怒了。常识告诉你，如果哪个社会流行着这种做派，一定会亡国灭种的。但斯宾塞主义者不以为然，他们会从中看到积极的一面，看到精英的挥霍是凡人的福利。该如何理解这种看法呢？

附录1

这马上会令我们想起一位名侦探的名言警句："粗俗绝对是一桩罪过，但犯罪绝不粗俗。"法国推理小说家保罗·霍尔特如此塑造唯美主义侦探欧文·伯恩斯的形象，这位伯恩斯正是以王尔德为原型的，在维多利亚时代末期侦破那些"非常罪，非常美"的离奇罪案，全不是为了伸张什么正义。他屡屡侦破罪案，却屡屡发自内心地欣赏着连环凶手和他们的杀人杰作，甚至会对"才貌双全"的凶手萌生爱念。

伯恩斯初次登场是在1994年的《混乱之王》这部书里，如果你不介意剧透的话，我很想引述伯恩斯在揭秘之后的一段话，他说他经常和凶手在一起："刚开始的时候我只是想……我可以借口说是为了验证我的猜测，但这不是真的，因为我对于凶手的身份已经心中有数了。实际上，我想要和她在一起，欣赏她，品味她，研究她。我想要了解这个特殊罪犯的个性，想要看看她有多少'艺术'潜能。但是，随着我们的交往，我逐渐忘记了她应受谴责的罪行，而且她的罪行也应当受到减免。……我相信在她的身上有出众的才智，一种罕见的美丽。"

这果然是文化精英的超然姿态。如果王尔德真的做了侦探，这就是他该有的态度和该说的话。即便这样的态度和言辞里藏着什么恶的成分，也绝对不会有所有的恶中最不堪的那种——浮浅。

附录2

值得一提的是，我读的这个中译本，译者似乎并非出于幽默感的发作而给"米洛的维纳斯"这个短语添加了一条注释："Venus of Milo, 著名古希腊大理石雕塑，作于公元前2世纪，公元1800年在希腊的米洛岛被发现，现藏于巴黎卢浮宫。这座雕像发掘出来时就没有双臂。"我们有十分的理由庆幸，这几句话不会被王尔德本人看到。

附录3

王尔德《美国印象》："旧金山是一座真正美丽的城市。聚居着中国劳工的唐人街是我见过的最富有艺术韵味的街区。这些古怪、忧郁的东方人，许多人会说他们下贱，他们肯定也很穷，但他们打定主意在他们身边不能有任何丑陋的东西。在那些苦工晚上聚集在一起吃晚饭的中国餐馆里，我发现他们用和玫瑰花瓣一样纤巧的瓷杯喝茶，而那些俗丽的宾馆给我用的陶杯足有一英寸半厚。中国人的菜单拿上来的时候是写在宣纸上的，账目是用墨汁写出来的，漂亮得就像艺术家在扇面上蚀刻的小鸟一样。"

精英的挥霍是凡人的福利

(1) 自上而下

斯宾塞主义者认为精英的挥霍是凡人的福利，你该如何理解这种看法呢？

王尔德和波德莱尔式的生活方式和普通人的精打细算水火不容，两种人活成了完全不同的两个物种。但正是这些精英居高临下地塑造出了全社会的审美基调，是他们出于个人享乐目的的带着华彩味道的奢靡，使全社会的平民阶层在许久之后慢慢享受到这些奢靡的平价版。即便到了现代社会——这个注定会被旧时代的精英们切齿痛恨的平民社会，我们在时尚领域依然可以看到这种自上而下的流变。比如各大时装品牌的"高级定制"，全世界只有极少数的富豪享用得起。我们可以看看"高级定制"的走秀盛会，尤其是华伦天奴的设计，某一年的古罗马主题，某一年的拜占庭主题，做出了史诗般荡气回肠的美。这些第一流的艺术品，其中的各种元素会被分解，进入工业生产线，走进各大商场的品牌专柜，衍生出各种山寨版本。

所以，我们会看到这样的故事：当纯朴而不修边幅的大学毕业生安迪阴差阳错地做了一家顶级时尚杂志的主编助理之后，她发现自己跌进了一场醒不来的噩梦。她简直搞不懂身边那些衣着光鲜、斗志昂扬的同事整天究竟在忙些什么,尤其当她看到那位主编大人——一个满头银发的恶婆娘,为了在两条"一模一样"的腰带中为模特选出一条而搞得整间办公室如临大敌的时候,那份荒唐劲儿终于让她很失礼地笑出了声。

这是2006年美国电影《穿普拉达的女王》(*The Devil Wears Prada*)中的经典片段,片中那位小宇宙时刻在燃烧的主编米兰达对安迪的笑给出了一连串凌厉的奚落:"你觉得这事和你无关?你打开你的衣柜,翻出一件——比如就是你现在穿的这件松松垮垮的蓝毛衣,因为你想要告诉全世界,你的人生太重要了,实在没空注意穿着打扮。但你不知道的是,你那件毛衣并不是泛泛而言的蓝色,它不是宝蓝,不是天青蓝,而是天蓝。你也从来不知道,奥斯卡·德拉伦塔在2002年设计过一整套的天蓝色晚装,然后,我想是伊夫·圣·洛朗,设计出天蓝色的军装款夹克衫,随即就有八位不同的设计师推出了天蓝色的新款,这些款式进入商场专柜,然后渐渐沦落到可怜巴巴的Casual Corner,然后,毫无疑问,你就是在清仓大甩卖的时候从那里把这件蓝毛衣淘出来的。你当然不知道,这种蓝色的背后堆积着数千万美元和无数人的无数心血。滑稽的是,你还以为是你自己挑选了这个颜色让自己远离时尚界,真相却是,它是这个房间里的所有人帮你从一堆让你感到荒唐的东西中精挑细选出来的。"

这段话的意义远远超出电影想要表达的。我们的文明何尝不是如此——地基之下还有地基,脉络的尽头还有脉络。千百年前的思想经典是如何草蛇灰线、伏脉千里,成为我们今天每个人的头脑中习焉不察的观念?万里之外的书本里,这只或那只蝴蝶又是如何扇动翅膀,使一点点无形的火花绵绵连连、不绝如缕,忽然成为一场裹挟着我们的无名飓风?我们太多自以为是的取舍与判断,如果探究下去,无非都是安迪身上那件松松垮垮的蓝毛衣。只不过,安迪这样的"普通人"意识不到这些而已。

时代终归变了,我们只能在《唐顿庄园》《一战往事》这样的剧作里窥探精英时代的末日余音。平民社会之于精英社会，往往反其道而行之。我们身边的书店就很有代表性，千千万万普通读者的阅读口味决定着出版社对稿件的取舍，书籍的扉页上再也没有写给某位精英人物的献词了。

波德莱尔所谓的"民主的汹涌浪潮"，其实指的就是这样一种向着平民化的方向转变的社会趋势，这是让许多精英人物深恶痛绝的事情。社会变得更公平了，但代价是，距离"美"更遥远了。公平真有那么重要吗？亚里士多德的名著《政治学》这样讲过："人们要是其权力足以攫取私利，往往就不惜违反正义。弱者常常渴求平等和正义，强者对于这些无所顾虑。"

如此不中听的话并不仅仅适用于一时一地，是的，对公平或者平均化的关注，在任何时代都是普通人的特质，正如"无所顾虑"在任何时代都是强者的特质。各类社会规则往往由强者建立并打破，由弱者信守并拘泥。

作为文化精英的小说家劳伦斯，曾经在一首小诗里赤裸裸地炫耀优越感，说："蒲公英的生命比蕨类或棕榈的生命更鲜活，蛇的生命比蝴蝶的生命更鲜活，鸸鹋的生命比美洲鳄的生命更鲜活……我的生命比为我赶马车的墨西哥人的生命更鲜活。"

在我们的刻板印象里，精英总会像蜘蛛侠那样，"能力越大，责任越大"，以悲天悯人的胸怀同情底层的普通人。但这其实既不是主流，更掺杂着普通人对精英的美好而虚幻的期待。蒲公英会悲悯蕨类植物吗？蛇会悲悯蝴蝶吗？鸸鹋会悲悯美洲鳄吗？劳伦斯会悲悯为他赶马车的墨西哥人吗？

(2) 社会有机体的发育

时代变了，《穿普拉达的女王》恰好就是一个反映时代变化的反乌托邦的故事，它所对应的"乌托邦"是"灰姑娘"这个尽人皆知的文化母题。无依无靠的灰姑娘饱受继母虐待，新人安迪也一样地饱受主编大人——那个穿普拉达的恶魔——的虐待，但不同的是，灰姑娘是凭借纯真和隐忍等来了王子的搭救，安迪却在纯真和隐忍之外增加了"独立"这个特质，终于靠自己解脱了。于是，对这个貌似全新的、站在时尚前沿的故事，我们也完全可以把它看作对一个经典故事模型的适度改造与适度反击。对灰姑娘原型故事的不同理解在暗中操纵着我们的神经系统，深刻影响着我们对这个新故事的观感。

如果你欣赏安迪，你就"不幸地"远离了传统精英的阵营。

你也可以站在王尔德和波德莱尔一边，对安迪抱以惋惜和不屑，并且相信，与其将世界交给普罗大众过庸庸碌碌、千篇一律的生活，不如交给有审美、有情趣的纨绔子弟尽情作践。他们越是作践，社会反而越好。换言之，同样一笔钱，与其换成面包分赠给10000个贫困家庭，不如任由王尔德或波德莱尔这样的人在枯燥的夜空中燃放10秒钟的烟火。因为，如果社会是一个有机体的话——像斯宾塞所论述的那样——那么它的生长发育、开花结果，或者说文明的进程和后世的福祉，往往不是由前者，而是由后者带来的。正如我们熟悉的"让一部分人先富起来"的道理，先富会带动后富。当然，也会有很多带不动、跟不上的人，勉强拖着他们向前跑当然是"不自然"的。

这个逻辑甚至可以解释资本主义的诞生，将来桑巴特会告诉我们，少数"纨绔子弟"的奢靡会在何种程度上影响历史的进程。斯宾塞则会说："社会有机体是会自行进化的。干预得越少，进化得越好。慈善事业之类的勾当，都在阻挠着自然选择，会给我们的社会带来不可估量的恶果。"

通往地狱的台阶是善意铺就的

(1) 适得其反的政策

如果为了控制人口,增进社会福利,立法不准穷人结婚,那么你觉得这符合斯宾塞的主张吗?这个政策会达到它的目的吗?

答案是,这种法案真的有过,但效果很糟糕。

我们暂时站在精英立场,把立法的初衷当成善意的好了。巴伐利亚曾经为了控制人口,增进社会福利,规定没有资产的人不准结婚。若干年后发现,首都的儿童中几乎有一半都是私生子。

这是斯宾塞在《社会静力学》里举过的例子。善心是如何铺就了一级级通往地狱的台阶,这在斯宾塞的视野里不乏例证。而这一类的适得其反,即便在今天的世界里,仍然太过频繁地发生着。这不仅仅是无知造成的结果。但是,还有一些事情,对历史的无知确乎要负上一些责任,比如义愤填膺的人们呼吁对拐卖儿童的人贩子判处极刑。然而,斯宾塞早就发现,英国政府曾经专门在非洲海岸建立了一支军队,有40艘战舰,每年军费70万镑,为的是严厉打击奴隶贸易。而结果呢,严打催生出小而快的运奴船,船上因为过度拥挤,黑奴死亡率飙升。奴隶贩子还会在紧要关头"毁灭证物",把500个黑人一起丢进海里。

再如最低工资标准的制定，这是我们前些年热议过的话题。同样的事情和同样的话题早在18世纪就出现过了。这是斯宾塞在《社会静力学》里列举的行政手段好心办坏事的又一个例证：等最低工资被保障了，生意却转到别处去了，4000台机器被迫停运。

《社会静力学》专设了一章题为"国家职责的限度"，如果抹除字里行间的时间线索，我们甚至会错觉这是现代人发出的不合时宜的牢骚。比如非法融资，中世纪的统治者就试图限定借款的利息，结果政令反而推高了利息。再比如公租房和廉租房，斯宾塞也承认给劳动阶级固定的居住地是应该的，但政策的结果是"形成了间隔制度，以及过分拥挤的小房子和流动的劳工帮"。再比如扫黄打非，斯宾塞看到柏林政府在1845年出台了清除妓院的政策，"然而在1848年，户籍官的登记册和医院的报表证明事情比以前要糟得多"。

还有关税制度和各种贸易壁垒，斯宾塞也讲过，是在题为"商业管理"的另一章里。斯宾塞认为，设置贸易壁垒意味着政府侵犯了人的自由权利，而政府的职责本应是维护每个人的自由权利。"因此，在实施禁止或限制时，国家就从权利的维护者转变成权利的侵犯者了。"

(2) 同等自由法

斯宾塞所谓的自由权利，并不是说你有做哪些事的自由，没有做哪些事的自由，而是指一种抽象的自由原则，这是《社会静力学》中一个最著名的纲领："每个人都有做一切他愿做的事的自由，只要他不侵犯任何他人的同等自由。"

这就是所谓的"同等自由法"，今天的自由主义者依然奉行着这项纲领。

我们可以呼应一下本章第二节的内容，用"同等自由法"来衡量一下义务教育。那么，当一名家长不愿让孩子接受义务教育的时候，他非但并未"侵犯任何他人的同等自由"，反而给其他人让出了位置，让有限的教育资源集中到了更需要它的人的手上。从这个角度来看，我们似乎应该鼓励，而非谴责这种行径。没错，这位家长违犯了法律，而人们常说"法律是道德的底线"，那么，他非但违法了，而且很不道德。但斯宾塞会很乐于替他辩解："法律是国家强制国民的工具……"

且慢，当你想到"货币的发行和管理、灯塔之类的公共设施的建造、国家法定的宗教信仰、慈善事业、普及教育、邮电服务"这些事情在斯宾塞眼里都不是国家、政府应该插手的，你也许会想：执法是不是也在其列呢？

这倒不是。斯宾塞毕竟给政府保留了一点存在的意义：它最核心的功能就是执法。貌似对于一名违法的家长，我们有十足的理由把他绳之以法。

但是，问题并没有这么简单，因为斯宾塞会说："执法是为了什么？是为了保障人们的'同等自由'。如果有一种执法行为不是为了保障人们的'同等自由'，反而在破坏人们的'同等自由'，那么到底是犯人该抓还是法律该废呢？"用《社会静力学》的原话说，即"如果说，一个国家权力机关被委任来保护我们不被谋杀，自己却变成谋杀者，就是犯罪。如果说，它被设立来防止盗贼，却干起盗贼勾当，就是犯罪。那么，原来被任命来保障人们追求他们所希望的目标的自由的权力机关，却剥夺他们这种自由，必然也是犯罪"。

当话题进展到这里，我们回顾斯宾塞的一生，会发现他身上闪耀着一种对学术的真诚精神。我们必须想到，他并没有很好的家世，也曾经饱受失业的苦恼。如果他小的时候能有义务教育法，成年之后能享受最低工资保障和公租房政策，政府的贸易壁垒还能在他所从事的行业不景气的时候帮他阻截外来的竞争者,他本应该以感激皇恩浩荡之心额手称庆才对。

也许是一场狗屎运改变了他的立场:1853年,叔父的去世使三十三岁的斯宾塞获得了一笔可观的遗产,使他可以辞去《经济学人》的编辑工作,专心于研究和创作。他雇用了三位教授为他提供各种奇闻逸事做素材,使他的文章很有"时间的敌人"的味道,适合那些衣食无忧的读者消磨大量的闲暇时光。

不过,如果普及教育的政策在那时候已经行之有效的话,他的读者一定会呈几何级数的增长,这是何等名利双收的好事啊,他又何必反对普及教育呢?

※ 第五章

《每日邮报》改变世界

义务教育惹恼了谁

（1）英国义务教育的时间线

不仅斯宾塞，而且和他同时代的知识精英里，有太多人都在激烈反对普及教育，认为普及教育非但害国害民，还伤害了自己，这到底是为什么呢？

在回答这个问题之前，我们有必要简单梳理一下英国义务教育的时间线。1870年，斯宾塞五十岁那年，《初等教育法案》颁布，上学在这个时候虽不免费，却属强制，贫困家庭的学费由校委会筹措代缴。1876年，首相迪斯雷利推行《教育法案》，从此以后，无法使子女接受初等教育的父母，以及雇用了缺少初等教育文凭的童工的雇主，都要受到法律制裁。

顺便一提，迪斯雷利本人小时候就没有接受过正规完整的初等教育，他十五岁就辍学了，前半生的境况比斯宾塞还要困窘。斯宾塞改变命运的契机是叔父留下的遗产，迪斯雷利改变命运的契机是娶了一位极其富有的、比他年长十二岁的寡妇。

正是一份遗产和一份嫁妆，而非自力更生的操守和白手起家的逆袭，成就了学界与政界的两位伟人。啃老和傍富婆常常像这样成为人类文明前进的推手，而只有在平民社会里，它们才很可悲地沦为社会共识中的道德污点。啃老在文明史上尤其意义非凡，所以，劫富济贫式的遗产税无论从经济效率、道义或人情而言，都很难找到牢固的基石。

话说回来，到了1880年，迪斯雷利去世的前一年，即斯宾塞六十岁那年，新版《教育法案》颁布，强制适龄儿童入学。翌年实施《初等教育法案》，至此，义务教育终于在全国推行。

从这条时间线上我们可以看到，斯宾塞的主要创作期早于普及教育在英国的推行，他那些反对普及教育的呼声显然不曾收到成效。也正是因为这个缘故，他的读者主要是些生活优裕的绅士。他们可以坐在壁炉旁边，慢慢地消磨斯宾塞那些充满异国情调的长篇大论，看他如何旁征博引，又看他如何起承转合。单从内容来说，斯宾塞的学术著作绝不难读，但今天的读者很难读下去，因为他的每一部著作都是杀时间的利器，不适合我们这个快节奏的时代。

"杀时间"（kill time）的当然就是"时间的敌人"，那么相应地，"拯救时间"（save time）的当然就是"时间的朋友"。

(2) 对边沁哲学的批判：如何界定"最大多数人的最大幸福"

风格即人，我们先从斯宾塞《社会静力学》第一章的第一段看起：

> 一条规则、原理或公理，假定在其他方面都令人满意的话，也只有在表达它的词句意义明确时，才有价值。因此我们不得不认为，当宣称"最大多数人的最大幸福"，或者说"最大幸福"，是社会道德的规范时，其首倡者必然设想人类对"最大幸福"这一概念有着一致的见解。（张雄武译，商务印书馆，1999）

这段话是在不点名地批评杰里米·边沁（Jeremy Bentham，1748—1832）的功利主义。边沁去世的那年，斯宾塞只有十二岁。边沁最著名的政治观点就是，国家或政府应当致力于谋求最大多数人的最大幸福。

这话看上去合情合理，很容易得到最大多数人的最大赞同，但斯宾塞不以为然。他的结论是："可是这种设想是不能成立的，因为幸福的标准变化无常。"

为了证明这个观点，斯宾塞首先用大量的素材说明幸福的内容从来没有一致的标准，简言之就是，各花入各眼，你的蜜糖或许就是我的毒药。在连篇累牍地罗列和分析之后，到了这一章的结尾，他还要用极具文学性的修辞来感染我们的心。（附录1）

所有这些长篇大论可以浓缩成一个短句："'最大多数人的最大幸福'理论上不成立，实践中行不通。"

人们到底愿意看烦琐版还是浓缩版呢？愿意保留文采还是只要干货呢？这个事情因人而异，因时代而异。

（3）历史转捩点：北岩勋爵创办《每日邮报》

1896年，斯宾塞七十六岁那年，《每日邮报》（*Daily Mail*）在伦敦问世，刚刚发行就一炮走红，彻底改变了整个国家的阅读格局。《每日邮报》的创办人阿尔弗莱德·哈姆斯沃斯（Alfred Harmsworth, 1st Viscount Northcliffe）是一位报业奇才，因为对文教事业贡献卓著，受封北岩子爵。英国人不大用"子爵"这个称呼，于是依照惯例，一般称他为北岩勋爵（Lord Northcliffe）。

要理解北岩勋爵的成功，我们有必要回顾一下刚刚梳理出来的英国普及教育的时间表：时间表上的最后一刻是1880年，也就是《每日邮报》创刊的十六年前，义务教育彻底在全国推行。在这些年里，一大批来自底层的识文断字的人已经成长起来，这是一个从未被人关注过的空前巨大的市场。

你也许会生出疑惑：英国的报刊、图书行业明明在1896年之前就已经很发达了啊。是的，我之前讲过《女巫之锤》这部鸿篇巨制，它是古登堡印刷术发明之后的全欧第一部畅销书，出版日期是1486年，早于《每日邮报》四百多年。斯宾塞曾经供职的《经济学人》创刊于1843年，而斯宾塞的著作，还有同时代很多作家、学者的著作，也早早就有不凡的销量。普及教育所创造的大量读者明明不缺阅读素材，《每日邮报》的划时代意义究竟从何而来呢，凭什么说它是现代意义上的第一份大众报纸？

简言之，有以下四点缘故：

①北岩勋爵对报纸作者讲过一句让人不太舒服的名言："不要忘记，你是在为那些知识浅陋的人写作。"

②北岩勋爵不断这样宣传自己的报纸定位："这是忙人的报纸、穷人的报纸。"

③北岩勋爵把报纸发行时间定为"每日"。

④北岩勋爵强调报纸的廉价性："这是一份只卖半便士的便士报。"

今天我们不会觉得这四点有什么稀奇，但在当时，它们标志着旧时代的结束和新时代的来临。为了让你有真切的体会，请你试着翻译一句英语：It is a truth universally acknowledged that a single man in possession of a good fortune must be in want of a wife. 要自己译，不要去找现成答案。

这一节我们谈到了英国一份重要报纸《每日邮报》的创立，最重要的知识点是，《每日邮报》是现代意义上的第一份大众报纸，专门针对在普及教育中成长起来的读者。它的走红标志着大众文化的崛起和精英文化的衰落。

附录1

《社会静力学》:"我们发现在各个时代,在各个民族中间,就各个阶级来说,人们对它的看法都是不同的。流浪的吉卜赛人认为一个固定的家是令人厌倦的,而一个瑞士人如果没有家园就感到非常不幸。希伯来人的天堂是'一座由黄金和宝石建造的城市,有着异常丰富的五谷和美酒';土耳其人的天堂是'充斥妖艳美女的闺房';美洲印第安人的天堂则是一个'快乐的猎场'。在挪威人的乐园里,每天都有对战争和对创伤的神奇治疗;而澳大利亚人所希望的是在死后'一跃而起变成一个白种人,拥有许许多多的六便士硬币'。再往下看看个人的情况,我们发现路易十六把'最大幸福'解释为'建造水闸'的意思,而他的继承人却把它解释为'建造帝国'。在吝啬鬼埃尔威斯那样的人看来,积聚金钱是生活中唯一的享受,而'桑福德和默顿'的乐善好施的作者却认为把钱分给别人才是唯一的乐事……

"所以不仅关于'最大幸福'的意义要取得一致见解在理论上是不可能的,而且很明显,在为了做出决定必须首先有明确概念的一切问题上,人们都是有争议的。因此,在指引我们走向'最大多数人的最大幸福',把它当作我们航行的目标时,我们的领航人对我们的耳朵守约,却对我们的希望违约。他通过望远镜指给我们看的,只是海市蜃楼,而不是理想的天国。人们所寻求的真正的避风港远在地平线之下,还没有人看见过。指引我们前进的必然是信念,而不是视觉。我们不能没有指南针。"

典雅英语的没落

(1) 圆周句

上一节谈到《每日邮报》的创立标志着旧时代的结束和新时代的来临。为了让你有真切的体会，请你试着翻译一句英语：It is a truth universally acknowledged that a single man in possession of a good fortune must be in want of a wife.

这是《傲慢与偏见》开篇第一句话，虽然短小，但从语法结构上看，它就是一个标准意义上的圆周句。

中译本处理这种句子，经常会重新调整语序，比如译成这样："凡是有钱的单身汉，总想娶位太太，这已经成了一条举世公认的真理。"意思虽然没错，却失去了原文里的修辞味道。在原文的语序里，首先讲出"这是一条举世公认的真理"，最重要的信息"妻子"却被安排在全句的最后，让押尾的小词和前边扣上的大帽子形成一种出乎读者意料的反差，这就见出奥斯汀的文学手段。这样的句子叫作圆周句，可以写得很长。

奥斯汀的小说经常有这样的句子，因为她的读者大多是富裕人家的小姐、太太，这样的语言风格正适合她们配着精致的下午茶，消磨无限的闲暇时光。

而我们上一节谈到的《每日邮报》,行文风格追求英语口语体的短平快,比传统的书面英语易读易懂很多。当时所谓书面语和口语的区别,其实本质上是拉丁语和英语的区别。拉丁语曾经是通行欧洲的国际学术语言,对英语有巨大的影响。今天GRE考试里的阅读题,很多长句、难句,语法结构本质上都属于拉丁语,既百转千回,又严丝合缝。

在早期的英国文人里,用拉丁腔写英语是一种时尚,有些人就是觉得拉丁语比英语优越。拉丁语源自古罗马,古罗马很重视辩论术,由辩论术催生了修辞学,西塞罗式的圆周句就是英国文人最爱学的一种修辞方式。我们常人说话,最重要的话总会先说,而圆周句恰好相反,把最重要的语义,同时也是语法结构中最重要的部分,放在一句话的最后,也就是说,必须读到最后,语法结构才豁然完整,语义才豁然明朗。

斯宾塞的文风我们已经领教过一些。至于他的修辞,严格说来并不属于当时一些文人骚客所推崇的拉丁腔的古典英语。他在这方面确实有点先天不足,关于古典名著的修养太低。但也许是语言天赋和时代风气使然,他虽然刻意追求精准、生动的文风,字里行间却依然不失典雅,还时而掺杂着拉丁短语。

直观起见,以下摘录《社会学研究》(*The Study of Sociology*, 1873)开篇处的一句英文原文:

> On a matter affecting the agricultural interest, statements are still as dogmatic as they were during the Anti-Corn-Law agitation, when, in every rural circle, you heard that the nation would be ruined if the lightly-taxed foreigner was allowed to compete in our markets with the heavily-taxed Englishman: a proposition held to be so self-evident that dissent from it implied either stupidity or knavery.

这么长的内容，其实只有一句话，意思可以浓缩成一个超级短句："人们相信贸易保护利国利民。"

你可以试着自己翻译一下这段话，不要漏掉原文藏在字里行间的维多利亚文风的优雅，然后对照严复的译文："更论农商利病，辄云某事当兴，某令当废，极口无所疑难，气象大似护商律初罢时。当彼时乡民皆言，本国税重，使此令果除，将他国轻税之货，源源入市，与本国重赋者竞。事如此，有不知其妨民病国者，非妄则愚耳。"

这段译文，把原文的一个长句拆分成了三句话。

(2)《每日邮报》改变"新闻"的定义

严复译文里所谓的"护商律"，今天依字面译作"谷物法"，其颁布与废除是英国近代史上轰轰烈烈的大事。原本制定《谷物法》，是为了限制低价农产品进口，保护本土农业生产者的利益，而法令的实施带来了一连串意想不到的连锁反应。面包涨价了，原本就已经在低工资下勉强维生的城市工人愤怒了，要求加薪。雪上加霜的是，外国政府还制定出报复性的关税政策，增加了英国工业制品的出口成本。于是，英国资本家就会一脸黑线地向工人怒吼："销量下滑了，你们还喊加薪，有这么欺负人的吗？！"

这样一来，就爆发了一场阵营组合很诡异的阶级斗争：资本家发动工人兄弟，大战农场主和农民伯伯，而不是工人和农民联手反抗地主和资本家。这就是英国近代史上声势浩大、旷日持久并且影响深远的"反《谷物法》运动"。

这种事情直到今天我们还常常能在国际新闻里看到，看到那些作为知识精英的政客，身边环绕着由各类知识精英组成的智囊团，依然会揣着明白装糊涂，用各种贸易保护政策来争夺民心，而千千万万读了书、识了字、接受过普及教育乃至高等教育的人民群众依然很吃这一套。斯宾塞给我们的智慧，乃至出名得多的亚当·斯密给我们的几乎早已成为常识的智慧，在最该生效的时候总是无影无踪。如果斯宾塞的在天之灵看到这一幕，一定会说："我早就说过嘛，普及教育根本就没多大用，广大人民群众是教育不来的，为什么要浪费那么多税款去兴校办学呢？"

北岩勋爵会用这样的话来反驳斯宾塞："我办《每日邮报》并不是想教育大众，而是想迎合大众口味，赚这个大市场里边的钱。我是个商人，我是要赚钱的。"

所以，《每日邮报》和北岩勋爵在当时的知识界收获了许多骂声。知识界自有知识界的传统，知识精英可以居高临下地指点人民群众，却不可以处心积虑地迎合他们，因为"迎合"往往意味着削足适履。

无论这样的观念是否合理，至少《每日邮报》开创的媒体新风格使一些传统的传媒概念——比如"新闻"——发生了根本性的转变。

什么才是新闻？我们可以看看斯宾塞供职过的《经济学人》，国际社会的政治、经济的新动向才是新闻，而在大众报刊上，尽是哪个小区发生了邻里纠纷、哪里的保安打了业主之类的事情，一度很端庄的"新闻"变成了这些鸡毛蒜皮的琐事。最可恨的是，那些每天为工作、生活而忙忙碌碌的接受过普及教育的读者，把他们难得学到的识文断字的能力尽数用在了这些很"没品"的"新闻"上。

多看文字少看图,以免思维女性化

(1) 民俗视角里的阿加莎·克里斯蒂

这一节来谈谈阿加莎·克里斯蒂的一部推理小说《谋杀启事》(*A Murder Is Announced*,请放心,我不会剧透),还会谈谈报纸插图和摄影术,从这几个方面让你理解普及教育的最大成效反而使传统的知识精英变成了边缘人。

你可以记住作家霍尔布鲁克·杰克逊(Holbrook Jackson, 1874—1948)的一个观点:女人天生喜欢图形化的理解,男人天生追求抽象的思辨,所以,越来越多的报刊插图会毁掉男人头脑中的性别特征。

这样的观点代表了传统精英对崛起中的大众文化的愤怒和恐惧。

《每日邮报》问世不久之后,又一种革命性的变化出现了:报纸内容配上了插图。请你想想看,这样做是为怎样一种市场定位服务的?精英阶层又会有怎样的反应呢?

在回答这个问题之前,我们先看看《每日邮报》问世半个世纪之后,英国的报业变成了什么样子。我就不选学术性的材料了,只想用一部小说使你有一个直观而感性的认识。

阿加莎·克里斯蒂发表于1950年的小说《谋杀启事》在一开篇就

为我们呈现了一座英国小镇里的生活剪影，报纸是所有人一天生活的开始："除星期天外，每天早上七点半到八点半，乔尼·巴特总是骑着自己的自行车，在奇平克里格霍恩村子里绕上一圈，还一个劲地大声吹着口哨，把每家从位于高街的文具店老板托特曼先生处订的晨报扔进各户信箱——不论是大宅还是村舍。于是，他给伊斯特布鲁克上校夫妇家送去了《泰晤士报》和《每日邮报》；在斯威腾汉姆太太家，他留下了《泰晤士报》和《工人日报》；为欣奇克利夫小姐和默加特洛伊德小姐送去了《每日电讯报》和《新纪事报》；扔给布莱克洛克小姐家的是《电讯报》《泰晤士报》和《每日邮报》。每逢星期五，他都要给这些订户——实际上包括村里的每家每户——投递一份《北本罕姆新闻和奇平里格霍恩消息报》，在当地简称《消息报》。"

大家读阿加莎的推理小说，一般只会注意情节和诡计，对以上这种内容往往视而不见。其实，只要稍稍读慢一点，细致一点，就能读出许多民俗学的味道。我们可以从这段话里知道，一座小镇竟然能有这么多种报纸，还能看到什么身份、什么性格的人物角色会选什么样的报纸，这是有讲究的。而所有的人虽然各有各的口味，却有一个共同的选择，那就是当地的地方报纸。一个小地方很难有什么大新闻，那些鸡零狗碎的事情很难吸引外地人的关注，但只要是本地人，就无一例外地关注本地新闻，何况地方报纸还扮演着"同城信息中介"的角色，为大家提供便利。

所以，在拿到报纸之后，小镇居民的普遍阅读习惯是这样的：先是草草扫一眼大报的标题，诸如"联合国今日开会""金发打字员被害"之类的，然后就迫不及待地翻开本地的《消息报》，一头扎进本地新闻。阿加莎写道："通讯栏目把乡村生活里刻骨铭心的恩恩怨怨和旧恨新仇表现得淋漓尽致。飞快瞥过此栏之后，订户们十有八九便转入个人简讯栏目。该栏目是个大杂烩，上面什么乱七八糟的文章都有，譬如卖东西的，买东西的，急聘家佣的，以及数不清的有关狗的插页，家禽及园艺器械通知；此外还有一些形形色色的花絮，令居住在奇平克里格霍恩这个小地方的人们倍感兴趣。"（何克勇译，人民文学出版社，2007年）

我们看到《每日邮报》开创历史先河之后，不断有人把这条路越拓越宽，把报刊品位越做越低，地方小报占据了阅读生活的重心。貌似普及教育的最大成效，反而使传统的知识精英变成了边缘人。这就像宗教改革时期，本土语言的《圣经》译本使精通拉丁语和神学的教士阶层没了用武之地。

在阿加莎笔下的奇平克里格霍恩村的订阅目录里，我们见不到斯宾塞曾经供职的《经济学人》。还有一个足以使斯宾塞莫名惊诧的现象，那就是女性读者竟然占了多数。

北岩勋爵正是这种风气的始作俑者。早在1891年，他创办了一份叫作《勿忘我》(*Forget-Me-Not*)的周报，专门针对那些接受过普及教育的女性，不仅继续沿用了低价策略，甚至丧心病狂地给报纸配了插图！

这着实惹恼了许多人。既爱书成癖又鄙视女性的作家霍尔布鲁克·杰克逊撰文抨击，说女人天生喜欢图形化的理解，男人天生追求抽象的思辨。我们不难想见在貌似人畜无害的报刊插图的背后潜藏着的致命隐患：当这种阅读形式普及开来，进入男人的世界，男人也会渐渐依赖图像来辅助思考，因此丧失掉头脑中弥足珍贵的性别特征。

确实可怕。

(2) 庸俗而危险的摄影术

这种风险不容小觑，因为女人气是格外可怕的。

古斯塔夫·勒庞以近乎危言耸听的口吻警告过他的读者："任何地方的群体都有些女人气，拉丁族裔的群体则女人气最多，凡是赢得他们信赖的人，命运会立刻为之大变。但是这样做，无一例外地等于在悬崖边上散步，不定哪天必会跌入深渊。"

勒庞是研究群体心理学的鼻祖，他的《乌合之众》在今天仍然很流行。在他看来，群体情绪的表现就像女人一样，动不动就走极端，也不会存疑地审慎，怀疑一说出口，立刻就会成为不容辩驳的证据。形象地说，一群男人乌合在一起，就变成了女人。而报纸插图的出现意味着男人不用乌合就会染上女人气了。

在许多知识精英看来，普及教育带来的大众文化绝不仅仅意味着性征的模糊和消失，而是意味着一切个性的消失。在文明的进程中，精英丧失了领军地位和话语权，眼睁睁看着声势浩大的乌合之众主宰一切，正如互联网云端每秒钟以亿万为单位增长的照片淹没了美术馆里的大师名作。

早在数码技术出现之前，摄影术就已经是精英们深恶痛绝的发明了。伊斯特莱克女士在1857年的《摄影》一文中讲到自己的观察时说："普通人大多渴望廉价、即时、准确的图像记录。"没错，直到今天，各个旅游景点上摆造型拍照的普通人仍然是这副样子，只不过对"准确"有了新的追求，会用各种美颜软件美化自己的模样。波德莱尔早就被气疯了，谴责摄影术是悖理逆天的勾当，使得卑劣的民众去"凝视自己平凡的形象"，让本该富于美感的社会变得丑态百出，让人想躲也躲不开。1936年，本雅明发表名作《机械复制时代的艺术作品》，说摄影术的出现把艺术推向了绝境。

如果艺术作品不见容于机械复制时代，抒情诗人不见容于发达资本主义时代，精英文化会不会同样也不见容于平民时代呢？

传统型的文化精英最推崇的作者和读者是血淋淋的，满脸的苦大仇深。

王国维在《人间词话》里有这样一段话:"尼采谓:'一切文学,余爱以血书者。'后主之词,真所谓以血书者也。"

这是借用尼采的话,说南唐后主李煜的词是"以血书者"。又因为尼采说"一切文学,余爱以血书者",似乎这种用血写就的文学作品层次最高。

在一个健全的社会里，书要少，文盲要多

（1）不讲逻辑的尼采

在一个健全的社会里，书要少，文盲要多，你会如何理解这样的观点呢？

如果根据尼采的标准，"一切文学，余爱以血书者"，貌似少流一点血总是好的，那么，作者不必血淋淋地去写，读者也不必血淋淋地去读，皆大欢喜。

当然，尼采实际的意思是，凡不是用血写成的文字，都没必要存在，凡不是准备好用血去读的人，还不如什么书都不读，否则社会只会越来越庸俗、堕落。

"一切文学，余爱以血书者"，这句话出自尼采的《查拉斯图拉如是说》，这本书以20世纪30年代徐梵澄的译本《苏鲁支语录》最著名。徐译本的原文是："凡一切已经写下的，我只爱其人用其血写下的。用血写，然后你将体会到，血便是精义。"但在新译本里，"血"变成了"心血"："一切写作之物，我只喜爱作者用自己的心血写成的。用你的心血写作吧，你将知道心血便是精神。"很遗憾，我没有阅读德语原文的能力，无法判断译本的优劣，只能说徐译本更诗意些，新译本更通俗些。

联系《苏鲁支语录》的上下文来看，尼采首先要表达的意思是，最高端的作品是作者用血写就的，所以，读者就算不必同样用血去读，至少也要做出用血去读的姿态，因为别人的血总是不容易读懂的；以消闲的态度来读书的人是最可恨的，但无奈这样的人最多，所以最好不要让每个人都有读书的权利，否则的话，不但会损害写作，更会损害思想。

在今天这个文化快餐的时代，我们不得不承认尼采的这番见解虽然貌似偏激，却是真正的远见卓识。阅读要么是一种功利行为，譬如为了考研、考公务员、考事业单位、考各种资格证书；要么是一种纯粹的休闲娱乐，譬如用各种玄幻小说和爱情故事来消磨时光；即便是阅读真正意义上的文学、艺术、思想类的作品，事情也会像19世纪美术评论家冈仓天心所哀叹的那样，群众毫无鉴赏力，只会追流行。（附录1）

但无论我们是否喜欢这样的情形，也必须承认这就是平民社会所必然呈现的阅读风尚。尼采与冈仓天心都是在徒劳地缅怀那个终将随风而逝的贵族社会。而且，即便真的在贵族时代，贵族从来也是为数不多的。

尼采还提出了下述两个命题：①深知读者的人，不会再给读者写作；②读者应该是"伟大高强"的。如果我们采用第一个标准，今天的书店里至少会减少九成以上的图书。如果我们采取第二个标准，今天的社会上至少会减少九成以上的读者。

如果图书真的减少了九成，读者也真的减少了九成，各大媒体一定会用头版头条来惊呼这种"全社会的灾难"，但尼采一定会说："这非但不是灾难，反而是一个健全社会应有的样子。"

是的，尼采是普及教育最坚决的反对者。在维多利亚时代，欧洲的知识精英深受尼采思想的影响——至少可以说，他们在文化阵地不断失守的灾难中，从尼采的著作里寻到了一处心灵港湾。在这种意义上，尼采的著作其实也是一种心灵鸡汤。上一节讲到的那位霍尔布鲁克·杰克逊，就是一位深受尼采影响的作家。

你如果非要刨根问底，质问尼采："你这些观点无非是一种态度，而不是证据充分、合乎逻辑的结论。我们凭什么信你？"

如果你真的怀有这样的疑问，那么恭喜你，你问到了点子上。但尼采会这样回答你："我凭什么要讲逻辑？我凭什么要拿证据和逻辑说服你？我就是不讲逻辑，你能把我怎么样？"

你也许会气急败坏，撕扯着尼采的衣领说："你这样一个大思想家，怎么可以像小孩子一样耍赖呢？"

尼采会说："我们就是要像小孩子一样才好，至少要像小孩子一样服从本能，抛弃逻辑。逻辑是坏东西，因为高贵的人和卑贱的人都使用同样的逻辑。一种东西，如果高贵的人和卑贱的人都一样使用，它显然就不高贵。所以，别跟我谈逻辑，这等于侮辱我！但人和人的本能不同，有些人像狮子，有些人像猪，有些人能发出太阳一般的光芒，有些人像煤块一样黯淡。"

小心谨慎地使用逻辑，这竟然是很卑鄙的事情。煤块试图用逻辑证明自己，但太阳什么都不说，只是用光辉笼罩了一切。这，就是不讲理的极致啊。

但是，时代大势毕竟浩浩汤汤，不是尼采和他的信徒们能够阻挡的。我们很快就遇到了别样的世界和别样的文化。

(2) 安迪·沃霍尔：商业是最好的艺术

安迪·沃霍尔（Andy Warhol, 1928—1987）宣讲"商业是最好的艺术"。

作为20世纪波普艺术的领军人物，安迪·沃霍尔创作了许多不朽名作，他把那些很为传统精英所不齿的东西，诸如玛丽莲·梦露的照片、金宝汤食品罐头、可口可乐瓶子，用丝网印刷一遍又一遍地复制，毫无艺术家应有的原创意识。这样的"艺术品"在拍卖市场上卖出天价，这注定是达·芬奇和米开朗琪罗无法理解的怪事。

今天我们不容易理解《100个金宝汤罐头》这幅画的意义，如果我们生活在安迪·沃霍尔的时代，或者更早一些，就会经常在文学作品里看到知识精英对罐头食品的嘲讽。而且，小说里的角色，只要是经常吃罐头食品的，一般都是粗俗、呆板的小职员。罐头食品恰恰像是知识精英最厌恶的"大众"，千人一面，缺乏灵魂，违反自然。所以，安迪·沃霍尔这幅画把知识精英厌恶的元素全部集齐了：金宝汤罐头是最有名、最普及的罐头食品；100个罐头紧凑排列，把"毫无个性""按部就班"充分强调出来；丝网印刷，这又是典型的机械复制手段，违反自然。这样的作品是底层对上层、粗俗对优雅、工业对自然、新时代对旧时代的公然挑衅。

是的，安迪·沃霍尔抓住了大众文化的核心特质，还高调地把大众文化中的"不雅"标榜出来，他的每一幅画都仿佛是对老派知识精英的挑衅："我就是喜欢看你们看不惯我又弄不死我的样子。"

所以，这样的艺术品究竟有多少艺术价值呢？范·维克·布鲁克斯评价马克·吐温《镀金时代》的一段话很适合用在这里："这不是一本优秀的小说；从艺术的角度来讲，几乎是一部彻底失败的小说。然而，就好像低劣的作品经常做的那样，它恰恰包含了那个时代的精神；换句话说，它讲述了一个故事，因为没有其他的和更好的故事，所以有充分的理由将其称为现代美国的《奥德赛》。"

话说回来，现代派的文学采取了另外一种回应方式，意识流小说是其中最有代表性的。我自己是看古典小说长大的，第一次看到弗吉尼亚·伍尔夫和詹姆斯·乔伊斯的作品，有一种被乱棍打晕的感觉。诗歌的世界也掀起了同等程度的波澜，如果说伍尔夫的小说里每一句都是明白晓畅的语言，组合在一起却使人不知所云的话，那么T.S.艾略特的长诗《荒原》连语句本身的明白晓畅都不曾有过。这些在今天已经被奉为大师的名家、被奉为经典的名作，究竟何以这样古怪？

精英文化的领军人物弗里德里希·尼采和大众文化的旗手安迪·沃霍尔观点对立，在两种观点的对立里，我们看到了传统精英的深刻忧患，他们认为普及教育带来的大众文化绝不仅仅意味着男性性征的模糊和消失，而是意味着一切个性的消失，姹紫嫣红的世界变成了"100个金宝汤罐头"。在文明的进程中，精英丧失了领军地位和话语权，眼睁睁看着声势浩大的乌合之众主宰一切。斯宾塞当初对普及教育的担忧，就是以这样的方式成真了。

附录1

冈仓天心《茶之书》："令人非常遗憾的是，当今人们对艺术作品的表面上的狂热，其实并没有真实的感情基础。在我们这个民主的时代，人们无暇顾及自己的感觉，而是纷纷扰扰地追捧世间普遍认为最好的东西。他们追求的是高价，而不是高雅；他们追求的是流行，而不是美。对于普通大众来说，比起他们假意推崇的早期意大利或足利时代的巨匠，他们所身处的工业时代的高级产品——花花绿绿的杂志，能够为他们提供更加容易消化的艺术享受的食粮。对他们来说，比起作品的质量本身，艺术家的名气更为重要。正如几个世纪前的一位中国评论家曾经慨叹的那样：'世人用耳朵来评论绘画。'正是真正鉴赏力的缺失，造成了今天仿古作品泛滥的局面。"

现代文学为什么晦涩难懂

(1) 存心晦涩：文化精英的反击

很多现代派文学作品之所以晦涩难懂，是因为面对大众文化的崛起，一些作家固守传统知识精英的立场，刻意和大众读者拉开距离。

我们看那些古典小说，无论优劣，总要有跌宕起伏的情节和各色人物的塑造，简言之，要有人物，有故事。但是，随着普及教育的推广和《每日邮报》的创新，各类地方小报风起云涌，这类报纸就像阿加莎·克里斯蒂为我们虚构的《消息报》那样，其中的"通讯栏目把乡村生活里刻骨铭心的恩恩怨怨和旧恨新仇表现得淋漓尽致"。这样一来，小说和新闻变得越来越相似了。那些地方新闻不仅和小说一样有故事，有人物，那故事更是老百姓身边的故事，人物更是老百姓身边的人物，比小说更能勾起读者的兴趣。

如果我们看到这样一个新闻标题——《逃犯摇身变市长，却在人生巅峰带着厂花幼女重上逃亡路》，这当然会比《悲惨世界》这种题目更能吸引读者，更重要的是，在那些虽然识文断字却缺乏文学素养的读者看来，后者和前者明明就是同一类故事。如果非要找出区别的话，那就是雨果写得太啰唆了，明明是一个报纸篇幅的故事，为什么非要写成上千页的大厚书呢？更可恨的是，开场七八十页都在讲一个神父，你肯定认为他是主人公，看了好久才发现他只是个跑龙套的。书写到一半，忽然又抛开主线，花了七八十页去讲滑铁卢之战，这种作者为什么不改行去卖裹脚布呢？

时代变了。新时代的呼声让旧时代的文学家很想不通。该怎么应对这种局面呢？顺理成章的逻辑是这样的：大众读者既然会拿报纸的标准衡量我们的作品，就说明他们看不出严肃文学和报刊文章的区别，那么，只要我们把这种区别搞得很明显，让谁都一目了然，那么，从此以后，文学的归文学，报纸的归报纸，大道朝天，各走一边。

你当然可以嫌这些人放不下架子，但是，这种想法其实也是一种很高明的营销思路。从西方文学的变迁史上可以得出这样的理解：这就是一种崖岸自高的姿态。对于我这种既没头衔也没名气的"社会闲杂人等"，这种做法的意义尤其重大。

所以，在小报流行之后，认真的小说家会有一种很强烈的动机，要让自己的作品从直观上就能够区别于小报新闻，于是提高阅读门槛，存心不让普罗大众看懂。常常有人抱怨，说看不懂20世纪的很多小说和诗歌。没错，这是因为作家提高了准入门槛，故意作怪。

1922年，T.S.艾略特创办文学季刊《标准》(*The Criterion*)，立志以传统的精英格局为全社会制定文化标准，但这份杂志的发行量在最好的时候也只有可怜兮兮的800份。这件事有着醒目的象征意义，它不仅意味着文化标准被颠覆了，还意味着文化标准的自然秩序被颠覆了——自上而下变成了自下而上。如果斯宾塞看到这样的惨状，一定会痛心疾首地说："这是对自然秩序的逆行，是普及教育揠苗助长的恶果。"

这就会引发一个问题：如果商业是最好的慈善，如果商业是最好的艺术，教育为什么不应该交给自由市场，让每个人根据自己的情况自由选择呢？

还有一个更深层的问题：无论我们依据道家哲学也好，依据斯宾塞的"任天为治"也好，教育貌似是一种很不自然的东西，我们为什么需要教育呢？

(2) 我们为什么需要教育

这是一个很极端的问题，但只要打上几分折扣，它就会变成我们熟悉的模样。

我们常常听到素质教育和应试教育之争。在应试教育的环境下，小孩子过早地失去了天真烂漫，过早地戴上了眼镜，被沉重的书包压弯了腰，所以有人呼吁为中小学生减负，也有人呼吁寓教于乐，让孩子在游戏中自然而然地学习、成长。

这真是老生常谈了。小孩子在教育中饱受折磨，这并不是近几十年才有的事情。

狄更斯的名著《大卫·科波菲尔》，以前译作《大卫·考坡菲》，发表于1849年，斯宾塞二十九岁那年。书中用第一人称回顾早年生活，有一段讲到继父和继父的姐姐如何不近人情地监督他的学习，让他那幼小的心灵情不自禁地抚今追昔、忆苦思甜，怀念和母亲两个人生活的时候，学习是何等愉快的事情。(附录1)

狄更斯在这段话里透露出这样一种见解：教育原本是应当顺应天性的，像"母亲"那样，却偏有人把它弄得违逆天性，像"继父"那样。

从"顺应天性"的角度来看，让一个小孩子自动自发地成长应当才是最好的。斯宾塞认真考虑过这个问题，他说，一颗橡子丢在地上，自然就会长成橡树，小孩子为什么就不行呢？(附录2)

这样的话虽然犯了"幸存者偏差"的毛病，完全没有考虑到成千上万颗橡子里也许只有一颗长成橡树。但只要我们不太苛求的话，就会感觉这很像老子和庄子的意见。但是，斯宾塞毕竟比老庄多出来两千多年的文明积淀，眼界也因为大航海时代的缘故而开阔许多，所以道德的多元化在他看来是一个不争的事实。此时此地的道德未必就是彼时彼地的道德，因为人是要适应环境的。

斯宾塞发现，小孩子和原始人很像，他们自私，会说谎，喜欢搞破坏和虐待小动物，这都是我们无法容忍的，所以才要通过教育手段把他们改造过来。但我们不妨想象一下，这些特质正是原始人在自然环境里的生存优势，所以，会暴力，会欺诈，才是一名合格的原始人。所以，原始人可以像所有的动植物一样，"自发地成长为一个正常的人"。

但是，社会变了，19世纪的人口压力是原始人根本无法想象的，人类的生活模式已经从小部落变成了大社会，天性中的原始倾向就有了被抑制的必要。从拉马克进化论的角度来看，这就意味着环境变化了，但人的进化还没能跟上。如果请斯宾塞来评价《老子》，他会认为老子虽然也主张"任天为治"，但错就错在把"天"或者说把"自然规律"看成一成不变的了。

所以，"教育"就意味着人应当改变自己来适应新的环境。但这很难吗，需要很多的刻意和折磨吗？斯宾塞并不以为然，他相信，随着文明化的进程，道德会"用进"，野蛮会"废退"，小孩子将会"自发地发展成适合今后生活要求的形态"。（附录3）

是的，一切都会好的。让我们好好看看《社会静力学》里最振奋人心的一段话："进步不是一种偶然，而是一种必然。文明并不是人为的，而是天性的一部分；它和一个胎儿的成长或一朵鲜花的开放是完全一样的……可以肯定地说，邪恶和不道德必然要消失；可以肯定地说，人必然要变得完美无缺。"（附录4）

这是基于拉马克主义的推理。"自然生长"之于斯宾塞,正如"看不见的手"之于斯密。在斯宾塞看来,社会这个有机体是一个超级复杂的复杂系统,不是能计划、能预测、能控制的,人为干预只会适得其反,不要去做揠苗助长的蠢事。

但是,偏偏很多政府行为不仅愚蠢、低效,甚至败坏道德,比如慈善事业。慈善事业如何会败坏道德呢?

附录1

《大卫·考坡菲》:"那种学习,是我永远也忘不了的!……我和我母亲两个人一块儿过日子的时候,我对于学习,本来很灵快,很喜欢。我现在还模模糊糊地记得我在她膝前学字母的情况。一直到现在,我看到了童蒙课本上那种又粗又黑的字母,它们那种使人迷惑的新异样子,还有O、Q和S这三个字母那种好像笑嘻嘻的样子,就好像又和从前一样在我面前出现。它们并没有引起我厌恶或者勉强的感觉。不但没有那样,我还好像一路走的都是花儿遍开的地方,我就那样一直走到讲鳄鱼的书,并且一路上都有我母亲温柔的声音和态度,来鼓励我前进。但是现在接着那种学习而来的严厉课程,我记得,却把我的平静一击而歼灭无余了,使课程本身,变成天天得做的苦活儿、天天得受的苦难了。我现在学的功课,又长,又多,又难——其中有一些,我完全不懂——对于这些功课,通常我总是完全莫名其妙,我相信,就跟我那可怜的母亲一样。"(张谷若译,人民文学出版社,1980)

附录2

《社会静力学》:"究竟为什么需要教育呢?为什么儿童不能自发地成长为一个正常的人呢?……在所有其他生物中,我们发现种子、胚芽都不需要外力帮助就达到完全的成熟。在地里丢下一颗橡子,到适当的时候它就会变成一株健壮的橡树,既不需要修剪,也不需要整枝。昆虫在没有外力帮助的情况下通过几次变形而达到最后的形态,从而具有各种必要的能力和本能。不需要任何强制就可以使小鸟或小兽采取适合于未来生活的习惯:它的性格和它的身体一样,自发地与它在世界上必须扮演的角色完全适应。"

附录3

《社会静力学》:"可是我们已经知道,野蛮人的本能必然由于不活动而减少,另一方面,社会性状态唤起的情感必然由于运用而增长。这些改变将要继续下去,直到我们的欲望和我们的环境一致起来。当达到了道德成为其有机构成的最终状态,儿童性格发展中的变态就会消失。这位年轻人将不再是大自然中的例外,而将自发地发展成适合今后生活要求的形态。"

附录4

《社会静力学》:"进步不是一种偶然,而是一种必然。文明并不是人为的,而是天性的一部分;它和一个胎儿的成长或一朵鲜花的开放是完全一样的。人类曾经经历和仍在经历的各种改变，都起源于作为整个有机的天地万物之基础的一项规律。只要人种继续存在，事物的素质保持原样，这些改变必然会以完美告终。正如可以肯定地说，单独耸立的一株树长得粗壮，而在群树中的一株树就长得细弱；可以肯定地说，铁匠的臂膊长得很长，劳动者的手皮肤粗糙；可以肯定地说，水手的眼睛往往会变得远视，而学生的眼睛则往往会变得近视；可以肯定地说，办事员会获得写算的速度；可以肯定地说，音乐家能学会在别人觉得嘈杂的声音中觉察到一个半音的差错；可以肯定地说，一种激情被放纵时就要增长，受约束时就要减弱；可以肯定地说，被人漠视的良心会变得迟钝，而被人遵从的良心会变得活跃；可以肯定地说，诸如习惯、风俗、惯例这类名词都具有意义——同样可以肯定地说，人类的各种机能必然会训练成完全适合于社会性状态；可以肯定地说，邪恶和不道德必然要消失；可以肯定地说，人必然要变得完美无缺。"

※ 第六章

狄更斯的《圣诞欢歌》和《古教堂的钟声》

当鸡汤成为经典

(1) 一部小说奠定圣诞节的习俗与调性

我们来看一部也许是历史上最有慈善影响力的小说——查尔斯·狄更斯的《圣诞欢歌》，还有它的姊妹篇《古教堂的钟声》。

你已经知道，我这本书里边谈到文学作品，一定不会只从文学角度着眼。所以，我谈狄更斯，是为了辅助上一章内容里的慈善主题，让感性的狄更斯和理性的斯宾塞来做一个有趣且有益的对照。下一章我还会请回斯宾塞，从他的角度来回应狄更斯小说里的人文关怀。现在，我们就要进入《圣诞欢歌》的内容了。

小说的题目"圣诞欢歌"，原文是"A Christmas Carol"。"carol"专指圣诞歌曲，相应地，唱圣诞歌曲的歌手叫作"caroller"。根据英国旧俗，每逢圣诞节，民间歌手会挨家挨户去唱圣诞歌曲。这种风俗至少可以追溯到中世纪，那时候有维护秩序的巡官定期在市镇巡查，他们中间就有歌手。

正如小孩子在万圣节挨家挨户敲门索要糖果一样，圣诞节的民间歌手也可以得到主人家的馈赠——那是一种叫作"wassail"的热饮，中文里没有与之对译的词，它一般是用苹果酒加香料煮的。它不是用普通酒杯来盛的，它会用到一种小盆一样、必须双手来捧的大号容器，叫作"wassail bowl"。"wassail"这个词有着很古老的语源，很可能是随着维京海盗来到英国的挪威语，一句祝酒的吉祥话。

狄更斯写作《圣诞欢歌》的时候已经是一个功成名就的作家了，但收入的增加竟然抵不上开销的增加，于是，他要趁着圣诞档期唱一首自己的"carol"，换一碗丰盛的"wassail"。所以，这部以慈善精神闻名世界的文学名著的创作动机并不高尚，这种动机和效果的悬殊感应该是亚当·斯密最津津乐道的。

书名直译过来就是"一首圣诞歌曲"。当然，它是一部小说，但狄更斯偏要给它披上一身歌曲的外衣，所以章节以"stave"来代替"chapter"，不叫第一章、第二章……而叫第一节歌、第二节歌……

1843年的圣诞节前夕，也就是斯宾塞二十三岁那年，狄更斯发表了这部《圣诞欢歌》。（附录1）人们今天过圣诞节的习俗和调性——比如家庭聚餐、互换礼物——在很大程度上就是由这部小说确立的。

在欧洲的传统里，唱圣诞歌曲是这个节日里很重要的一环，其中不乏一些很古老的旋律，还有第一流的诗人写下的歌词。（附录2）

（2）心灵鸡汤的伦理价值

其实，今天过圣诞节的这些传统倒并没有多么"历史悠久"。在《圣诞欢歌》的写作时代，圣诞节不太受人重视。尤其在英国，随着工业革命的兴起，慢条斯理的农耕时代成为令人感慨的往事，越来越多的人拥挤在伦敦这样的大城市里，仿佛是被利维坦吞入腹中的鱼虾。快节奏的工作、微薄的薪水以及永远求之不得的闲暇，使"过节"这种事情简直就要从人们的意识里被抹除掉了。

那正是史家所谓的"饥饿的四十年代"（The Hungry Forties），即英国的19世纪40年代，社会巨变、贫富差距拉大、劳资矛盾尖锐，借用《双城记》里的名言，即"这是最好的时代，这是最坏的时代……人们正在直登天堂；人们正在直下地狱"。如果可以补充一句的话：直登天堂的人忙于攀登，直下地狱的人忙于挣扎，总而言之，谁都既没时间也没心情来好好过一个节。

《圣诞欢歌》就是在这样一种环境里横空出世的。它如此强烈地激发起人们过圣诞节的热情，以至狄更斯的形象简直要和圣诞老人的形象合二为一了。法国作家莫洛亚在《英国名人研究》里写道："1870年，当狄更斯的死讯传到英国、美国、加拿大和澳大利亚的家庭中时，人们就像死掉了亲人一样。一个孩子问道：'如果狄更斯先生死了，圣诞爷爷是不是也会死呢？'"

然而，我们必须承认的是，《圣诞欢歌》的大获成功绝不是因为它多么深刻，而是因为它简直就是一锅足材足料的心灵鸡汤，正如许许多多的畅销书一样。这倒不是什么丢脸的事情，因为在那样一个艰难时世，任何一点慰藉——哪怕是虚幻的慰藉——本身就有其伦理价值。

（3）两种经典角色：有钱的好人和有钱却没有人情味的坏人

如果仅仅从文学价值来看，《圣诞欢歌》无论如何都不能算是一部好的小说，甚至可以这样说，它是今天的读者们最讨厌的一种小说，完全是一部道德寓言，每一个字符都带着一种故作谦卑的高高在上的姿态，俯下身来对你说教；人物的塑造是高度脸谱化的——如果"吝啬"这个词被大写出来，被赋予生命，那么无论是谁，都一定会在第一眼就把它认作书中主人公斯克鲁奇（Scrooge）的孪生兄弟。事实上，斯克鲁奇的名字在英语里早已经成为"吝啬鬼"的代名词了。

和一切头脑敏捷的小说家一样,狄更斯是很擅长写刻薄话的。他花了许多笔墨来刻画斯克鲁奇这一形象。如果只可以选一句话来概括斯克鲁奇的特点,那么我一定会选出"他总是带着自己一身的冷气,人走到哪儿,就带到哪儿"。

斯克鲁奇是一个从社会底层打拼上来的成功商人。如果使用"单纯"一词的字面意义的话,我们可以说斯克鲁奇先生是一个无比单纯的人,除了钱,他漠视任何人和任何事,包括他的亲人。

偶尔也会有不甚了解他的人误打误撞进入他的世界——在那个寒冷的圣诞季,有个小孩子凑上斯克鲁奇门上的钥匙孔,献唱了一支圣诞欢歌,但斯克鲁奇马上抓起戒尺冲了过去。

小孩子的做法其实正是前边提到的中世纪风俗的遗存,而斯克鲁奇如果遵循当时"wassail"的传统,至少要拿一杯热饮来招待这个孩子,但他竟然抓起了戒尺。

读者读到这里,一定是很想抢过戒尺,反过来教训一下斯克鲁奇的。作家很快就请出三位幽灵来代劳了。三位幽灵先后展示幻象,带着斯克鲁奇经历了美好人间的温情场面,又看了刻薄者的凄凉终老与死后其灵魂所遭的报应。斯克鲁奇受到了太大的震撼,于是洗心革面、痛改前非,在故事结尾完成了一番脱胎换骨,变成了一个喜气洋洋、乐善好施的人:"他成为这个又好又老的城市所知道的,或者这个又好又老的世界上任何一个别的又老又好的都市、城镇和自治市所知道的再好也没有的朋友,再好也没有的东家和再好也没有的人。"

故事就这样结束了,在满满的温情之外,留下了两个冷冰冰的问题:斯克鲁奇是做金融信贷的,如果变成一个慈眉善目、乐善好施的人,破产的概率有多高呢?如果转变的代价就是破产,对他而言划不划算呢?

附录1

《圣诞欢歌》之后形成一个传统，一直到1848年，除了1847年，狄更斯在每年的圣诞节都要发表一篇圣诞主题的中篇小说，分别是《古教堂的钟声》(1844)、《炉边蟋蟀》(1845)、《人生的战斗》(1846)和《着魔的人》(1848)。《圣诞欢歌》是其中最家喻户晓的一部，它之于圣诞节的意义无论怎么估量都不为过。

圣诞节应当是一个充满宗教情怀，给人力量和希望的节日。当然，对绝大多数中国人来说，圣诞节不过是多了一个自我放纵的借口，也让商家多了一个促销的噱头。商场里的背景音乐早已经换作各式各样的圣诞歌曲，但是，逛商场的人很少意识到这种变化，他们只能从圣诞树、彩灯、圣诞老人和驯鹿的造型上感受节日的气氛。这也难怪，中国人对圣诞歌曲的了解很少，除了《铃儿响叮当》，通常就辨识不出其他的旋律了。

附录2

有一首至少已经流行了四百年的歌曲在圣诞季还常常能在商场的背景音乐里听到，歌名叫作"God Rest You Merry, Gentlemen"，很显然这不是现代英语，可以粗略地翻译成"上帝保佑你幸福，老爷"。这种英语属于"Early Mordern English"，介于古英语和现代英语之间，莎士比亚讲的就是这种英语。"Rest You Merry"如果转换成现代英语，大约就是"make you happy"，或者"keep you happy"。"rest"的这种用法在现代英语里已经消失了，所以这个歌名经常会被点错标点，变成了"God Rest You, Merry Gentlemen"。

每年圣诞节，BBC Music 都有一张封面主推的圣诞专辑，去年主推的是以无伴奏和声著称的国王歌手合唱团（The King's Christmas）的同名圣诞专辑，专辑有个副标题，叫作"各个时代的节日音乐"，其中就收录了这首"God Rest You Merry, Gentlemen"。这首歌曲就曾经出现在狄更斯的《圣诞欢歌》里。

如果价值是主观的，
那么过节和不过节各值多少钱

（1）狄更斯对"买卖"的理解

斯克鲁奇是做金融信贷的，如果变成一个慈眉善目、乐善好施的人，破产的概率有多高呢？如果转变的代价就是破产，对他而言划不划算呢？

狄更斯不太关心这种问题，他很喜欢塑造的一种形象就是"有钱的好人"，但一个人不可能真的好到这种地步，到处操闲心，到处散钱，除非他是梁山好汉。乔治·奥威尔早就质疑过，说这种人就像童话里的教母，"任何一个那么心急地要把钱送掉的人，首先是绝不可能得到钱的"。

如果请奥威尔来设计斯克鲁奇的结局，很可能会是破产。但我们必须想到，这时候的斯克鲁奇已经脱胎换骨了，人生境界不一样了，对破产这种事早就无所谓了。因为他的脱胎换骨既可以说是被感化的结果，也可以说是精打细算的结果。是的，在狄更斯设计的场景里，同时也是基督教的宇宙观里，一个人的今生今世比起他的永生永世来说实在短暂得微不足道，所以，用今生今世的刻薄寡恩换来永生永世的披枷戴锁当然再愚蠢不过。而相反地,用今生今世的乐善好施,哪怕是吃了天大的亏,换来永生永世的幸福喜乐,哪还有比这更划算的买卖呢?

狄更斯会为自己辩解说:"这是信仰,不是买卖,请不要把如此悬殊的两个词混为一谈。"但是,这两个词真的很悬殊吗?

狄更斯对"买卖"有一种很原始的认识:它是可以量化的、冷冰冰的、只和"事实"相关的。最典型的例子就是《艰难时世》的主人公葛擂硬先生,一个退休的五金商人,把人生完全看作一种"隔着柜台的现钱交易"。他的为人处世都从这样一条原则出发:"二加二等于四,不等于更多。"所有问题,包括人性,在他眼里都只是简单的算数问题。(附录1)

当然,这样的文学形象难免会有脸谱化的嫌疑,但我并不是要讨论文学,而是想说,这样一个脸谱,完全是一个重商主义者的样子。

重商主义,对这个词绝不能做顾名思义式的理解,因为它与"自由贸易"基本是站在对立立场上的。亚当·斯密的《国富论》花过很大的篇幅来破除当时流行于欧洲的重商主义的迷思,书中第四篇第一章的题目叫作"商业主义或重商主义的原理",开头一段对重商主义的描述就很能使我们想起葛擂硬先生的论调:"财富由货币或金银构成,这一通常流行的见解,是自然而然地因货币有两重作用而产生的。货币是交易的媒介,又是价值的尺度。……按照通俗的说法,财富与货币,无论从哪一点看来,都是同义语。"

显然,重商主义很符合人们的直观感受。由此我们可以向着相反的方向问一个问题:哪些东西是不可以量化的,不可以用货币衡量的,或者说,不实际的?

(2) 另一种经典角色：善良和快乐的穷人

回到《圣诞欢歌》，斯克鲁奇有一个贫穷却乐天的外甥，恰好和斯克鲁奇本人的富有却冰冷形成了角色塑造上的反差。外甥登门造访，祝舅舅圣诞快乐，舅舅却"呸"了一声，然后只说了一句"胡闹"。

舅舅不能理解外甥："你这么穷，有什么理由可以快乐，有什么权利可以快乐？"外甥同样不能理解舅舅："你这么富，有什么理由可以不快乐，有什么权利可以不快乐？"

斯克鲁奇轻易就给出了外甥之所以不该在圣诞节这么快乐的理由："对你来说，圣诞节不过是一个没有钱还账的时节；一个发现自己大了一岁，可是随着时光流逝并不多一点钱的时节；一个年底结账，结果发现整整十二个月里笔笔账都闹亏空的时节；除此以外，还有什么意义？"（附录2）

这位从未受过舅舅善待的外甥这一次到访是为了邀请舅舅到自己家里过节，但舅舅很严厉地回答道："你按照你自己的方式去过圣诞节，让我按照我自己的方式来过圣诞节吧。"

但是，斯克鲁奇这样的人究竟会怎么过节呢？外甥无法理解，所以很诧异地说道："但是你并不过节呀。"

于是，斯克鲁奇用一个重商主义者的腔调答道："那么，就让我不过节吧。但愿这个节日会给你许多好处！它到底给过你多少好处呀？"

在斯克鲁奇的"尺子、天平和乘法表"的计算结果里，过节是一桩有百害而无一利的事情，尤其对于在贫困线上为一家人辛苦挣扎的外甥而言。但是，他这个也许并不天赋异禀的外甥给出了全书中最精彩的一段议论，大意是说，圣诞节虽然没有带来金银，但的确带来了好处。（附录3）

外甥的这一番话让牙尖嘴利的舅舅无法反驳，然而，它是可以被合理反驳的。只要舅舅从重商主义的观念框架里跳脱出来,问外甥也问自己一个问题——一个涉及经济学内核的问题:所谓"好处",亦即这个节日"到底给过你多少好处"的"好处",究竟包括了哪些内容?

显然,在斯克鲁奇那里,实实在在的金钱上的收益才可以称得上"好处",所以,无论是他自己还是他的外甥,都没有从圣诞节上捞到任何好处。外甥所重视的那些由圣诞节带来的友好、宽恕、慈善、快乐,貌似真的不是金钱能够衡量的东西。但是,让我们换一种提问方式来问外甥:假如因为魔鬼作怪,圣诞节忽然消失不见了,那么为了恢复它的原貌,你愿意花多少钱呢?为了在这一年一度的日子里感受到那些友好、宽恕、慈善和快乐,你愿意付出多高的代价呢?

问题也同样可以抛给斯克鲁奇:你不是不愿意过节吗,如果花钱就可以为你免除过节的麻烦,那就请你开个价吧。

圣诞节就这样具备了商品属性。当然,这有点违背我们的直觉。很难说圣诞节是一个被劳动生产出来的东西,无论谁为它开出了怎样的价钱,我们都很难分析出剩余价值究竟何在。同样蹊跷的是,对这同一件商品,外甥会想花钱拥有它,舅舅却想花钱摆脱它——这也许应当换一种表述:他们两人想买的其实是不同的商品,外甥想买的是"过节",舅舅想买的是"不过节",尽管他们关注的节日其实是同一个。

于是,这些貌似虚无缥缈、不可量化的东西忽然变成了葛擂硬先生口中的"事实",变成了"一个简单的算术问题"。只不过它们所对应的"数字"完全是主观上的,绝没有一个客观标准。

那么,既然价值是主观的,既然富裕只是达成幸福的诸多途径之一,政府为什么一定要把发展经济当成自己的职责呢?为什么不可以把"加强人情味儿"或者把发展宗教情怀当成职责呢?

你可以慢慢去想。事实上,历史上的很多政府确实是这么做的。

附录1

葛擂硬的夫子之道是这样的一番话："先生，我叫汤玛士·葛擂硬，一个专讲实际的人，一个讲究事实、懂得计算的人。我这个人为人处世都从这条原则出发：二加二等于四，不等于更多，而且任凭怎么来说服我，我也不相信等于更多。……我口袋里，先生，经常装着尺子、天平和乘法表，随时准备称一称、量一量人性的任何部分，而且可以告诉你那准确的分量和数量。这只是一个数字问题，一个简单的算术问题。"（《艰难时世》）

附录2

中文有一个词语很可以和斯克鲁奇这番话发生共鸣，那就是"年关"。过年了，对于很多手头拮据的人来说绝不是一个喜庆的日子，因为它总是意味着额外的、难以承受却不得不去承受的开销，甚至意味着在亲朋好友面前颜面扫地。所以每年春节前的那段日子，偷窃和抢劫一类的治安事件总是比平时更多。

斯克鲁奇的外甥当然不会做这种作奸犯科的勾当，倒不是他道德感太强、胆子太小或者天赋异禀，而是因为他有一种健康的——至少是狄更斯认为健康的——生活态度。

附录3

斯克鲁奇的外甥是这样说的："有许多事情，我本来可以从中得到好处，可是我并没有去捞好处，圣诞节就是其中的一桩。……我总是把它当作一个好日子，一个友好、宽恕、慈善、快乐的日子；据我所知，在漫长的一年之中，只有在这时节，男男女女才似乎不约而同地把他们那紧闭的心房敞开，把那些比他们卑微的人真的看作走向坟墓的旅伴，而不是走向其他路程的另一种生物。因此，舅舅，圣诞节虽然从来没把丝毫金银放进我的口袋，但我还是相信它的确给了我好处，而且以后还会给我好处。所以我说，上帝保佑它！"

人穷就该多生娃

（1）守财奴与收藏家

斯克鲁奇付出莫大的牺牲，赚了那么多钱，却没有吃喝玩乐，日子还是过得苦哈哈的，这种单纯而机械的赚钱、攒钱的活法到底乐趣何在呢？

我们首先要看到的是，斯克鲁奇和他的外甥都是价值一元论者，只是价值观不同罢了。（附录1）

站在外甥的角度，确实不能理解为何舅舅挣下偌大一份家业却还总是一副闷闷不乐的样子；"懂得生活"的人同样无法理解金钱如何从达成目的的工具变成了目的本身。一定会有哲学家祭起"人的异化"这面大旗，然而，不可否认的是，积攒是一种容易成瘾的行为，积攒行为本身的确足以成为一个人最稳定可靠的快感来源。如果斯克鲁奇一生致力于集邮，把所有的进账都换成自己喜欢的邮票，每天因为过于乐在其中而变得心无旁骛，懒得搞那些节日聚餐之类的无聊的人际交往，也绝不愿意把自己心爱的邮票分一点给人。如果是这样的话，他似乎也就没有那么面目可憎了。

那么，把邮票替换成金币，事情的本质难道就有什么不同了吗？

我们可以看看巴尔扎克的名作《欧也妮·葛朗台》,葛朗台先生在一年之内意外地继承了三笔遗产,那是他的外婆、岳母和妻子的外公留下的。故事这样写道:"这些遗产数目之大,没有一个人知道。三个老人爱钱如命,一生一世都在积聚金钱,以便私下里摩挲把玩。"

可见,他们对于金钱的这种态度与其说是源于无边的物欲,倒不如说是源于单纯的收藏癖。金钱带给他们的快感并不是通过交换商品来获得的,个中妙处,同道中人最能够感同身受——当葛朗台先生发迹之后,巴尔扎克写道:"索漠城里个个相信葛朗台家里有一个私库,一个堆满金路易的秘窟,说他半夜里瞧着累累的黄金,快乐得无可形容。一般吝啬鬼认为这是千真万确的事,因为看见那好家伙连眼睛都是黄澄澄的,染上了金子的光彩。"

(2) 收集金币的双重意义

吝啬鬼收集金币比起收藏家收集邮票会带给人什么额外的满足感吗?

答案是肯定的,至少有两种额外的满足感,那就是尊严感和安全感。

大体来说,金币的绝对数量是没有意义的,只有相对数量才有意义。狄更斯对斯克鲁奇的描写远不如巴尔扎克对葛朗台的描写那样贴近真实——真实情形是,富人即便是凶残且冷漠的,也从来不会少了殷勤的簇拥和追捧,还会成为本地穷人们炫耀家乡的谈资。(附录2)

我们大约可以想象得出,葛朗台如果把全部的财富通通换成金币,收藏起来,并不用于流通,每天只在地窖里以数钱为乐,那么他所收获的尊敬并不会因此减损很多。这是群居动物的天性使然,尽管有时候会显得荒唐可笑，却不失为应对残酷的生存竞争的最有效的手段之一。倘使我们的祖先——那些茹毛饮血的先民，每个人都有"独立之精神，自由之思想"，他们的基因绝不可能传到今天。

收集金币给人带来的安全感也是不难理解的。一个人的金币越多，抵抗灾变的能力就越强。一个富有的吝啬鬼很可能和一个穷人一样，每天过的都是节衣缩食、吃糠咽菜的日子，但两人的心理感受完全不同：前者不会有后者那种朝不保夕的恐慌感。所以，在文学家的经典造梦里，那种"贫寒却温馨，拮据却满足"的小日子，很难发生在真正的穷人身上，却很贴近富有的吝啬鬼的真实生活。

狄更斯在《圣诞欢歌》里狠狠地歌颂了鲍勃·克拉吉一家人的"贫寒却温馨，拮据却满足"的小日子。克拉吉是斯克鲁奇的一名雇员，既然是为斯克鲁奇打工，可想而知，他一定领着很微薄的薪水，做着高强度的工作，一言以蔽之：随着半夜鸡叫，起来做牛做马。雪上加霜的是，克拉吉夫妇是一对超生的能手，养活了六七个孩子，或者更多。然而，就是在这样一个人不敷出的大家庭里，洋溢着令人难以置信的幸福。

在圣诞节的家庭聚餐上，克拉吉家里的每一个细处都寒酸得让人心疼，但每一个家庭成员都把每一个寒酸得不像话的物件，以及每一份精心制作的却分量严重不足的食物当作舍此而别无所求的珍宝来对待。

最动人的是"布丁端出来"的那段描写。那时候伦敦穷人家做的布丁和我们今天在甜品店里吃到的布丁绝不是同一种东西——虽然"布丁"是音译，但它还真的和"布"有关：它是用布包起来，放进煮衣服的锅里煮的。现在很少有人煮衣服了，虽然讲究一点的人家会用高档洗衣机，把水加热之后再洗衣服，但肯定不会有人用洗衣机来烹制食品。可想而知，克拉吉太太端出来的布丁蒸腾着一种会使人联想到洗衣作坊的味道。但是，她脸上只露出得意的笑。（附录3）

（3）穷人的生育策略：用数量对抗质量

狄更斯并非不知道真实的世界究竟是什么样子的。他很清楚克拉吉家里的男孩子很可能会变成雾都孤儿，女孩子很可能会变成小杜丽，但谁让这部小说是写给圣诞节的呢，善意的谎言在这时候也许比残忍的真相更有伦理价值。

克拉吉夫妇如果不生这么多孩子，生活应该还会稍稍宽裕一些，他们的拮据在相当程度上可以看作超生的恶果。但是，他们是如此地相爱，以至长久的爱情总会没完没了地生出爱情的结晶，可谁又忍心让爱情的结晶——而不仅仅是孩子——胎死腹中呢？更何况无论避孕还是节育，通通违反宗教伦理。尤其重要的是，对于克拉吉夫妇而言，多一个孩子就多一分快乐，而从来不是多一分负担，至少狄更斯是这样理解的。

人总是越穷越生，这倒真的是一个普世的现象，只不过绝大多数的穷人大家庭都没有活出克拉吉一家的玄妙的幸福感。这也是无可奈何的事情，因为生活毕竟不是小说。我在上一章中讲过，穷人被压在食物链的底层，通过自身努力来改变命运的机会非常渺茫，精心培养子女来改变家庭命运也往往力不从心，甚至就连把子女健康地养大成人也不是一件很容易的事情，所以"多生"加"放养"自然变成了最优策略。何况穷人的孩子早当家，长到六七岁就可以成为劳动力。克拉吉这样的家庭生孩子，在经济学意义上正如斯克鲁奇和葛朗台的三位长辈这样的吝啬鬼积攒金币一样，可以在最大限度上防范未知的风险。

越是缺乏足够的营养和医疗条件，就越是有多生孩子的必要，这是用高生育率来对抗低存活率。越是缺乏足够的教育条件，就越是有多生孩子的必要，因为这就像博彩，买的彩票多些，中奖的概率总会高些，万一有一个孩子有出息，家庭的命运就会从此扭转。用数量对抗质量，这既是无奈的选择,也是必然的选择。

斯克鲁奇当然看不到这些,他只是在幽灵的带领下看到了克拉吉一家幸福得令人落泪的场面。在《圣诞欢歌》的结尾,当克拉吉因为上班迟到而诚惶诚恐地向斯克鲁奇道歉的时候,后者却一反常态,热情地招待克拉吉,还要给他加薪。(附录4)

雇主和雇员之间的这种温情脉脉的关系在狄更斯的时代几乎是看不到的,这却是古老的封建社会里上下关系的常态,因此为《圣诞欢歌》蒙上了一层怀旧的金色。社会关系的转变究竟何以如此,脱胎换骨之后的斯克鲁奇在经济学意义上究竟意味着什么,这同样是值得挖掘、耐人寻味的话题。

附录1

"你我相逢在黑夜的海上,你有你的,我有我的方向",完全没有刻意求同的必要。所以,斯克鲁奇的那一句"你按照你自己的方式去过圣诞节,让我按照我自己的方式来过圣诞节吧",很能够贴合斯宾塞的"同等自由法"。是啊,为什么不可以"万物并育而不相害,道并行而不相悖"呢?为什么一定要争出孰是孰非,一定要给斯克鲁奇安排一条悔过自新的金光大道呢?

附录2

巴尔扎克如此写道:"偌大一笔财产把这个富翁的行为都镀了金。假使他的生活起居本来有什么可笑的、给人家当话柄的地方,那些话柄也早已消灭得无影无踪了。葛朗台的一举一动都像是钦定的，到处行得通；他的说话、衣着、姿势、瞪眼睛，都是地方上的金科玉律；大家把他仔细研究，像自然科学家要把动物的本能研究出它的作用似的，终于发现他最琐屑的动作，也有深邃而不可言传的智慧。"

附录3

这位勤劳的主妇"脸儿涨得通红，可是得意地笑着，手上捧着那只布丁，像一颗颜色斑斓的炮弹似的，又坚硬又结实，周围燃烧着四分之一品脱的一半的一半的白兰地，顶上装饰着一根圣诞节的冬青树枝"。

当时英国的习俗，圣诞节的布丁周围要浇上白兰地点燃。今年一家比萨店推出了一款炸弹比萨，是很饱满的一个半球形，上桌之后先把外皮点燃，这个创意的源头大概就是狄更斯时代的圣诞布丁吧。狄更斯描写这个布丁，不说"周围燃烧着少量白兰地"，偏偏要用一种很啰唆、很累赘的腔调说"周围燃烧着四分之一品脱的一半的一半的白兰地"，一则见出寒酸，二则见出主妇的精心制作和精打细算。

就是这样一个在今天我们谁都会避之唯恐不及的布丁，端上桌来之后，引发的却是如下一番反馈："啊，一只多了不起的布丁！鲍勃·克拉吉说（而且是平心静气地说的），他认为这是他们结婚以来克拉吉太太所获得的最伟大的成功。克拉吉太太就说，既然她心里的一块石头现在总算放下了，她要承认，这次做布丁所用的面粉数量，她有点不放心。大家对这个问题都发表了一点意见，但是没有一个人说到或是想到，对一个大家庭来说，这只布丁未免太小了。如果这样说或这样想的话，那简直是离经叛道之谈了。克拉吉家里的任何一个人，哪怕露出一点点这种意思，也会羞得面红耳赤的。"

在我们被这样的美好景象打动之余，还有必要知道的是，这样一个大家庭即便可以在拮据中维持这样的幸福生活，但它貌似没有半点抗风险的能力，任何一点风吹草动都足以把全家人打入地狱。但竟然没有人担心未来，他们或许是满怀真诚地笃信着《马太福音》里的那句名言："你们看那天上的飞鸟，也不种，也不收，也不积蓄在仓里，你们的天父尚且养活它。你们不比飞鸟贵重得多吗？"

附录4

"'祝你圣诞快乐，鲍勃！'斯克鲁奇说，轻轻地拍拍他的背脊，他那一副诚恳的样子，谁看了都不会误解的。'祝你过一个更加快乐的圣诞节，我的好人儿，比我许多年来给过你的圣诞节都要快乐得多！我要加你的薪水，并且要尽力帮助你那艰苦奋斗的家庭，让咱们就在今天下午，边喝着一碗圣诞节的热气腾腾的'必歇浦'，边谈你的事儿，鲍勃！快把炉里的火加加旺，赶快先去买一桶煤来再动笔写吧，鲍勃·克拉吉！'"

这段话里提到的"热气腾腾的'必歇浦'"，原文叫作"smoking bishop"，从字面直译过来的话，意思是"冒烟的主教"。这是一款具有风俗意义的圣诞节热饮，用红酒、丁香、橘皮、柠檬等原料混合煮沸。这款酒我们在今天的西餐厅还可以喝到，只是换了一个更容易被中国人理解的名字：冬热。我们今天喝到这款酒，无形中就和狄更斯、《圣诞欢歌》以及那个既是最好又是最糟的、传奇的维多利亚时代暗通款曲了，这是味道之外的味道。它的酒精度虽然不高，但喝一口下去，马上就会感到身体里边暖洋洋的。饮用传统的"smoking bishop"要用一种特殊的酒杯，形制很像主教头上的法冠，很可能这就是它得名的缘故。

狄更斯小说里的时代错置

（1）该不该道德绑架斯克鲁奇

克拉吉该不该得到斯克鲁奇的体恤呢？

这个问题并不存在标准答案，但分析下来会给我们很多启发。

在《圣诞欢歌》发表的第二年，英国宪章派主办的《北极星报》发表了一篇热情洋溢的书评。书评并不很在意这部小说的文学性，只是一味地强调它伟大的社会意义："我们相信，只要大家都来读这本书——或者做到人手一册——那么，它所产生的效果将要比世界上所有写过的或讲过的说教和布道文更能促进'天下和平，人间友好'。"（附录1）

脱胎换骨之前的斯克鲁奇一定不会赞同这篇书评。他本人也是贫寒出身，也有着美好、单纯、友善的品质，只是在残酷的生存竞争里一路厮杀，有所舍才有所得，最后才挣到了这样一份富足而体面的生活。所有被克拉吉夫妻拿来享受爱情和亲情的时间，都被斯克鲁奇拿来赚钱了。

所以，如果我们处在斯克鲁奇的位置，我们很有理由从另一个角度来解释人生："倘使鲍勃·克拉吉也像我自己一样，不把宝贵的时间和精力浪费在小市民的那一套情情爱爱和天伦之乐上，那么他未必不会比我赚得更多；反过来说，如果我自己从一开始就不肯放弃为鲍勃·克拉吉所珍视的这些品行与生活的话，那么我也未必就能够经营得了这家买卖，我的捉襟见肘的状况未必就好于鲍勃·克拉吉的今天。"

不同的价值观导致了不同的选择，凡有选择则必有舍弃，两个人当初的不同取舍造就了今天不同的生活。我们的每一项经由理性的决策，即便是丝毫无关于经济的，也都是对机会成本审慎权衡的结果。既然克拉吉把人生的重心放在了爱情和家庭上，还固执地不肯牺牲自己身上的美好品性，那么，贫穷的生活对他而言也只不过是求仁得仁罢了，哪里还值得同情呢？

所谓既生活愉快又收入丰厚，从来只有少数人才有这样的幸运。

(2) 埃德加·约翰逊的义愤

克拉吉当然也没有这个理由。如果克拉吉理应从斯克鲁奇那里得到额外的经济援助，如果斯克鲁奇也理应在市场机制决定的工资水平之外给克拉吉额外的资助，那么，这对斯克鲁奇岂不是有失公允？虽然克拉吉因此真的做到了"不负如来不负卿"，然而，精明如斯克鲁奇，如果一开始就知道这两种人生走向的结局，恐怕也会追随在克拉吉的身后而不会苛待自己了。

是的，熟悉市场规则的人肯定会生出这样一种疑惑：斯克鲁奇无论对雇员再怎么刻薄，但他既不是独裁者，也不是奴隶主，鲍勃·克拉吉随时都可以另谋高就，而他之所以一直在斯克鲁奇的商号里忍辱负重，逆来顺受，最有可能的解释只是他在别处很难找到待遇更好的工作，换言之，斯克鲁奇给他的待遇是当时的供求关系中自发形成的合理待遇。

这样的推论很容易激发人们的义愤：难道如此刻薄的待遇也可以是合理的吗？美国作家埃德加·约翰逊就这样义愤过，他认为狄更斯考虑的不是经济学,而是人的价值感:"他认为除非一个人成为社会的祸害,变成必须被隔离的和消灭的毒蛇猛兽,否则只要他还能够工作,并且愿意工作,不管他做的是什么工作——仅仅由于他是一个人,他的劳动所得至少应该保证他的生活。"(附录2)

但是,为什么要做出这种保证呢,谁有这个义务来保证呢?如此貌似不成问题的问题是埃德加·约翰逊在他的文章里不曾认真回答过的。

(3) 时代的错置

"为什么要做出这种保证",这似乎脱离了经济的世界,进入了伦理和政治的疆域。(附录3)

克拉吉的拮据生活虽然引人同情,但狄更斯不曾明言的是,克拉吉夫妇所享受的那个大家庭的其乐融融其实正是工业革命与城市化进程所结下的一颗果实。鲍勃·克拉吉虽然只领着微薄的薪水——用斯克鲁奇的话说,即"我这个办事员,一个礼拜赚15先令,有老婆和一家子人,却还在说什么圣诞快乐"——但也正是这点薪水使他有能力,尽管是很勉强地,养活了那么多孩子。假如克拉吉生活在工业革命时代以前,那么从大概率上说,他的生养极限至少要在现在的水平上打个七折。套用经济学概念,穷人生养孩子的生产可能性边界被斯克鲁奇这种人拓展了不少,尽管后者未必存在这样的主观意愿。

斯克鲁奇和克拉吉的关系如果放到古代社会,很可能不会是这么冷冰冰的,甚至会有一种出入相友、守望相助的脉脉温情,正如许多封建领主和他们的骑士,或如封建骑士和他们的仆从。但正是在工业文明里,在新兴的大都市里,这种冷冰冰的人际关系完全可以顺畅无碍地运转。斯克鲁奇既"没有"考虑,也"不必"考虑克拉吉的生存境况,他只管开出供求关系自然碰撞出来的薪资水平；克拉吉当然也想赚到更多，尽管有这样或那样的不满，但现有的薪资与岗位已经是他视野所及的选择范围里最好的选择了。斯克鲁奇给一分钱要一分成果，克拉吉拿一分钱做一分事；斯克鲁奇如果发现同等的薪资水平可以雇到更好用的人手，当然会毫不犹豫地辞退克拉吉；克拉吉如果发现同等的工作量能在别处换来更高的薪水，当然也会毫不犹豫地跳槽。他们彼此都不必为对方付出任何感情。

感情当然也可以作为雇佣关系中的润滑剂，但倘若没有这种润滑剂，倒也不会给这种协作关系造成任何本质性的影响，而这在传统的熟人社会里简直是不可想象的。

法国学者卡扎明敏锐地注意到了狄更斯小说里的时代的错置，说狄更斯有一种开历史倒车的本能，要把读者从铁路上拉回驿站马车的铃铛声里。（附录4）

你还记得斯克鲁奇身上最突出的那个特点吗？"他总是带着自己一身的冷气，人走到哪儿，就带到哪儿。"狄更斯以这样的笔墨描写，当然是在存心刻薄这个守财奴，但是我们可以发现，在工业文明的大社会里，冷漠是比温情更加行之有效的生存策略。斯克鲁奇原本是个和克拉吉一样的人，他在生意上的成功在很大程度上要归功于他及时调整了生存策略——他不是"变得"冷漠了，而是主动"选择"了冷漠。如果斯克鲁奇开设一个成功学讲座，他会把"谨守契约，六亲不认"当成黄金信条。但这有什么不好的吗？这不过是把契约精神发挥到了极致，发挥到了生活的方方面面。中国的古代哲人杨朱会很赞赏他的，会说他是"拔一毛而利天下不为也"的典范。如果每个人都这样，埋头做好自己的事，一点不操别人的心，社会该有多好啊！这样看来，"变好"之前的斯克鲁奇才是好的，才是值得歌颂的。如果你反感他，那只是因为你对人情味还存着不合时宜的留恋。

附录1

书评作者甚至直截了当地为读者归纳出了《圣诞欢歌》的中心思想:"本书的寓意是:'不管在什么狭小的范围里起着仁爱作用的任何一种基督徒精神都会发现它的生命过于短促,不能充分发挥它无穷的作用。'"

这样的书评真会彻底毁掉任何文学作品的文学趣味,但作者还嫌不够,又做了一番思想升华:"这一种寓意可以说是无价之宝。假如人们把这一教诲牢牢记在心坎上,领会它的精神,遵循它的精神办事,人类社会将会变成一个美好的人间乐土,而不再是许多人所认为的那个'伤心谷'。"

年纪大一些的中国读者最能够和这篇书评产生共鸣,尤其是它的结尾:"有人说诗歌是'音乐的思想'。用他的话来衡量,狄更斯写的每一页都散发着诗的气息。世界上哪里还有比狄更斯的作品更崇高的诗歌呢?的确,狄更斯是穷人的诗人。和狄更斯相比,无论是现在还是在什么时候,任何人都不可能取得更值得骄傲的地位,获得更大的荣誉。"

附录2

《〈圣诞欢歌〉和经济的人》:"某些评论家说,斯克鲁奇已经按照市场价格不折不扣地把克拉吉应得的薪水付给了他(否则克拉吉会去另谋工作)。假如我们同意他们的说法,就等于承认狄更斯所抨击的那个社会现实。问题不仅仅在于像鲍勃·克拉吉那样胆小怕事、没有能力和别人竞争的人缺乏勇气去和资本家讨价还价,争取他们自己的权利。狄更斯知道得很清楚,决定薪水高低的,除了一个人的工作能力以外,还有许多别的因素——例如，还有一大群人能够做同样的事。假如克拉吉得到的报酬和一般人相等，事情反而会变得更坏，而不是更好。因为这样的话，克拉吉的遭遇将变成普遍的事实，而不再是孤立的例子。狄更斯心中所想的不是马克思所提出的劳动价值法则那种经济概念。他所考虑的是人的价值感。他认为除非一个人成为社会的祸害，变成必须被隔离的和消灭的毒蛇猛兽，否则只要他还能够工作，并且愿意工作，不管他做的是什么工作——仅仅由于他是一个人，他的劳动所得至少应该保证他的生活。"

附录3

让我们回顾一下克鲁泡特金在《互助论》里讲过的道理，再联系我们今天的生物学知识，我们就应该知道，人类作为群居动物的一种，利他性是与生俱来的生存优势。我们是那些既利己又利他的、擅于分工协作的、值得伙伴托付的人的后代，所以我们天生就会同情弱者，这并不需要任何来自后天的道德感召。

但是，社会变了。原始社会的群居部落无非几十人的规模，工业革命却带来了人口激增、超级城市和大规模的海外贸易，原始的熟人社会忽然变成了新鲜的、让人措手不及的陌生人社会，生存法则也因此悄然发生了变化。

附录4

路易·卡扎明《英国文学史》："（狄更斯）把我们带回到过去，不让我们和一个机器时代，一个新的世界直接接触。虽然他的本意并非如此，但是他的本能却要历史开倒车。他最得心应手地描写带有古老风尚的风俗和习惯。只有在罕有的情况下，他才敢于鼓足勇气，跳出他青年时代所观察到的那一片天地。他所描写的和主张的那种欢乐和热情是属于宗法社会的。人们能够感觉到这个宗法社会已经起了变化，但是现代生活还没有进入它的内部，把它打乱。在狄更斯看来，铁路永远只不过是一件耸人听闻的奇妙事物，只有在驿站马车的铃铛声中，他的想象力才自然而然地驰骋起来。"

纯朴与堕落：两种穷人形象的较量

（1）强者之光与看不见的手

如果我们站在外星人的角度，把地球上的人类看作某种动物，因而可以采取价值无涉的态度的话，我们对斯克鲁奇很可能会有更多的欣赏——他更擅于适应环境的改变，他是进化意义上当之无愧的强者，而强者表现出来的生命力总是闪光的，冷酷的强者比苟且的弱者更有美感。这里可以借用威廉·布莱克的诗句：

> 老虎！老虎！黑夜的森林中
> 燃烧着的煌煌的火光，
> 是怎样的神手或天眼
> 造出了你这样的威武堂堂？

这样的诗句显然不是绵羊能够欣赏的，而人类也向来缺乏对等的热情来歌咏绵羊。

其实，为了得出这样的推论，我们倒也不一定非得站在外星人的角度，只要站在尼采的角度就可以了。绝大多数人都有十足的厌恶尼采的理由，非如此则不人道，非如此则不能达至"天下和平，人间友好"。但是，能否达至"天下和平，人间友好"，斯克鲁奇会有半点介意吗？

崭新的社会格局似乎使熟人社会里的利他主义变得不再必要。无论是向遥远的灾区捐一笔钱，还是救助一名贫困山区里的失学儿童，这些施舍往往并不会使施舍者本人的境况变得更好，拒绝施舍往往也不会使他的境遇变得更坏，除非是公众人物和树大招风的企业。人虽然仍然是群居动物，但协作关系的实践范围从小部落变成了大城市和大世界，每个人都在无所察觉的状态下和世界各地许许多多的陌生人分工协作。因为彼此素昧平生，所以既不需要投入感情，也无从投入感情。"看不见的手"默默支配着一切，即便每个人都是彻底冷漠的、自私的，也并不会妨碍整个社会以惊人的速度欣欣向荣。

但是，物种之间的奇妙秩序从来不是静态的，而是协同进化所达到的动态平衡，众暴寡、强凌弱的事件每天都在亿万次地重复上演，它和井井有条、欣欣向荣一点都不矛盾。只不过到底是哪些众暴哪些寡、哪些强凌哪些弱，如果请克鲁泡特金来讲，他会说这是"种间斗争"的写照，却不是"种内斗争"的常态，世界大战之类的事情其实才是"不自然"的，是人为干预导致的恶果。至于常态社会里的种内落败者，克鲁泡特金和斯宾塞一致相信，会有善良的人自动自发、自然而然地对他们伸出援手，谁让"互助"是人类的天性呢。

(2)《古教堂的钟声》：狄更斯的第二篇圣诞小说

就在那个寒冷的圣诞夜里，两位肥头大耳的绅士来向斯克鲁奇募捐："我们格外需要替那些穷苦人稍微提供一点补助物品，因为他们目前受苦受得很厉害。"

斯克鲁奇给出了很尖刻的反问："难道没有监狱吗？"

他毫不掩饰，认为监狱和恤贫局之类的机构才是穷人应有的归宿，既然有这样的归宿，募捐就是毫无必要的事情。那时候恤贫局的条件并不比监狱更好，许多贫民是宁死也不愿意住进去的。但这又有何妨？斯克鲁奇说道："如果他们宁愿死的话，他们还是死掉的好，同时还可以减少过剩的人口。"

穷人到底该不该活着？事实上，无论该与不该，都属于一种价值判断，而价值判断从来是没有定准的，只取决于何时何地何种观念占了上风。（附录1）

当大都市取代了小市镇，当汽笛声掩盖了田园牧歌，也该是新旧价值观交替的时候了。在这种当口，斯克鲁奇式的冷漠倒也不足为奇，真正离奇的是，就连穷人自己也开始质疑自己究竟有没有生活的权利了。

在狄更斯的第二篇圣诞小说《古教堂的钟声》里，主人公托贝就是这样一个穷人。狄更斯赋予了他勤劳、乐天、纯朴这些我们在文学作品中的穷人身上最容易看到的优秀品质，我们对此当然不会感到意外。托贝是个年老体弱的快递员，勤劳纯朴，只靠一双飞毛腿在雾霾肆虐的伦敦城里往来驰骋，半点也没有《魔女宅急便》那般的诗意。托贝自己倒不觉得有多辛苦，也不存着什么发财致富的心思，他的忧虑来自一种模糊的感受，感到这座城市正在酝酿着一种敌意，以至连他自己都在怀疑，穷人到底有没有生存的权利。（附录2）

但托贝很快就释然了，因为他从女儿梅格的眼睛里看到了穷人生活权利的铁证："那是一双美丽、忠贞、闪烁着希望之光的眼睛。"

至此，阅历丰富的读者且不忙质疑狄更斯对穷人的高度美化，让我们姑且假定这样的理由可以成立，那么，依着其中的逻辑反过来问一下的话：如果梅格的眼睛里透出的光彩既不美丽也不忠贞，既不清新也不欢快，他们是不是就失去了那一点在这个世界上做人的权利了呢？

事实上,"既不美丽也不忠贞,既不清新也不欢快",这才是大概率上的存在。18世纪英国最负盛名的风俗画家威廉·荷加斯的画作可以使我们很直观地看到当时伦敦底层社会的龌龊与沉沦,尾随而至的维多利亚时代犹有过之。

我选了两幅荷加斯的画作,第一幅画的标题是《金酒巷》。原画两景一组,题目合称《啤酒街与金酒巷》,描绘伦敦底层社会的堕落生活,触目惊心。金酒又叫杜松子酒,原本是一种药酒,后来沦为穷人的"鸦片"。我自己就爱喝这种酒,它有一种略泛苦味的草药清香。我这样的坦白需要很大的勇气,因为英国社会改革家弗朗西斯·普雷斯有过这样的观察:"穷人只有性交和喝酒这两种娱乐,后者更受欢迎,因为它不但更廉价,产生的后果也比前者更易承受。"狄更斯的小说里常常写到金酒,它和它出现的场景几乎总是令人不快的。

第二幅画的题目是《妓女生涯》,补足了普雷斯所谓的穷人仅有的"两种娱乐"。它其实不是孤立的一幅画,而是由六幅版画组成的一个完整系列,描绘一名美丽的乡下女孩进城之后如何一步步堕入风尘,年仅二十三岁便死于性病的荒唐而悲惨的遭遇。我选的是其中的第四幅。

新兴的大都会犹如一个凶险而不动声色的魔王,轻易毁掉一个个来自旧秩序的不知设防的好人。

这组版画是荷加斯的成名之作,正版以每套一基尼的价格限量销售1240套,然后便迅速淹没在盗版的海洋里。以妓女为主角的、充满道德警示意味的画作受到如此的追捧,这是今天的人们很难想象的。

对于穷人世界里的灰暗一面,狄更斯绝不是不清楚的,所以,在《古教堂的钟声》的后文里,当梅格和恋人理查德欢欢喜喜地准备在新年结婚的时候,狄更斯安排了一位高高在上的丘特参事大放厥词,说穷人结婚不会有好结果。(附录3)

附录1

比如汉人看匈奴,说他们"贱老贵壮,气力相高"(王子渊《四子讲德论》),还说他们"人面兽心,宴安鸩毒,以诛杀为道德,以烝报为仁义"(刘孝标《辨命论》),总而言之,尽是些禽兽不如的孽种。

所谓烝报,是乱伦的一种形式。父亲死后,儿子娶庶母,是为烝;哥哥或叔父死后,弟弟娶寡嫂,侄子娶婶母,是为报。在匈奴社会里,烝报婚不是可选项,而是必选项,是男人应尽的义务,所以才叫"以烝报为仁义",汉人看不惯。

但在匈奴,非抢劫则不足以为生,非烝报则不足以保护妇女儿童,所以自然而然就会形成这样的道德观。就一个具体的匈奴人而言,即便他有超常的觉悟,宁肯饿死也不愿抢劫,但他还要知道,游牧比务农更像一桩靠天吃饭的事业,牧民比起农民还更不容易储存食物,所以抢劫是和畜牧互补的必要的生存手段。那么,即便自己不怕饿死,但也该为自己的族人、为了这个大集体去光荣地抢劫啊!而抢劫总是和武力冲突相伴的,那么,"以诛杀为道德"也就完全顺理成章了。所以,从集体主义、爱国主义(即便匈奴人没有像汉人一样建国)的高度来看,一个匈奴人倘若不"以诛杀为道德",这反而是很不道德的。

附录2

狄更斯安排了托贝的一番自白:"'看样子我们的事情不好办,要办也办不好,我们是好不了啦。'托贝说道。'我在年纪轻的时候没读过几年书,在这块地面上我们有没有做人的权利我也弄不明白。有时想想我们应该有的——有一点权利；有时我又觉得我们这些人一定是让人讨厌的，不该活着。有时候我会糊涂得连我们这些穷人究竟有没有用处，是不是生下来就是没用的这样的问题也答不上来。我们好像是一些叫人骇怕的东西，好像给人家添了许许多多的麻烦，人们老是在说我们不好，老是在提防我们。我们这些人的事把报纸的版面都占满了，不是这种事情就是那种麻烦。还说什么新年！'托贝伤心地说道。'别人熬得住，我也熬得住，不大会有熬不住的时候。我比许多人还强一些呢，因为我就像一头雄狮那么健壮，而别人并不是个个都那么健壮的。可是我们要是真的不配过新年——要是我们确实让人讨厌，不该活着——'"

附录3

《古教堂的钟声》："'你说你要结婚，'参事先生说，'这事对你们姑娘家来说是非常不妥当，非常不慎重的！不过这且不说。你结婚之后就会同你丈夫吵吵闹闹的，结果成了一个愁眉苦脸的妻子。你会说这是不可能的，但是你肯定会的，因为我是这样说的。我预先给你一个应有的警告，我决定要取缔愁眉苦脸的妻子，所以，今后你有了事可别来找我。你还会有孩子——男孩子。当然，这些男孩子长大以后会变成坏孩子，他们在大街小巷到处乱窜，光着双脚，没有鞋袜。注意，我的年轻朋友！抓到他们我就立即判他们的罪，一个也不饶，因为我决定取缔光着双脚的男孩子。也许你会中年丧夫，这是很可能的，他丢下你和一个婴儿。那时候你会被迫离家，流落街头。呃，亲爱的，别流浪到我家附近来，因为流落街头的母亲我也决定要取缔。所有年轻的母亲，不管什么样儿的，我都要取缔。不要拿疾病做借口来求我，也不要拿婴儿做借口，因为所有的病人与婴孩——我希望你懂得做礼拜，不过恐怕你不懂——我也决定要取缔。倘若你不顾死活、忘恩负义、不敬不孝、弄虚作假，想要投河或者上吊，那我是绝不会怜惜你的，因为我决定要取缔自杀！我最大的决心，'参事先生脸上露出了洋洋自得的微笑说，'莫过于要取缔自杀了。所以，你可不能来这么一下子。这话是这么说的，对吗？'"

这番话说得梅格面色惨白，但参事先生还有一番火上浇油的话要对理查德说："你要想结婚做什么？傻小子，你要想结婚做什么？倘若我是一个像你这样相貌端正、年轻力壮、身材魁梧的男子汉，变成一个窝囊废，把自己系在女人围裙带上，我会感到羞耻的！唉，你还不到中年，她就要变成个老婆子了！那时，随便你走到哪里，后面都跟着一个邋遢女人和一群叽里呱啦乱叫的孩子，那样子多么可悲呀！"

这位参事先生在故事里是一个彻头彻尾的反派，是一个比斯克鲁奇还要过分得多的人物。但在我们义愤填膺之余，必须想到他那些尖酸刻薄的话偏偏道出了底层社会的生活真相，不然梅格和理查德也不会受到那么深刻的触动，被这片乌云笼罩了一生。

梅格和理查德这样的文学形象是我们很熟悉的，作家对穷人的悲天悯人的情怀也是我们很熟悉的，但我们有必要知道，还有很多作家，甚至是比例上的多数，站在另外的立场上。王尔德的高高在上，我们在上一章已经领教过了。其他的名作家里，小狄更斯九岁的福楼拜嫌恶劳苦大众，认为无论任何人、任何努力，都无法提高他们的素质。小狄更斯二十八岁的哈代比较矛盾，他虽然会把闪光的底层人物当作小说的主角，比如《德伯家的苔丝》和《无名的裘德》，却不会像狄更斯这样热情洋溢地赞美他们。弗吉尼亚·伍尔夫彻底不接地气，在布鲁姆斯伯里的精英圈里享受着文化沙龙女主人的优越。这正是尼采的超人哲学在知识界大行其道的时候，所以狄更斯的努力很有几分难能可贵。

那么，回到我们先前的问题：如果梅格的眼睛里透出的光彩既不美丽也不忠贞，既不清新也不欢快，他们是不是就失去了那一点在这个世界上做人的权利了呢？富人对穷人的慈善是否也因此失去了理据呢？

剥削压迫并不划算

（1）斯克鲁奇的"同等自由法"

如果你就住在金酒巷旁边，有人趁着黑夜杀掉了那些酗酒、卖淫、喧闹的人，你会不会嘴上谴责，心底却在庆幸呢？

国外的文艺作品里，有一种精英类型属于反面侠客，他们暗杀流浪汉，肃清金酒巷，维护市容市貌。多数人当然做不到这样冷血，但至少可以保持冷漠。

当募捐的倡议摆在眼前的时候，斯克鲁奇就这样保持着冷漠。

见那两位善良而多事的绅士还不死心，斯克鲁奇直言不讳地说："那不关我的事。一个人管好他自己的事情，别去干涉别人的事情，也就足够了。我自己的事情一直使我够忙的。再见，先生们！"

狄更斯用这番对话十足地凸显出斯克鲁奇的冷酷无情，但是，只要我们暂时把情感上的波动放在一边，就会发现斯克鲁奇的观念完全尊重了"同等自由法"。

苛刻的感伤主义者当然有理由反驳说："斯克鲁奇不肯捐款，这当然损害了穷人的利益。"但这个理由如果可以成立的话，我自己也可以说：任何一本书的出版上市都损害了我的利益，因为它减损了我的书会受到的关注。但我又能怎么办呢？在一个纯粹的自由市场里，所有人都是自生自灭的，你既有机会杀出一番富贵，也有可能因为一着不慎而陷入万劫不复的深渊。社会大潮浩浩汤汤，不为尧存，不为桀亡，任何个体的惨败都不妨碍整个社会的兴旺发达。

斯克鲁奇轻轻松松地摆脱了来自熟人社会的旧道德的绑架：救济贫困，即便真有任何必要的话，那也是政府的义务，而自己既然缴了足额的税款，也就尽到了自己这份义务，凭什么总还有人嫌自己做得不够呢？

由此我们会遇到这样一个问题：从历史上看，政府通常都是由富人把持的，即便个别情况下其中也出现过穷人的身影，但后者很快也都借由把持政府而发家致富了，他们为什么不会像斯克鲁奇一样呢，他们有什么动机来费力不讨好地救济穷困呢？

（2）血汗工厂并非因为不道德才没有前途

利他主义本能和高尚的道德情怀当然在其中发挥作用，但绝不会起着核心作用。任何一个还有理性的政府都不会愿意自己的治下有很多随时可以铤而走险的无产者。换言之，富人要想安心享福，就必须确保穷人不作乱。

斯克鲁奇如果把眼光放长远一点，一定也会发现穷人的生存处境其实是和他自己息息相关的，如果政府做得不够，他完全有动机做一点额外的付出。他甚至可以想到，越多的穷人致富，自己的生意范围也就越大，自己也就可以赚得更多。今天的富国援助穷国，主要就是出于以上两点。但投入产出比是否划算，经济账有时候比不上政治账好看。

斯克鲁奇即便能够想通这一点，拒绝慈善仍然有利，因为这是一种

"公地悲剧"的局面,穷人群体就是富人的公共牧场。

斯克鲁奇应该想不到这么深,他最多只会担心穷人没有被及时送进监狱。控制穷人不作乱的方法倒也不止一种。我们不妨假定富人全都是为富不仁、心狠手辣的角色,如果镣铐可以帮他们达成目的,他们绝对不会吝惜钢铁。但我们只要再做一个假定,假定富人是有正常理性的,懂得吸取历史教训,那么镣铐显然不是最经济、最有效的手段。那么,上述问题就变成了一个如何控制管理成本的问题,换言之,是一个单纯的经济问题。

于是,聪明的政府总会想办法保障穷人的最低生活标准,最好让他们有一点产业。"有恒产者有恒心,无恒产者无恒心",一个人有了恒产,总会舍不得放弃这点恒产去铤而走险的。

对这种不得已的付出,富人很可能并不心甘情愿。那么,我们不妨假想一个社会,那里的富人以及富人所把持的政府拥有绝对的而且成本低廉的控制手段——在高科技时代,这样的假想其实不难成为现实——他们可以随意役使穷人,让他们做牛做马而不会担心他们反抗,甚至不担心他们会萌生反叛的念头,那么,奴隶制会因此成为最经济的制度吗?

如果请亚当·斯密来回答这个问题,我想,他大概会这样讲:"不会的,人的创造力远远胜过牛马,所以,强迫他人做牛做马在大概率上不如放任他们做人更加有利。"

所以,无论是对冷酷无情的资本家来说,还是对代表富人利益的政府来说,最大限度地激发人的创造力才是最有利、最优选的方案。

把人当人来用,比起把人当作牛马或机器来用更划算、更经济,这并不需要人道主义者和慈善家的大道理。在这样的逻辑下,血汗工厂迟早会在自由市场的竞争里惨遭淘汰,这不是因为它们不道德,而是因为它们的经济效能不高。当然,这必须从长程来看,因为急功近利的时候往往倒行逆施才是最有效的方式，奴隶制的鼎盛期并不比自由经济的绩效更低，只是后劲不足罢了。尽管站在人道主义的立场，坐等血汗工厂的消亡是断然不被容忍的，无论只需要等上一天还是需要等上一整个世纪。那么，站在国家的角度，征服一个国家，用枪炮和镣铐逼迫那些亡国奴做牛做马显然不是一桩划算的买卖。

但古人常常觉得这是划算的，因为他们对财富的理解是凭直觉的、属于重商主义的。诸如粮食和矿藏，只有这些实实在在的东西才被看作财富。于是，人对财富的占有就是一桩零和博弈，我多占一分，你就少占一分，而商业的意义只在于互通有无，并不会创造额外的价值。我们且看王安石和司马光的论战，王安石要改革财政，通过制度上的转变来创造额外的收入，司马光的反驳很能代表经典的古代思维：天下财富就那么多，哪可能凭空变出来呢？政府的财富多了，民间的财富就一定会少，你这样做绝对是在与民争利。

那毕竟是价值一元化的时代，他们很难想到所谓"利益""价值"都是十足的主观性的概念，甚至可以完全脱离生产活动而存在。试想一位宗教领袖高姿态地为万民祈福，所有人都蒙受了他的感召，觉得当下的生活是如此地幸福美满，或者虽然苦难重重，但每一个苦难都被解释为通往永恒天国的一级阶梯，因而变得非但可以忍受，甚至让人渴望去忍受更多。这样的满足感是全世界所有的财富都换不来的，也不是GDP能够简单解释的。那么，这位宗教领袖为每个人、为全社会创造了多少利益、多少价值呢？

只要我们理解价值的主观性，理解信仰背后的商品属性，那么我们就该想到，今天的生活很可能并不比中世纪的生活富有，甚至并不比原始部落的生活富有，未来的生活也很可能并不比今天富有，世界首富很可能并不比一名荒漠中的苦行僧富有。

这倒不尽然是凭空的想象，因为中世纪的欧洲人大多都在这样的状态下向死而生。既然笃信永恒的天国，又何必在电光石火的尘世汲汲以求富贵呢？他们比我们看得淡生死，看得轻名利。贵族不妨卑宫菲食，平民不妨箪食瓢饮，在黑死病泛滥之前，生活并没有给他们那么多的不确定感，因而也就没有像今天这样多的焦虑和抑郁。他们收获的利益或价值，或者说效用，在很大程度上并不是生产活动和物质财富带来的——只要做很小的付出，按时去做弥撒而已，这样换来的满足感或幸福感就不会比今天花几百元做一小时心理咨询或者花上万元去海外度假一天更少。

信徒与神职人员的关系因此也可以看作一种经济关系，前者付出的是物质财富和精神上的尊崇，后者提供的是可圈可点的心灵慰藉。在基于自愿的交易中，双方共同受益。一切基于自愿的交易皆有利于双方，这是经济学最基本的一条原理。

这样的一条基本原理显然会推导出以下结论，即最大限度的、最不受干涉的自由贸易就是最有效率的经济体制，正如没有上帝干涉的自然界在物竞天择、适者生存的规律下鸢飞戾天、鱼跃于渊，使孔子不禁感慨"天何言哉，四时行焉，百物生焉"。一切不适应环境变化、跟不上伙伴们与敌人们的进化脚步的生物都被无情淘汰，它们的呻吟与哀号在被任何人注意到之前就已经湮灭无闻了。"天地不仁，以万物为刍狗"，而人类以自诩的同情心和未雨绸缪的计划性保障着在生存竞争中落败的同伴们还能得到最基本的生活资料，使他们从不会少翻身的机会，这对于富人或强者而言，算得上一件既利他又利己的事情。那么，为自由市场配置一个最低限度的、守夜人式的政府，把慈善交给市场，这似乎是经济制度设计上的一种最优方案，是一种斯克鲁奇和克拉吉都可以接受的方案。

但是，守夜人政府永远都有一种自我膨胀的本能，换言之，它总是不肯安安分分地守着一个守夜人的角色。

政府有没有振兴经济的义务

（1）刚性与短视

这一节我们从《圣诞欢歌》发散一下，谈谈博弈论里的纳什均衡。

即便在民主框架里，假定曾经存在过某个守夜人政府的话，它也很容易膨胀得面目全非，这到底是为什么呢？

答案是，这是经济波动导致的一个很难避免的结果。

我们知道，在长长的时间轴上，自由市场会呈现出一条曲折上升的曲线，尽管它有着飞快的上升速度，但从来不会平稳上升，而人心总是能上不能下的。正如所谓"工资刚性"所表现出来的那样——无论经济怎样低迷，降低员工的工资总会激起严重的不满。

即便在最先进的民主国家里，这时候如果有某个政党或某位候选人振臂高呼，说自己有能力施行新政，使经济走出低谷，那么可想而知他会得到最多的选票，尽管早已熟悉自由市场运作规则的人在纯粹以理性思考问题的时候并不认为政府对经济增长负有任何义务。

但是，远至1970年爱德华·希思承诺英国人的民族复兴，近至特朗普"买美国货，雇美国人"的竞选口号，历史偏偏一再重演。

如果我们把一个国家想象成一个居民小区，那么守夜人政府也就相当于小区里的物业公司。物业公司只负责小区内部的清洁、保安和公共设备的维护，至于业主做什么营生、挣的是多是少，和物业公司没有半点瓜葛。物业公司可以对进出的车辆收一点管理费——当然，前提是它确实做了相应的管理——却没道理对业主从小区外的菜市场买回的蔬菜征税。但是，小区里的菜贩，比如开了一家便利店兼带卖菜的业主，有充足的动机向业委会表达意见，要业委会向物业公司施压，要后者维护业主利益——当然，只是某些业主的利益——限制外来蔬菜的进入，于是就出现了关税和其他形式的贸易壁垒。

反对者当然会说，国与国之间的关系绝没有小区与小区之间的关系那样和睦，难道就不应该提防外国邪恶势力的虎视眈眈吗？

经济问题常常会像这样变成政治问题，最大限度的自由市场与最大限度的分工协作总会受到各种阴谋与阴谋论的阻挠。但是，一国之内，地区之间的关系总还可以与小区之间的关系类比，地方保护主义却是我们每个人都深知的。

于是，无论是出于对本小区菜贩的保护义务，还是出于人类能上不能下的心理定式，守夜人政府难免会"基于选民的意愿"而一扩再扩，一发不可收拾。

（2）从主义到生意

只要民心和选票是政治家和政党成功的关键，那么这种情形就难免愈演愈烈。随着政党之间竞争的加剧，我们甚至会看到这样一种离奇的趋势：原本诉求和民意基础各不相同的、彼此针锋相对的政党，尽管仍然针锋相对，但竟然变得越来越相似。

这其实不难理解，我们只要看看我们熟悉的无限制格斗的竞技场和足球场，在竞争不很激烈的时候，大家的打法各有各的风格，而随着竞争压力的增加，所有人都会扔掉风格，选择最有效的打法。

当然，被实践检验过的最有效的打法一定不多，所以大家的打法就会高度趋同。比如我和一个小孩子比武，我当然可以施展毕生武学修为，一招体侧运动第三式，接一招踢腿运动第一式，再接三招华丽丽的体转运动，第六套广播体操在我的运用之下如同行云流水，把小孩子的八卦掌压制得全无还手之力。但如果这个小孩子长大了，实力和我旗鼓相当，为报当年一箭之仇找我在街头拼命，那么我自然就会放弃第六套广播体操的套路，他也自然就会忘掉八卦掌的套路，只剩下最简单高效的几个动作，靠力量、敏捷和意志决生死。

从博弈论的角度来看，这就是一种纳什均衡。我们可以想象一条街道的两端各自开了一家超市，街道两边的居民是均匀分布的，两家超市可以自由移动位置，还都要使自己的利益最大化，那么一段时间过后，它们最终会形成唯一一种稳定的格局，那就是在街道的中间点上肩并肩地紧挨着。

我们看国外竞选，只要把时间放长远来看，就会看到一个现象，在激烈竞争下存活下来的政党，无论它们当初坚持什么"主义"，经营到最后都会变成相似的"生意"。所以，列夫·托尔斯泰写在《安娜·卡列尼娜》卷首语上的那句名言"幸福的家庭总是相似的，不幸的家庭各有各的不幸"，背后蕴含着博弈论的真谛：幸存者总是相似的，落败者各有各的死法。

以上种种或嫌悲观的论调应该不是狄更斯乐于看到的。但是，如果我们在这个时候回顾《圣诞欢歌》的结尾，也许会有一种不同寻常的感受，尤其是回顾我在前文已经引述过的这两句话的时候："（斯克鲁奇）成为这个又好又老的城市所知道的，或者这个又好又老的世界上任何一个别的又老又好的都市、城镇和自治市所知道的再好也没有的朋友，再好也没有的东家和再好也没有的人。"

这分明是童话的口吻，是一个父亲坐在床头讲给孩子的睡前故事，孩子的年纪大约不会超过六岁，不然就连他也会嫌弃这样的口吻过于幼稚了。

仿佛狄更斯在这里特意暗示我们：这只是一篇美好的童话故事，除了孩子，任何人都没理由把它当真。

※ 第七章

济贫法与优生学

慈善如何催生冷漠

(1)《雾都孤儿》的济贫法背景

本章回到斯宾塞,回到他的《社会学研究》和《社会静力学》,狄更斯还会友情出场,还有达尔文和他的亲友团,古希腊哲学家赫拉克利特会带着他的《残篇》来给斯宾塞助威。

政府的慈善政策不只是低效的,甚至会败坏道德。这个理论该如何成立呢?

最表层的答案是,在斯宾塞和狄更斯的时代,政府搞的慈善事业虽然名义上是行善,但怎么看都像作恶。

其实,英国的政府慈善事业非但并不落后,反而走在全欧洲的前列。早在1601年,英国就颁布了《伊丽莎白济贫法》,标志着欧洲第一个国家救济制度的出现。这部法律正式确认了政府有扶贫济困的义务,应建立教养院和习艺所,不但应赈济,还会培养贫民和孤儿的劳动技能。

看上去这已经算是一种很现代的制度了,而且随着社会的变迁屡经修订。但是,到了19世纪30年代,也就是斯宾塞的青少年时代,《济贫法》简直变成了全民公敌——不仅富人和中产阶级恨它,穷人也恨它。

《济贫法》的实施状况在狄更斯的小说里屡屡有生动的描写。1838

年,狄更斯发表第一部社会小说《奥利弗·退斯特》(The Adventures of Oliver Twist),其更为我们熟悉的译名是《雾都孤儿》,小主人公奥利弗就是在寄养所里成长起来的。那种非人的成长环境,你可以在附录中查看。(附录1)

《雾都孤儿》虽然是一部小说,情节出于作家的虚构,但这样的描写完全基于现实。孤儿就是这样以虐待的形式被救济的。他们中的一部分至少活了下来,但他们会不会为着这个缘故对大英当局心怀感恩,我们就不得而知了。习艺所里的成年人并没有过得更好,有劳动能力的人必须做苦工度日,这是对他们游手好闲的"合理"惩罚。

对于那些勤奋工作却因为工资过低或生育过多而入不敷出的人,政府会给他们发放补贴。这项政策有理由得到更多的支持,因为它既显示出人道主义关怀,又鼓励了勤奋而非懒惰。谁想到偏偏事与愿违,就在《雾都孤儿》发表五年之前,有调查组调查《济贫法》的实施情况,发现在某些地方,雇主会故意把工资标准压到"最低工资标准"以下,这样的话,雇员就会从教区领到补贴。补贴当然不是政府挣来的,而是从纳税人身上收来的税款。这样一来,雇主的人工成本就巧妙地转嫁到了当地教区的所有纳税人身上。

奸猾不分贫富,工人阶级也不都是善良纯朴的,一样有人会利用《济贫法》为自己牟取不正当的福利。尤其是那些拿着低工资的人,他们会故意少干活儿,少劳少得,故意使自己的工资收入低于救济标准,这样就可以在工资之外多挣一份救济款。如果你又勤劳又朴实,还不肯放下傲人的风骨,非要多劳多得,还要遵纪守法地缴纳济贫税,那么你的收入很可能还不如那些故意少劳少得、占济贫法便宜的工友。这种情形正是《老子》所谓的"法令滋彰,盗贼多有"。

（2）慈善催生冷漠

事实上，斯宾塞并不是一味地反对慈善。相反，他相信慈善行为有助于改善人的性格，正如做残忍的事会把人推向野蛮。问题仅仅在于，慈善只应当是一种自动自发的民间行为，而政府以法令规范的慈善形同勒索，比道德绑架更坏。

退一步说，就算劫富济贫真有什么道德依据，纵使被劫掠的人心怀不满，但得到救济的人总该心怀感激吧？然而，随着济贫法的实施，情况完全没有向这个方向发展。接受救济的人只怀着不满和无动于衷，施与救济的人自然愤愤不平，口出怨言。

在慈善还仅仅出于自愿的时代，一位生活宽裕的可敬公民总是很容易被穷人的悲苦生活打动的，他那天生的恻隐之心会使他乐于施舍，而接受施舍的人也会感激这样的馈赠。就整个社会而言，善意是会这样滋长起来的。然而，当慈善成为法定义务，那位可敬公民会觉得自己既然缴足了税，就履行了慈善的义务，所以，他很容易就会当面拒绝穷人的求助，冷冷地打发他们到习艺所去。

让我们回想一下《圣诞欢歌》里的一个桥段：两位绅士来向斯克鲁奇募捐，当然，这是纯粹出于自愿的民间行为，而斯克鲁奇毫不掩饰自己的态度，认为自己已经缴足了税，履行了自己的慈善义务，没理由再为私人的慈善募捐出力。

如果我们把时间追溯到久远以前，追溯到还不存在政府救济的时候，就很容易看到自然萌生的慈善。《旧约·路得记》中就有一个很典型的例子：守寡的女人路得和婆婆相依为命，回到婆婆的家乡伯利恒。那正是麦收时节，路得就对婆婆说："容我往田间去，我蒙谁的恩，就在谁的身后拾取麦穗。"婆婆并不觉得奇怪，回答说："女儿啊，你只管去。"路得就这样来到麦田，跟在收割的人后边拾取麦穗。收割的人也任她这样做,并不难为她。

《诗经》里也有这样的内容,见于《小雅·大田》。这是一首农事诗,从春种写到秋收,其中有这样几句:"彼有不获稚,此有不敛穧。彼有遗秉,此有滞穗。伊寡妇之利。"意思是说,在秋收的时候,田里故意留下一些麦穗,听任无依无靠的寡妇拾取。

这就是传统社会里的一种互助行为,没有政府的硬性规定,只有本真的同情心和相沿成习的美好风俗,这正是克鲁泡特金会喜闻乐见的事情。而当慈善成为政府法令,慈善精神反而淡了许多,多出来的只是各种乱象,这正是老子早已预言的事情。1894年英国约克郡发生的大罢工就是这种乱象之一。《互助论》提到这件事,说当时矿场主控告那些到废弃的矿坑中捡拾煤块的年老矿工,引发了极大的愤慨。

失去劳动能力的老年矿工到废弃的矿场上捡拾煤块,这就和无依无靠的寡妇在人家收获之后的麦田里捡拾麦穗一样,但前者遭到了控告,后者却被互助的风俗许可,这种变化究竟从何而来呢?

在今天看来,矿场主的做法似乎也没错,无非是在声张私有产权而已,政府难道不应该保护私有产权吗?至于老年矿工的生活着落,矿场主管是情分,不管是本分,无论怎么做都无可指责。至于政府怎么管,那是政府该操心的事。

所以,在斯宾塞看来,国家救济制度正在把全社会推向冷漠,造就越来越多的斯克鲁奇式的人物。慈善非但应当是自愿的,而且应当是自愿者亲力亲为的。他这样讲道:"说真的,比起这种国家救济制度来,很难找到一种更有效的减少同情心的设计。委托代表去施仁慈!——还有什么事物比它更能摧残这种美好的天性呢?"

附录1

狄更斯的《雾都孤儿》如此描写奥利弗的生活环境和制度环境："正当一个孩子被训练得能靠数量少到极点、营养坏到极点的食物维持生存的时候，偏偏会有百分之八十五的机会发生这样的事：孩子在饥寒交迫之下病倒，或因照看不善掉进火里去了，或者稀里糊涂差点儿给闷死。在其中任何一种情况下，可怜的小生命一般总是被召往另一个世界去同他们在这个世界上从未见过的先人团聚。

"在翻床架子的时候，竟没有发觉床上还有教区收养的一名孤儿而把他摔下来，或者在某一次集中洗刷的时候漫不经心地把孩子烫死了（不过后面这种情况难得发生，因为集中洗刷之类的事情在寄养所里简直绝无仅有）——对于这类事件，有时要举行审讯，那倒是有趣得少见的。逢到这种场合，陪审团也许会忽发奇想提一些讨厌的问题，或者教区居民会群情激奋地联名抗议。但这类不知趣的举动很快就会在教区的医生和干事的证词面前碰壁；因为尸体照例由教区医生进行解剖，他发现小孩肚子里什么也没有（这倒是非常可能的），而教区干事宣誓所供必定符合教区当局的需要（其忠诚之状可掬）。再者，理事会定期视察寄养所时，总是提前一天派干事去通知说：他们就要来了。每当他们莅临之时，孩子们个个收拾得干净整齐，使人赏心悦目；人们还有什么可挑剔的呢！"（荣如德译，上海译文出版社，1984）

赫拉克利特：战争是最大的慈善

（1）战争与和平的对立统一

什么才是最大的慈善？

在回答这个问题之前，先让我们回想一下《周易》的内容。说起《周易》，我们常说那是古老的辩证法，含有"阴阳对立统一"的精妙思想。这可以理解为既斗争又和谐，就像男人和女人的关系那样。"一阴一阳之谓道"，阴阳交感，刚柔相摩，才可以化生万物，生生不息。

所以，对立、斗争、矛盾，既是必然的，也是有益的。相反，如果没有了对立、斗争、矛盾，人人向善，世界和平，这分明是一种死水无波的停滞状态，既不自然，也不可能真是人们想要的。

所以，顺理成章的答案是，战争才是好的，我们需要战争——连绵不绝的战争。

斯宾塞正是这样想的，所以在他的观点里，战争才是最大的慈善。

这倒不是什么原创性的思想，早在古希腊，赫拉克利特就公开宣扬过这样的学说。（附录1）

赫拉克利特并没有完整的著作流传下来，我们今天看到的只有一些吉光片羽的汇集，大约有一点《论语》的样子，被称为《赫拉克利特著作残篇》。

"人不可能两次踏入同一条河",这是赫拉克利特最著名的警句。我在第三章讲过集合名词背后的哲学内涵,如果你还记得的话,就可以试着从集合名词的角度来理解什么是"河流"。

"河流"永远变动不居,河水在每一个瞬间都会发生更迭。如果我们把"更迭"理解为每一个水滴在每一个瞬间都在发生着位移,这只说对了一半,另一半是,水这种物质本身是从其他物质变化来的,还会不断发生形变,变成其他东西。当然,不仅是水,宇宙间的万事万物莫不如此。

在这一切的变化之中,似乎应当存在某种本源性的东西。古希腊的哲学风格是高度科学化的,既不会"道可道,非常道",也不会"无极而太极",所以,赫拉克利特揭示出一个异常朴素的终极真理:这种本源性的东西,就是火。

至于火究竟如何化生万物,赫拉克利特如是说:

> 万物都从火产生,又都消灭而复归为火。当火熄灭的时候,宇宙间的万物就形成了。最初,火的最浓厚的部分浓缩成土,然后土被火熔解为水,水在蒸发的时候又产生了气。整个宇宙和宇宙间的万物最后会在一场宇宙大火中被烧毁。

这样的道理一定基于认真的观察。火焰燃尽之后总会留下灰烬,这就是从火到土的转化。冶炼会使矿石熔化,这就是土被火熔解为水的过程。水可以蒸发成水蒸气,这更是日常生活中随处可见的现象。古人并不把火看成一种燃烧"现象",而是看成一种"物质"。所以,赫拉克利特讲火、土、水、气四种元素,古代印度人有地、水、火、风,合称"四大",然后佛陀告诉大家"四大皆空"。中国古人讲水、火、木、金、土,合称"五行",五行相生相克正如四种元素互相转化。

在这样的转化过程中,一物之毁灭意味着一物之新生,相反才会相成,对立统一的辩证法就这样呼之欲出了。在自然界,万物都是异性相吸,而不是同性相吸。音乐是由高音与低音的对立、长音与短音的对立创造出的和谐。绷紧的琴弓和绷紧的琴弦形成对抗的力量,这才会有音调出现。赫拉克利特把其中的道理抽象出来:"结合物既是整体又不是整体,既一致又不同,既和谐又不和谐。从一切产生一,从一产生一切。"

你一定听说过"一切即一,一即一切"的说法,这是佛教华严宗和禅宗最爱说的,而同样的话在赫拉克利特这里含义就朴素得多。

关于赫拉克利特的这个观点,亚里士多德在《论宇宙》里有过一番解说。《论宇宙》的来历其实有一点可疑,不一定是亚里士多德的亲笔,很可能是后人的伪托。圣贤的名号总会有这样的命运,不分东方与西方。

《论宇宙》谈到元素的相生相灭,有一个很重要的观点,说这虽然造成了部分的消灭与生成,却保证了整体的不生不灭。

这在当时是很反常识的论调,而古希腊人对于刷新三观绝没有今天这样的积极态度和旺盛热情。人们觉得不可思议:如果宇宙是由相反的本原构成的,早就应该衰败或毁灭了。亚里士多德为此举了一个很接地气的例证:一个城邦也是由最相反的阶层构成的,有穷人和富人、青年和老年、好人和坏人,不也这样存续下来了吗?从多中求一,从相异中求相同,这正是城邦繁荣的自然之理。和谐恰恰来自相反,而不是相同。

当然,马克思最不会赞同这样的道理。如果给他一个发言的机会,他会说:"那不叫对立统一,那叫阶级斗争。阶级斗争是血淋淋的,不死无休,不是东风压倒西风,就是西风压倒东风。"黑格尔会站出来替赫拉克利特辩解："亲爱的马克思先生，您是精通辩证法的高手，难道就不能辩证地看待这个问题吗？"

如果辩证地来看这个问题，首先就会发现"对立"的意义何其重大。强者压迫弱者，弱者等机会反抗强者，富人剥削穷人，穷人造富人的反，凡此种种，人类社会在战乱与和平的反反复复中迁流不居，永远保持着人与人为敌的张力——换言之，人与人的关系如同琴弓与琴弦的关系，这才符合天地自然之理，才是动态平衡中的和谐，而常人眼中死水一潭式的和谐注定导致衰亡。

所以，我们应当歌颂战争。战争不仅是最大的慈善，也是最高的正义。（附录2）

对于战争的益处，斯宾塞看得更清楚些。他在《社会学研究》里有很周密的分析，其中提到战争的一个很大的好处就是能使人类社会的规模扩大，而只有在大规模的社会里，生产力才有可能飞速发展。试想那些小部落，就算我们援助他们，为他们兴建一座纺织厂，但这对他们有什么用处呢？所以，在古老的年月里，人们总是自给自足的。

还有一点，终身学习，这种持之以恒的精神对我们来说非常重要。我们还常常听说"一万小时理论"之类的说法，总而言之，我们永远不能松懈，一旦松懈就会落在别人后边。但我们生来就有这种毅力吗？当然不是，这都是被社会逼的。用斯宾塞的话说："连续工作的能力是土著所缺少的，只有施加被征服、被奴役的部落长期受到的那种压力，才能培养出这种能力。"

这种能力还能带来相关的好处，那就是道德的提升，因为服从最能培养克制。（附录3）

当然，尽管有以上种种好处，但持久的战争总是不好的，一张一弛才是文武之道。正如孟子所谓"生于忧患，死于安乐"，社会则"生于战争，死于和平"。战争难免会死人，难免会有一些民族消亡，但这不算什么。在斯宾塞看来，这只是社会有机体的新陈代谢而已，任何有机体总要把废物和毒素排泄出去才能保持健康。

然而，听任那些又穷又笨的人在"物竞天择"的规律下惨遭淘汰，即便在理性上是"应该"的，但显然也会在情感上令人不快，毕竟很少有人具备斯克鲁奇那样强悍的心理素质啊。如果我们可以曲突徙薪、防患于未然，是不是就要好得多呢？

附录1

古希腊哲学是从爱琴海东岸的爱奥尼亚地区开始的，今天这里已经是土耳其的地界了。当年的爱奥尼亚有好几个城邦盛极一时，其中最著名的就是米利都。古希腊最早期的三位哲学家都是米利都人，因此被称为米利都学派。仅次于米利都的是一个叫作爱菲斯的港口城邦，那里是公元前8世纪最大的奴隶批发市场。两百年后，随着波斯帝国的扩张，爱菲斯失去了独立，幸而波斯人奉行宽松的文化政策，古希腊哲学并没有失去它的土壤，所以才有了赫拉克利特和他的哲学。

传说赫拉克利特是爱菲斯的王族后裔，本来有继承王位的资格。但他似乎并不喜欢政治生活，所以将王位让给了弟弟。在我们误以为他是一位隐士型的学者之前，必须知道他放弃的仅仅是王位，而不是对凡人俗务的全部关注。他不满意波斯人的统治，旗帜鲜明地支持祖国同胞的抵抗运动，他的后半生就是伴随着著名的希波战争度过的。

附录2

赫拉克利特这样说道:"战争是普遍存在的。正义就是战争。万物都是由战争和必然性产生的。""战争是万物之父,又是万物之母。它使一些人成为神,一些人成为人;使一些人成为奴隶,一些人成为自由人。""当荷马说'但愿战争从神和人之间消失'的时候,他错了,因为若没有高音和低音的交杂就没有和谐,没有雌性和雄性也就没有动物。"

让我们回顾一下"公地悲剧"的内容,洛伊德在《关于控制人口的两课讲义》这样推演:有一片牧场,每个人都可以在里面放牧。作为一名牛仔,你想养多少牛就养多少牛。数百年来,这里似乎相安无事,因为战争、偷猎和疾病总会把人口和牛的数量保持在土地的承载能力以下。终于有一天,人们长久渴望的和平幸福地降临了,但是,这竟然导致了意想不到的悲剧……

如果我们把最后一句话凝练一下,就可以表述为"和平导致了悲剧"。这是马尔萨斯会高度认同的观点。如果你再留意一下洛伊德发表这篇文章的时间——1833年——那一年高尔顿十一岁,斯宾塞十三岁,狄更斯二十一岁,达尔文二十四岁,然后,请你再留意一下洛伊德这篇文章的题目"关于控制人口的两课讲义",你就会对"公地悲剧"有更深一层的理解了。

附录3

还是用斯宾塞的话说:"人们起初服从主人,之后服从进行统治的个人，现在服从人格化较弱的政府以及政府制定的具体法律。只有经过这样服从的训练，人们才可能最终服从道德准则，而道德准则则使文明人在与同伴打交道时越来越能克制自己。"

李嘉图：社保害国害民

（1）经济学家的发言经常让老百姓怒不可遏

这一节我们将谈谈经济学名家大卫·李嘉图（David Ricardo, 1772—1823），还要谈谈心理学上著名的罗森汉实验。

斯宾塞是不是过于保守了呢——他只是教我们不要逆天行事，但我们既然明白了天道，明白了进化法则，做一些顺水推舟的努力岂不是对社会更加有益吗？

我们可以怎样顺水推舟呢？这样做真的好吗？

听任那些又穷又笨的人在"物竞天择"的规律下惨遭淘汰，即便在理性上是"应该"的，显然也会在情感上令人不快，毕竟很少有人具备斯克鲁奇那样强悍的心理素质啊。如果我们可以曲突徙薪、防患于未然，是不是就要好得多呢？

一个很严峻的现实是，底层人民太能生育了，越穷越生，越生越穷，不断拉低全社会的层次。我在前面讲过，广种薄收是底层人民的最佳生存策略。他们没有资源，其中的很多人也缺乏足够的聪明和毅力，只能用概率赌未来，能生多少生多少，只要有一个孩子有出息，至少就能解决自己的养老问题了，家族命运也会为之一变。这种策略才是真正意义上的"一将功成万骨枯",绝大多数的孩子只是可悲的分母,继续在愁云惨雾里度过一生,继续奉行广种薄收的生存策略。

而那个成才的孩子,通常过得也不轻松。就像今天的"凤凰男",在大城市里打拼出自己的一片天地,好不容易经营起一个小家,但老家的穷亲戚三天两头过来投靠,让他的老婆孩子不堪其扰,恨不能另立门户,还要在大门上张挂一条横幅:"风能进,雨能进,亲戚不能进。"往往还要再熬一两代人,这一家的子孙才能轻装突击。

真的等到一两代人之后,那些穷亲戚的阵营已经扩大到惊人的规模了。穷人养孩子的成本很低,无非是粥锅里多添一勺水,而孩子只要长到六七岁就可以帮父母干活儿,至少可以照顾弟弟妹妹了。如果政府多给他们一点救济,他们中的很多人就会多买一些粮食,在粥锅里再添几勺水,再多生几个孩子。

1819年,议员大卫·李嘉图的反对意见在下议院发布:

> 李嘉图先生认为应当予以纠正的两大弊害是:人口过剩的趋势和对劳动阶级提供工资的不够充足。他担心这里所建议的措施未必能防止这些弊害的持续存在。他认为情况正相反,如果为贫民所有的子女提供帮助,只会使弊害变本加厉;因为,如果做父母的满有把握,他们的子女准会得到仁慈、温暖的待遇,那时人口的增长将漫无止境,这种现象在劳动阶级是极容易发生的。(《防止滥用济贫税议案》)

大卫·李嘉图的名字在今天可谓如雷贯耳,他是紧承亚当·斯密之后的古典经济学的宗师巨匠。经济学家的发言经常让老百姓怒不可遏,这是有传统的。

穷人会站出来指责李嘉图的道德瑕疵:"你以为你是议员就可以乱

说话吗？别以为我们不知道，你这个议员资格根本就是花钱买来的！"

话音未落，马上有人出来帮腔："你的钱，来路也不干净，都是靠投机倒把挣的！"

的确，当年在滑铁卢之战打响之前，没人敢赌英国会赢，只有李嘉图几乎倾家荡产地低价收购英国国债。

李嘉图就是这样的赌徒，他还很讲义气，要拉上好朋友一起发财。这位好朋友就是《人口原理》的作者马尔萨斯。结果，马尔萨斯小心翼翼地投入一笔钱，当天就被焦虑折磨得彻夜难眠，第二天就反悔了。战争结束之后，李嘉图一夜暴富，财产很快超过200万英镑，而那时候，他只有二十五岁。这位犹太裔的英国人，身上果然流淌着犹太人的血。而同为精英的马尔萨斯，就只能在午夜梦回的时候抽自己耳光了。

那么，投机、行贿分子李嘉图和劳苦大众谁更值得活着，谁更值得生儿育女？

对于这种问题，大家当然可以各说各话，但当时还有一个更加严峻的问题，那就是即便政府采纳了李嘉图的意见，但怎么才能让穷人变成优质人口呢？这好像太不现实！貌似也存在着一个现实性很强的方案：让穷人少生，甚至不生。

这当然太缺乏人道主义精神了，所以执行起来应该打个折才好。穷人中有很多精神病人，他们是因为头脑不正常才没法正常地工作和生活的。对这些人，仅仅把他们关进精神病院是不够的，还应当阉割他们，不让他们生儿育女。

这是美国遗传学家威廉·古德尔（William Goodell, 1829—1894）的主张，在当时很有开创意义，即便今天听起来，似乎也有几分在理。如果一个社会任由大疯子生出一堆小疯子，显然对任何人都没好处。再说，疯子没有足够的理性和自控力，政府替他们代劳一下也算尽了社会责任。

但我们有必要知道的是，在那个年代，人们对疯子的界定极其宽泛，也很难说有什么真正客观可靠的标准。即便到了现代社会，鉴定一个人是疯癫还是正常也不那么容易。20世纪70年代初，美国心理学家大卫·罗森汉（David Rosenhan, 1929—2012）做了一个很著名的实验，后来被称为"罗森汉实验"。他招募了七个人，连同自己一起，分别打电话给精神病院，描述了一些幻听的症状，预约就诊。除了在这一点上作伪，所有人的言行完全正常。这八个人分别是五男三女，其中有三名心理学家、一名儿科医生、一名精神病学家、一名画家、一位研究生和一名家庭主妇。不久，所有人都被诊断为精神分裂症或抑郁狂躁型忧郁症，入院接受治疗。

进入医院以后，八个人的各种正常行为都被医生做出了深刻的病理解读。这一次离奇的经历发表在1973年的《科学》杂志上，题目是《论疯癫场所中的正常表现》(On Being Sane in Insane Places)。

这样的事情至少并不出乎我自己的意料，因为我在少年时代就被权威医院里的权威医生诊断出患了精神病，必须进行药物治疗。但我偷偷扔掉了很多药，所以，到今天应该已经病入膏肓了。现在想来，病因大概是我从小喜欢乱读书，所以思维方式和同龄人有太大的不同，偏巧又逢青春期，整个人都显得古怪，看问题的角度完全偏离正轨。这就解释了我为什么偏离了课表，当然，表面原因是我想把一些思想脉络更清晰地梳理给你们看。

如果疯子就该被阉割的话，那么无论在19世纪的英国还是在今天，我都无处可逃。当然，即便采取最宽泛的标准，仅仅给疯子绝育是远远不够的，所有老弱病残通通绝育才好，同时还要给社会精英创造更好的条件，让他们多生多养。这样的话，国民素质才能在几代人之中迅速提升。为了国家和民族的伟大福祉，这样的改变刻不容缓！

爱洛伊丝：婚姻是对爱情的亵渎

（1）人为进化

如果把社会达尔文主义奉行到底，那么"任天为治"应该是最佳策略，对生育问题不要人为干涉，只要不去救济穷人，"自然选择"自然就会优化人种。如果又是立法，又是阉割，难道不怕弄巧成拙？

当年的知识精英会带着自信的微笑说"当然不会"，然后抛给你一个貌似和主题无关的问题："你以为进化真的需要很久很久吗？"

确实，进化也可以是一件很快的事情。早在进化论问世之前，毫无生物学素养的园丁和饲养员们就培育出了很多新奇的动植物品种。比如我们熟悉的金鱼，它的祖先是很不起眼的鲫鱼。极少数发生基因突变的鲫鱼被人类有意识地培育成了五花八门的绚烂品种。再比如作为宠物的猫狗，各种稀奇古怪的品种也都是人工培育出来的。人工育种可以把自然选择向着我们想要的方向引导，这不是逆天行事，而是顺水推舟。

其实，真要解决这个问题，有一种顺应自然之道的方式会很有效，连顺水推舟都不需要，那就是废除婚姻制度。是的，如果我们真的要"任天为治"，就必须认识到婚姻制度实在太逆天了，必须废除才好。

我们看看自然界，雄性为了争夺交配权，总要和其他雄性奋勇竞争,最后的结局常常是赢家通吃,垄断一个族群里的全部雌性。而那些落败的雄性,如果不能卷土重来,或者不能偷偷摸摸地和某个雌性发生奸情,就不可能留下后代。这就意味着,只有最强的雄性才能留下后代。每一代都遵循这样的规律,这个物种的"人口素质"就会不断得到强化。

我们在黑猩猩的社会里还会看到这样的情景:新上位的雄性会杀掉所有的幼年黑猩猩,那情形正如人类社会里的改朝换代。

在经济学里,最为基础性的概念就是稀缺。因为资源永远是稀缺的,所以才有如何配置稀缺资源的问题。如果从经济学的角度来理解社会问题,我们就会发现,对雄性来说,雌性,尤其是又漂亮又能生育的优质雌性,永远都是最为稀缺的资源。雄性对许许多多资源的争夺,本质上都是争地位,而争夺地位的本质就是争夺雌性,有了更高的地位才有更高的交配资格。如果把优质异性看作稀缺资源的话,那么根据科斯定理,谁用得更好就归谁,这最自然不过。

人类社会的自然状态正是这样的,即便到了大社会的时代,皇帝有三宫六院,大户人家有三妻四妾,穷人讨不到老婆。基督教社会虽然要遵循一夫一妻的神谕,但国王、领主和主们总还是有很多公开或半公开的情人,相应地也就有很多的私生子。

如果彻底废除婚姻制度,扯掉最后一块遮羞布,任凭所有人以最自然的方式选择配偶,似乎不难达到优化种族的效果。当然,这样的社会很有必要设置一些低档、廉价的红灯区,甚至可以有一些政府补贴,这就可以最大限度地消除治安隐患。

但是,为什么没有国家这样做呢?

(2) 婚姻的本质

道德当然是一个很重要的原因，但显然不会是最重要的。要理解这个问题，我们就必须理解婚姻的本质。请你认真想想：婚姻的本质到底是什么？

前些年热议新婚姻法解释的时候，我看到很多人说婚姻的本质是爱情。当然不是，爱情并不需要婚姻，需要靠制度和法律来保障的爱情不一定是爱情。

纯洁的爱情不需要承诺和法律条文的保障，不需要证书和律师，不需要任何财产分配的方案。你爱我或不爱我，我都爱你；你打我骂我，我都爱你；你背叛我，辜负我，我都爱你；你给或不给我名分，我都爱你。

阿伯拉尔和爱洛伊丝的爱情传奇发生在中世纪的巴黎大学。这是一段师生恋，贵族少女爱洛伊丝爱上了当红教师阿伯拉尔。爱洛伊丝很珍视这份纯爱，从一开始就不想用婚姻这么世俗的东西来玷污它，何况他们的婚姻真的会给双方都带来很大的麻烦。这是一个悲剧，爱洛伊丝的监护人在愤怒之下带人阉割了阿伯拉尔，爱洛伊丝被送进了女子修道院，在那里终老一生。传说爱洛伊丝在临终的时候对修女们说了一句掷地有声的名言："上天做证，我宁为阿伯拉尔的情妇，也不做宇宙之王的正妻。"

这句话在一千年后被美国女作家维多利亚·格里芬用作一本新书的扉页题记，那本书叫《情妇：关于女性第三者的历史、神话与释义》，作者本人就是一位资深第三者。她把这部书题献给爱洛伊丝，因为后者不仅是情妇界的楷模，也是纯爱的完美化身。格里芬相信，婚姻意味着"一个男人要作为我的丈夫永远地和我在一起。爱情的自由奉献在此已不复存在了，爱情的价值也因此受到了贬低。如果一个男人在任何时候都可以自由地离我而去,那么,当他来到我的身边的时候,我就知道在这一刻他是真的需要我"。

格里芬如此分析说:"爱洛伊丝正如所有的情妇一样,表露出了这样的意识,即自己是被真正爱着的,并且明白婚姻会威胁到自己这种被爱的感觉。因为情妇都会知道,如果情人来到自己的身边,那是因为他们愿意来,而妻子们想的则是,丈夫除了和自己相处之外再不会有什么别的选择了。作为丈夫,一个人也许仍然爱着自己的妻子,也许已经不爱她了,但他们还必须在一起生活,因为婚姻已经把两个人束缚在一起了。对情妇而言则不是这样,她想知道的是,她的魅力是否还对那个男人有效,而非法关系的维系正是爱情存在的证明;那个男人一定是崇拜自己才行,否则的话就不会为自己冒这样的风险了。女人或许会欺骗自己——也许她爱上的男人只是喜欢冒险,就像自己喜欢被诱惑一样——但她可以告诉自己,当那个男人在和自己待在一起的时候,完完全全都是出于自愿。两人之间的阻碍越多,也就证明了男人对自己的爱情越深。"

当然,这在今天绝对会是引发众怒的观点,但它也真的道出了婚姻的本质。

是的,本质上说,婚姻是一种财产制度,财产继承问题才是婚姻中的头等大事。正是因为这个缘故,即便是有三宫六院的皇帝,正式妻子也只有皇后一个,皇帝不会把所有妃嫔都封为皇后。只有皇后生的儿子才是嫡子,只有嫡子中的长子才有公认的继承权。所以,制度性的婚姻一定是伴随着私有制而来的。于是,即便是一对真正怀有纯粹爱情的情侣,为了他们的爱情结晶能享受到无可置疑的继承权,也会心甘情愿地踏入婚姻的庸俗殿堂。

反过来也就意味着,在完全公有制的社会里,婚姻制度没有存在的必要。中国近代史上,反动派之所以污蔑共产党搞"共产共妻"的勾当，缘故就在这里。

占有最多社会资源的精英们肯定不愿意和穷人共产，而私有财产既然必须保留，婚姻制度也就只能无可奈何地保留下来。当然，就算你很明白婚姻只是副产品，结婚的时候也必须尊重"神圣的婚礼"。

既然废除婚姻制度这条路走不通，那就只能从生育方面对社会做些改变了。

H：人的婚姻应当学习猪的配种

(1)《达尔文主义与国民生活》(*Darwinism and National Life*)

在生育政策上要采用怎样的办法，才能让精英分子多生，让老弱病残少生乃至不生呢？请你暂时放下道德上的厌恶感，认真计划一下国家民族的百年大计吧。

这个问题是可以作为一个纯粹的科学议题来讨论的。

1869年，英国《自然》杂志刊发了一篇署名为"H"的文章，题为《达尔文主义与国民生活》，从"进化速度"这个很学术的角度出发，渐渐触及"国民生活"这个很敏感的社会议题。

英国的《自然》和美国的《科学》是历史悠久的两大顶级学刊。直到今天，谁要是在这两份刊物上发表一篇文章，无论如何都是一件很露脸的事情。但这位H先生偏偏隐匿真身，这也难怪，他讲的内容太过敏感了，不知道有多少人会举起道德的大棒喊打喊杀。

文章一开始就说，达尔文的进化论虽然很重要，但人们还是没有充分意识到它真正的重要性。我们知道，既然最适应当地环境的生物一定会在物竞天择的过程中成为赢家，那么一种高级生物之所以能生存下

来,进化的每一步都必须依赖以下三个条件:

第一,一个变种出现了,比那些未曾发生变异的同伴更适应周围的环境。

第二,它在死亡之前有足够的时间和异性交配,生育后代。

第三,它的交配对象一定足够合适,以确保它的优势性状不会被中和。

搞过人工育种的人对这些内容都不会陌生,因为人类改良动植物品种,用到的方法就是控制好这三个条件。控制得当,进化就发生得很快。所以,家养动物的进化速度明显快过野生动物,我们人类的进化速度介于两者之间。在《物种起源》出版九年之后,《达尔文主义与国民生活》刊发一年之前,达尔文发表《动物和植物在家养下的变异》(The Variation of Animals and Plants under Domestication, 1868),以宠物猫和宠物狗的品种作为切入点,专门研究过这个问题。

这是不是可以导出什么结论了呢?

既然动物和植物可以被我们优化品种,我们为什么不可以自己优化自己的品种呢?

H先生痛心疾首地陈述如下观点:长期以来,我们在婚配问题上太任性了,但既然我们已经清楚了进化论的原理,就应该把这种先进的科学知识应用到我们的生活中,通过立法或非立法的手段改变我们生活的环境,让智力和体能更优秀的人有更合适的发展空间,促进更高等的个体彼此婚配,多生多养。国会应当充分认识到这个问题的重要性,肩负起引领民族发展方向的责任。

因为明智的贸易政策,英国已经在工业生产和海外贸易方面出现繁荣兴盛的局面。但是,其他国家有样学样,已经纷纷赶上来了,英国原有的核心优势已经越来越靠不住了,在未来的国际竞争里唯一可以依靠的就是人口素质。人口素质表现为民族特性,民族特性当然有一部分是由自然环境造成的，但也有相当一部分是由政策法规的环境造就的。

H先生拿当时的爱尔兰人举例：爱尔兰的主体经济是农业，矿藏资源不如英格兰丰富，这是先天上的不足，但这个先天不足比起后天的不利因素来就不算什么了。英格兰对爱尔兰长期的高压统治造就了爱尔兰人对压迫者的刻骨仇恨和性格里的惊人隐忍。这两种特性不断地自我复制，只要外部环境不变，就会在年复一年中同化更多的人。尽管在大半个世纪之前，英格兰人就已经在爱尔兰废除了以往那些苛政，但人们还是可以在爱尔兰人身上看到那两种很醒目的民族特性。

相反的例证是美国人。美国人从一开始就带着英国人的民族特性，而数百万超出各个种族人口平均水平的移民极大地强化了这些特性，新大陆几乎无限的土地资源激发出了他们身上自强不息、自力更生的情操。

H先生如果生活在今天，一定会饶有兴味地探究朝鲜和韩国在民族特性上的差异，重要的是，要看看这种差异是不是可以遗传的。

(2) 高尔顿的《人类的才能及发展》

H先生不曾在文中明讲的是，人的婚姻应当学习猪的配种。到底要学到何种程度、立法要如何立、非立法手段要如何做，他很可能心里藏着成算，却不愿意公之于众。就这样又过了十四年，一套详尽的科学方法论终于问世，一门新学科——优生学——横空出世。

1883年，达尔文去世的第二年，弗朗西斯·高尔顿发表名著《人类的才能及发展》。在这部书里，高尔顿将希腊语中表示"优秀"的"eu"和表示"生育"的"genics"拼合成"eugenics"，中文翻译成"优生学"，它很可能是近一个世纪以来对人类的生死存亡影响最大的一门学科，很多重大的社会思潮与社会事件都可以或明或暗地关联到高尔顿身上。

1822年，弗朗西斯·高尔顿出生于英国一个显赫的财阀家庭，自幼就以"神童"闻名。这位小神童长到十六岁的时候，父亲安排他学医，但手术台上的景象把他吓得掉头就跑。看来学医是一条可怕的荆棘路，人生到底应该何去何从，不如去请表哥指引一条明路。

当时高尔顿的表哥刚刚随着皇家海军"小猎犬"号完成了一趟环球科考，在心力交瘁之下，他劝慰这位小自己十三岁的表弟："数学才是你的方向。"

当你听到"小猎犬"号和"环球科考"，是不是已经想到了这位表哥的身份呢？

是的，他就是查尔斯·达尔文，这一家人的三亲六戚当真称得上满门精英。

高尔顿于是去剑桥大学攻读数学，但他太不适应那里的学习气氛，很快就病倒了。一个学无所成的人将来到底能做什么职业，这种问题稍稍想想就会令人陷入无尽的忧虑，但是，命运的转机在毫无征兆中出现了：在高尔顿二十二岁那年，父亲去世，留给他一笔丰厚的遗产，使他不靠大师的指引就一步踏上了财富自由之路。从此再没有人约束他，他可以自由自在地去过自己想过的日子。

让我们回顾一下这几章里讲过的几位知识精英的命运转捩点：斯宾塞是靠叔父的遗产，达尔文是靠啃老，卡文迪许是靠家族遗产，迪斯雷利傍上了富婆。如今高尔顿竟然又是一个年纪轻轻就有大笔遗产可以挥霍的人，怎不让寒门子弟血灌瞳仁，暗恨王侯将相确实有种呢？

遗产确实是推动西方文明发展的一大助力，但之所以很多人在年轻时代就能够获赠遗产，使自己能在最好的年纪发挥最大的创造力，还必须仰赖另外一大助力，那就是普遍低下的医疗水平——就连金字塔尖上的富人也难免英年早逝。如果医疗水平高，人均寿命长，青年才俊普遍要熬到中年以后才能获得遗产的话，文明发展的脚步一定会放缓许多。

这时候高尔顿刚刚二十二岁，如何挥霍这笔遗产便成了一个迫在眉睫的问题。高尔顿决定出门探险。

高尔顿：生比养更重要

（1）来历不凡的黑猪

高尔顿时代的探险和今天有什么本质性的不同？

我们已经知道，高尔顿是含着银汤匙降生的，并不像暴发户那样渴望花天酒地的生活。生活需要意义，需要目标，需要成就感——要这三者兼备的话，还要尽情发泄年轻人旺盛的精力，那就做个探险家好了。于是，一场"五月渡泸，深入不毛"的旅程就这样开始了。

今天很多商界精英迷恋探险，比如刘润老师，壮志饥餐塔克拉玛干之云，笑谈渴饮乞力马扎罗之雪，用近乎自虐的方式磨炼心志。但高尔顿时代的探险和今天很不一样，那时候世界版图上还有很多未知之地，有太多未知的人类种族、珍禽异兽、奇风异俗等待着先行者发现，所以探险往往带着科学考察的色彩，而反过来说，科学考察往往也带着探险的味道。

高尔顿就这样开始了维多利亚风格的文化苦旅，时而远征大漠深处，时而扬帆非洲尽头，回国之后他把自己的冒险经历整理出版，题目叫作《南部非洲探险记》(*Narrative of an Explorer in Tropical South Africa*, 1853)，竟然成为当年的畅销书。而他在考察方面的新鲜发现，还为他赢得了一枚皇家地理学会授予的金质奖章。

按我们普通人的想法,既然已经在某个方向上有所斩获,接下来就应该再接再厉,不断扩大战果。所谓职业生涯,就应该这样不断攀升才对。但富二代的想法和普通人不同,高尔顿觉得,探险算是玩够了,再玩下去已经没意思了,不如结婚,再另外找找有趣的事情来做吧。

就这样,而立之年的高尔顿从九死一生的域外探险路上突然转身,过上了平平淡淡的婚姻生活,闲来琢磨一下沏茶的技巧:水温在多少摄氏度最合适,什么样的茶具最好,茶叶应当怎样保存。他用科研的心态来做这项研究,不断改变参数,记录数据,绘制图表。如果他认识罗振宇,就可以把多年心血写成这样一张清单:沏一壶好茶所需要的十项要素。

如果不是表哥的《物种起源》终于问世,高尔顿也许很难再找到比茶道更刺激的事业了。《物种起源》深深刺激了时年三十七岁的高尔顿,尤其是书中的第一章"家养状况下的变异",简直有一种拨云见日般的冲击力。

我们不妨把自己假想成维多利亚时代的人物,在对进化论所知不多的情况下突然看到《物种起源》的第一章,看到人工育种的许多奥妙。

比如,今天我们看到的猪有很多都是黑色的,但原先不是这样,猪也可以活得五光十色。所以,当某位教授发现弗吉尼亚的农民养的猪都是黑色的,自然感到好奇。农民的解释是,猪如果吃了一种叫赤根的东西,骨头就会变成淡红色,猪蹄就会脱落,但是黑色的猪不受影响。有了这个经验,母猪生崽之后,农民就会专门选取黑色的猪崽来养育,所以没过多久,这里就只剩下黑猪了。

至于这种遗传到底是怎么发生的,搞不清也没关系,就当成黑箱好了。达尔文就是这么做的,他记载的一些黑箱规律足以使高尔顿式的读者呼吸加速,比如植物的遗传变异比动物更有突发性。有一种叫作普通醋栗(common gooseberry)的植物,在一代代园艺家的精心栽培下,它逐渐变大了。园艺家通常的做法是,及时把那些生长得不合心意的幼苗拔掉，就像养猪的农民淘汰掉黑色以外的猪崽一样。

现在让我们仔细想想：如果人类和动植物有着一脉相承的亲缘关系，人类无非是所有生物中最优异的一种，那么，适用于动植物的人工培育方法为什么不可以应用于人类自身呢？

(2) 人类品种改良计划

高尔顿为杂志撰文，其中有这样热情洋溢的话："我们用在马和猫身上的品种改良的开支和努力，如果只拿出其中的1/20用于人类自身，什么样的天才我们不能创造？！"

这种观点显然不是绝大多数人能够轻易接受的。人似乎和动物有一点本质性的不同，用我们中国人的《三字经》来说，就是"性相近，习相远"。人的天性都差不多，之所以有成功的，有失败的，有勤劳的，有懒惰的，有聪明的，有愚钝的，都是后天习得的结果。比如我自己，从小就有很多课外书看，越看越爱看，好像就比一般孩子聪明，但如果我还是这样的我，从小成长在一个屠宰场里，就不大可能有什么智识上的优势，却会对用刀、见血之类的事情习以为常，成年之后靠着过人的刀法和狠辣的心性闯出一片天地。如果说真想改良或净化人种，貌似教育才是王道。

先天禀赋和后天培养，哪个更重要？这是由来已久的辩论难题，正反双方各有各的道理。高尔顿当然是个先天决定论者，谁让他是神童出身呢，切身感受比什么都更有说服力。但是，作为一名严谨的科学家，现身说法可说明不了任何问题，反方随时可以同样现身说法地拉来更多的反例。正确的研究方法就是认真做调研，对精英和底层人士做大样本的统计分析。这有何难，统计学恰好就是高尔顿的特长，时间和金钱也是他完全耗得起的,但有一个难点似乎无法克服,那就是如何辨别一个人的成功或失败到底来自先天还是后天。

比如,我们把"精英日课"的订阅者拿来研究,挨个儿统计每一名精英人士的家族历史,发现这十几万精英不管谁家都是龙生龙、凤生凤、虎父无犬子、虎爷爷无犬父,即便追溯到家谱尽头依然根正苗红。但是,这就可以得出结论,说他们的卓越是先天决定的吗?为什么不是家族环境潜移默化的影响造成的呢?为什么不是精英家庭对子女教育更加重视的结果呢?

真的很难。如果你是高尔顿,你有什么办法来破解这个难题吗?

高尔顿确实很用心。1869年,他的新作出版,题为《遗传的天才:对它的法则与后果的一个探讨》(*Hereditary Genius: An Inquiry into Its Laws and Consequences*, 1869)。在这部书里,高尔顿展示了自己所做的庞大的调查取样,有太多社会各界的名流都在他的调查范围之内,而为了破解上述难题,他特地调查了高级教职人员的家庭状况。这些人依据教规必须保持独身,但他们往往会把养子、侄儿乃至远房子侄培养出来,就像父母养育子女一样。于是,统计数据告诉我们,这些子侄的成材率明显偏低,显然血缘关系越远,优质性状的遗传越少。

这已经算是很聪明的方法了,但我们还是可以有些挑剔,说养父对各类养子的感情至少在多数情况下都不能和真正的亲子关系相比,而且,取样还缺少另一个角度,那就是调查那些大人物散落民间的私生子,观察他们在缺乏后天良好养育的情况下是不是仅凭先天禀赋就能卓尔不群。

所以,高尔顿这项研究的严谨性还不能构成很强的说服力,不过它的一项副产品直到今天还在不断被人们提起,那就是"回归均值"的规律。

当你遇到不顺利的事情,会不会求神拜佛呢?求过拜过之后,情况有没有好转呢?请你回想下自己的经历和体会。

※ 第八章

道法自然：让老弱病残自生自灭

怎样消灭老年人

（1）引导舆论

怎样消灭老年人？

当然，我们不需要消灭所有的老年人，那些虽然年老但身体健康、热爱劳动的人完全有资格继续活着，佘太君百岁挂帅就是很好的榜样。只有那些又老又弱，总在忙看病、忙调养的人，才是应该去死的。斯宾塞已经告诉我们，消灭这样的人无论是对当事者自己还是对整个社会都有好处。让我们回顾一下《社会静力学》的一个观点："当反刍动物因年龄而丧失了使其生存成为乐事的活力时，被一些食肉动物杀死，比起苟延因虚弱而变得痛苦的残生而终于死于饥饿，其实要好得多。由于毁灭了所有这些动物，不仅使生存在成为累赘以前结束，而且为能够充分享受的年青一代腾出了地方。"

假如作为统治者的你已经接受了这样的价值观，首先严于律己，下定决心，就算等自己老了，也绝不成为社会的累赘，然后你就可以满怀道德感地制定相应的政策了。接下来的问题，也就纯属技术性的问题了。

你很清楚，人人都会变老，所以消灭老年人就等于和所有人为敌。

即便你是一代暴君,你也不敢去冒众叛亲离的风险。硬性的政策法规很容易激发民变,所以你必须逢强智取,采用软的手腕——引导舆论。

也就是说,你可以用宣传手段,润物无声地扭转人们的价值观,让大家相信顺应自然、适时死去是光荣的,反之,靠各种医疗手段勉强维持生命,天天关注养生节目,这很可耻。一个正面的老年形象会做出放弃治疗的"义举",会说出"不给国家添麻烦,不给子女添麻烦"这种感人肺腑的台词。你要宣扬奉献精神,表彰所有不计回报的付出。

你也许会有疑虑,觉得如此忤逆人性的勾当怎么可能成真?但是,请你认真复习前几章的内容,想一想"价值"是完全主观的。只要人们相信了你的宣传,深刻认识到不计回报的付出是一项伟大而闪光的事业,那么他们就会自动自发地感动自己,每一次自我牺牲都会给他们带来无上的心灵慰藉。

如果你暂时还没当上统治者,那也没关系,你至少可以想象一下这个理想的国家将会如何运作。这件事,早在两千多年前就已经有人替你做了,柏拉图正是这样构建了他的"理想国"。

(2) 柏拉图的《理想国》

《理想国》是柏拉图最著名的著作,西方文明里的许多思潮都可以在这部书里找到根源。所以,你从现在就可以留意,看看我接下来讲到的内容里隐藏着哪一种我们已经了解过的社会思潮。

"理想国"是一个很贴切的意译,如果直译的话,书名应该是"共和国",也有中译本将它译作"国家篇",意思是"柏拉图所有对话录中专门讨论国家的一篇"。

《理想国》和柏拉图绝大多数的对话录一样，以苏格拉底为主角，借苏格拉底和旁人的对话一步步破除迷思，勾勒出一个理想共和国的宏伟蓝图。

叙述是以苏格拉底为第一人称开始的，从正义的人谈到正义的国家，谈着谈着，就谈到了老年、健康、养生和医疗这些问题。

事情要从理想国的人口结构说起。在苏格拉底看来，一个正义的国家里应当有三种公民：普通人、士兵和护卫者。护卫者作为职业政治家，是理所当然的统治阶层。他们必须从童年时代就接受严格的训练，并且把这种训练保持一生。因为一个人如果只有好的身体，不一定就能造就好的心灵和好的品格，但只要有了好的心灵和好的品格，就能使天赋的体质达到最佳状态。

这意味着什么呢？意味着一旦你发现某位政府要员健康状况不佳，比如大腹便便，或者骨瘦如柴，或者经常住院，那么你就可以推断出来，他的心灵和品格一定出现了问题。这在一定程度上倒也在理，比如我们知道，肥胖虽然和遗传相关，但也和自控力有着很高的相关度。尤其对中年人来说，匀称而挺拔的身体会给周围的人释放这样一个信号：我是一个自控力很强的人。所以，无论是政界领袖还是商界领袖，对健身和节食的意愿往往比普通人更高。

对于健康问题，苏格拉底给出了三条建设性意见：第一，简朴的饮食；第二，简朴的体育锻炼；第三，简朴的性生活。（附录1）

我们必须留意，苏格拉底所谓的简朴，比我们今天所理解的简朴还要简朴得多。对很多人来说，苏格拉底式的简朴简直让人生不如死。

苏格拉底从《荷马史诗》里寻找榜样，说史诗里的英雄聚餐，即便在海边，也从来都不吃鱼。他们也不吃炖肉，只吃烤肉，这是因为只要有火就可以烤肉，但要做炖肉，就少不得随身带着瓶瓶罐罐，好累赘的。荷马还从来不曾提到甜食，这是每一个努力锻炼的战士都明白的——要把身体练好，就必须戒掉甜食。

这些内容，今天看起来会有一点费解，所以我们需要了解一点背景。在当时的社会里，鱼是上等食材，有各种烹调方法。肉也是高级货。主食一般是面包，甚至会有糕点，如果制作得再精致一些的话，就会用蜂蜜来增加甜度。炖肉比较复杂，需要有足够的汤汁，还要配上各种调味品——这就是所谓"瓶瓶罐罐"的用处。所以，吃鱼、吃炖肉、吃甜食，这就过于讲究了。

在苏格拉底看来，这些饮食之所以对人有害，是因为它们太复杂了，就像音调和节奏太复杂的诗歌一样。他有一句振聋发聩的名言："复杂的音乐产生放纵，复杂的食品产生疾病。至于朴质的音乐文艺教育，则能产生心灵方面的节制，朴质的体育锻炼产生身体的健康。"

在同时代的中国，为孔子所厌恶的"郑卫之音"就属于太复杂的音乐，足以败坏人的情操。我们今天绝大多数的流行歌曲显然更坏，《舌尖上的中国》还推波助澜地用各种复杂的饮食诱惑我们堕落。没错，很多疾病都因为对饮食缺乏节制，正如很多官司都源于当事人的不理智。我们只要观察一下自己身边，就会发现药店无处不在，还会发现律师和医生是人人羡慕的高地位、高收入的职业。这种"人间惨状"是苏格拉底早早就警示过的。

苏格拉底认为，复杂的音乐和复杂的食品导致了放纵和疾病，而一旦放纵和疾病在城邦里泛滥，那么法院和药店就会遍地开花，律师和医生就会趾高气扬，再没有什么能比这种情景更能证明一个城邦的丑恶败坏了。

附录1

我来说说18世纪法国画家勒尼奥的一幅名画《苏格拉底把亚西比德扯出温柔乡》。画面中左边那位严肃的中年人就是苏格拉底，被他从脂粉堆里强行拽走的俊美青年名叫亚西比德。亚西比德是雅典最著名的纨绔子弟，偏偏和苏格拉底结成了忘年交。这一对朋友，恰好分别是节制和纵欲的代表，所以，画家很喜欢这个情节，让画面充满戏剧张力。

我很喜欢的画家杰罗姆也画过这个题材，题目是《苏格拉底在阿尔帕西亚的妓院找寻亚西比德》。阿尔帕西亚是雅典政治领袖伯利克里的情妇，伯利克里则是亚西比德的监护人。

生了病该不该看医生，这是个政治问题

(1) 从道义的角度抨击疾病

苏格拉底不喜欢律师和医生，却也和大家一样崇拜医神，这到底是为什么呢？

你也许一时还看不懂苏格拉底的逻辑。这很正常，因为你的价值观早就扭曲了，把变态视为常态了。

法律诉讼不好，这倒容易理解，但医生和药店有什么不好呢？

答案是，在高尚的人看来，医疗就像借钱，最核心的原则就是"救急不救穷"。如果你偶然受了伤，或是得了什么季节性的疾病，找医生看一看，简单治疗一下，这是无伤大雅的，但你如果到处求医问药，那就很可耻了。因为会长期折磨人的疾病，都是由游手好闲、大吃大喝和纵欲无度带来的。

关于这个问题，苏格拉底和格劳孔有一段长篇对话。格劳孔是柏拉图的堂弟，一位有志青年，在《理想国》里是被苏格拉底反复教育的对象。在他们的对话里，不断出现一个很不好记的名字：阿斯克勒庇斯（Asclepius）。这位阿斯克勒庇斯是古希腊的一位名医，大概相当于中国的扁鹊。在《荷马史诗》里，阿斯克勒庇斯为希腊联军担任军医，是一个不很抢眼的角色。

苏格拉底的议论是这样开始的:"由于游手好闲和我们讲过的那种好吃懒睡的生活方式,身子像一块沼泽地一样充满风湿水汽,逼使阿斯克勒庇斯的子孙们不得不创造出腹胀、痢疾之类的病名来,岂不更是可耻?"

这句话里有一个细节需要解释一下:古代的技艺往往世袭,所以苏格拉底讲到"阿斯克勒庇斯的子孙",就是泛指这位名医的后辈医生。

显然,在苏格拉底看来,所谓腹胀、痢疾这些疾病都不是好人会得的,换言之,一个人只要不游手好闲,不好吃懒睡,就一辈子不会得这些病。这些疾病本不该在人类社会里存在。它们与其说是疾病,不如说是堕落导致的恶果。医生的天职不是处理堕落恶果的,但恶果实在太多,医生不得不去处理,也找不到其他人来处理。实在没办法,医生只有勉为其难,把不同的恶果冠以不同的疾病名称,当成疾病来治。

事情真的是这样吗?我们当然会怀疑苏格拉底的医学知识,相信格劳孔一定会反驳,但格劳孔竟然只是应了一句:"这确是些古怪的医学名词。"

苏格拉底还有进一步的解释,他表现出了很好的考据精神,从《荷马史诗》里找出了医疗诊断方面的描写。那是在特洛伊战争的时候,某位英雄负了伤,一个女人给他喝普拉纳酒(Pramnian wine),在酒里撒了大麦粉和小块乳酪。当时所有的医生都没有说她用错了药。

格劳孔觉得很奇怪,因为什么酒啊、乳酪啊这些东西都不是真正的药品啊。

苏格拉底让格劳孔回忆一下,以前的医生并不用现在的这些药品给人治病,他们用的无非就是酒和乳酪之类的东西,疗效很好。是从赫罗迪科斯(Herodicus)研究医术以后,全社会的医药观念才变了样。

这位赫罗迪科斯是一名体育教练出身的名医,苏格拉底对他的讥讽是一段很传神的文字："他身患不治之症，靠了长年不断地细心照料自己，居然活了好多年。但他的痼疾始终没能治好。就这么着，他一生除了医疗自己，什么事都没干，一天到晚就是发愁有没有疏忽了规定的养生习惯。他靠了自己的这套医术，在痛苦的挣扎中夺得了年老而死的锦标。"

今天我们不容易感觉出苏格拉底话里的讽刺，这是因为我们身边的老人中有很多都是这么过日子的，好像不这样过才不正常。

赫罗迪科斯的医术会不会比阿斯克勒庇斯的更高呢？他是不是站在阿斯克勒庇斯的肩膀上，把医学向前推进了一步呢？这真是有可能的，但苏格拉底不这么看。在苏格拉底看来，阿斯克勒庇斯的医术已经登峰造极了，赫罗迪科斯所谓的新发明，阿斯克勒庇斯其实早就懂得，只是不用，也不传给子孙后代。因为阿斯克勒庇斯是个很有境界的人，他深深知道，在一个井然有序的城邦里，每个人都有正经事情要做，既没工夫生病，更不可能一辈子没完没了地治病。

这话究竟从何说起呢？苏格拉底有一番振聋发聩、掷地有声的解释："一个木工当他病了要医生给他药吃，把病呕吐出来，或者把病下泻出来，或者用烧灼法，或者动手术。但是，如果医生叫他长期疗养，搞满头包包扎扎的那一套，他会立刻回答，说没有工夫生病，如果一天到晚想着病痛，把当前的工作搁在一边，过这种日子没意思。他就要同医生说声再会，回家仍去干他原来的活儿去了。他也许身体居然变好了，活下去照常工作，也许身体吃不消，抛弃一切麻烦，死了算了。"
（郭斌和、张竹明译，商务印书馆，1986）

我们看到同为轴心时代的伟大哲人，苏格拉底和孔子似乎是背道而驰的。如果用中国传统的儒家孝道来看苏格拉底，一定会骂他禽兽不如、寡廉鲜耻。即便以今天的眼光来看，似乎也会觉得苏格拉底的这番话缺乏善意，尖酸刻薄，完全不像任何程度上的好人会说出口的。

空穴来风，事出有因。要了解这些反人类的观念从何而来，格劳孔又为何完全不觉得诧异和愤怒，我们就需要知道更多的背景知识。

还是要从名医阿斯克勒庇斯说起。

(2) 适度的治疗

在《荷马史诗·伊利亚特》中，阿斯克勒庇斯还只是一位精通医术的凡人，后来才在口口相传之中渐渐超凡入圣，成为医神，甚至出现了以他的名字命名的圣殿，人们可以在那里祈求康复。

如果你翻看艺术史的画册，只要你相信"西毒"欧阳锋不会出现在这种书里，就会很容易把阿斯克勒庇斯的雕像辨认出来，因为他的标志性特征是手持一根手杖，手杖上缠绕着一条蛇。直到今天，欧美国家的很多医学机构还会在徽章上使用蛇杖图案，就连中国卫生部的徽章也用到了这个图案，可见这位医神的影响力。

埃皮达鲁斯遗址坐落于伯罗奔尼撒半岛的一个小山谷里，距离雅典140公里，公元前6世纪的医神祭祀就是从这里开始的。

丢勒画过一幅男性裸体，人物右手握着一条蛇，左手举着一只杯子，这也是医神的扮相，只不过杯子后来给了医神的女儿。

阿斯克勒庇斯的本领被越传越神，人们开始相信他有起死回生的本领。传说他救活了太多的人，以至冥王哈德斯生怕冥界因此人口凋零，急忙去找主神宙斯投诉，宙斯便掷下雷电，劈死了这位神医。

治病救人为什么该遭雷劈

(1) 生命之河

治病救人的好医生为什么该遭雷劈？

中国人很难理解这种神话故事。如果阎王向玉皇大帝投诉扁鹊，玉皇大帝无论如何也不会做宙斯那种缺德事，否则谁还向他烧香上供呢？

但古希腊人的三观和我们的不同。在希腊神话里，"命运"才是最强大的力量，就连神祇也必须服从命运的安排。生老病死的过程就是人类应当承受的命运，谁想逆天，想违抗自然规律，那就会违背正义，应当遭受惩罚。这就是古希腊人的"正义"观念的基础。

《理想国》一开篇就在探讨何谓正义，抛出来的第一个定义就是"欠债还钱就是正义"。我们今天读《理想国》，一大障碍就是和古希腊人的三观太不一样，对同一个概念的理解会很不相同。《理想国》后来定义正义的城邦，就说，如果每个阶层的人各尽其职，不干涉其他阶层的事务，那么这样的城邦就是一个正义的城邦。

古希腊哲学家阿那克西曼德有这样一种表达："万物所由之而产生的东西，万物消灭后复归于它，这是运命规定了的。因为万物按照规定的时间为它们彼此间的不正义而互相偿补。"

这样来看，正义就是最合适的限度或比例。我们可以在这个基础上回顾赫拉克利特的学说：当战争与和平处于一个恰当比例的时候，就是对立统一的和谐，就是正义。如果战争太残酷了或和平的时间太久了，打破了这个比例，那就陷入了不正义。而自然规律的运作，正是中国人所谓的"天道好还"，或者说"天下大势分久必合，合久必分"。

相应地，人生也有恰当的限度。如果阎王叫你三更死，你就不该拖到五更天。

克里姆特（Gustav Klimt）曾画过医神之女许癸厄亚（Hygieia）。

医神有五个女儿，其中最著名的一个名叫许癸厄亚。如果你仔细看它的英文拼写，一定会觉得眼熟。没错，它就是"卫生"（hygiene）一词的词源，所以，许癸厄亚可以被称为"卫生女神"。我讲过"民族卫生"这个概念和纳粹德国的"种族卫生学"，还讲过"卫生"的含义大大超过我们今天所理解的个人卫生，你可以回想一下。

许癸厄亚的招牌标志是蛇和广口杯（Bowl of Hygieia），所以今天和医药相关的组织标志里往往会有一个奇怪的图案：一条蛇缠绕着一只杯子。克里姆特的这幅画是维也纳大学订购的天顶画系列之一，总共要画哲学、医药、法学三大主题。等到交稿之后，克里姆特被批评家骂得狗血喷头：大家一是嫌他把人物画得太妖娆了，把女神画出了妓女范儿；二是嫌他太古典了，没能表现学术的进步。比如"医药"这个主题，马上就要跨入20世纪了，医学已经现代化了，尤其在维也纳有了很多突破性的进展，而克里姆特还在固守着从苏格拉底到维多利亚时代的落后意识，描绘从生到死的生命之河，画面上全是顺应自然的古代隐喻，毫无人定胜天的现代情怀。

苏格拉底会很欣赏克里姆特对医药的理解，所谓现代医学的革命性进展通通违反自然，要不得。就算医学发展到可以起死回生的地步又如何呢，难道真是好事吗？不，医神阿斯克勒庇斯的下场早就告诉了我们答案。

(2) 道德和职业道德哪个优先

一切治疗都应该是简单的，只有应急的意义，哪怕治疗手法不太对症也无关紧要。给伤员喝普拉纳酒，酒里撒了大麦粉和小块乳酪，这些东西在今天看来只是营养品，但苏格拉底说"这显然是一服热药"。

"显然是一服热药"，参照英译本，意思是说，受伤的人吃了这种东西，反而会引起伤口发炎。正是因为这个缘故，所以格劳孔才会说："受了伤，给他服这种药确是古怪。"

"这种药"当然并不是药，只是食物和酒。普拉纳酒是希腊莱斯博斯岛上最出名的葡萄酒，这座岛就是传说中的第一位女诗人萨福和她的女弟子们活动的地方，"女同性恋"（lesbian）一词的词源就是"莱斯博斯岛"（lesbos）。

优质葡萄酒在当时就已经价格不菲，不是普通人家可以享用的。穷人一般只能喝啤酒和羊奶，所以这两种东西被视为不雅的饮品。大麦是当时的主食，乳酪一般是搭配面包吃的。所以，普拉纳酒配大麦粉和小块乳酪，意味着给伤员提供了优质的、营养丰富的饮食。如果营养好得过分了——用中医的话说，这叫"发物"——会导致伤口发炎。即便如此，"那个时候所有医生并没有说她用错了药"。

这就意味着，即便在医生的专业观念里，这种不对症的治疗方式也是可取的，伤员就算多受一点罪，最后肯定会好过来。相比之下，那些整天小心翼翼保养身体的人真该感到羞愧。

貌似在苏格拉底对医生和医术的理解里，完全不存在医德这回事。今天医生如果手术失败，总会对患者家属说一句："对不起，我尽力了。"但是在古希腊的医神那里，"尽力"纯属多余，医生只应该对适度患病的人适度地治疗一下，从来不会浪费医疗资源。

今天我们经常在影视作品中看到这样的情节：一个穷凶极恶的人被

送进急救室，医生明知道他多坏，明知道一旦救活了他，他马上又会回去杀人放火，明明旁边有亲朋好友拦住医生，要他别救这个坏蛋，但这位医生在天人交战一番之后，终于坚定地说："我是医生，任何病人在我眼里都只是该被救治的病人。"

这是现代社会里被广为宣扬的伟大医德。如果这位医生是一名军医，那么哪怕遇到了敌军里的伤员，他也会马上救治，没有任何借口。作为医生的职业属性在这里和作为一个人的社会属性彻底分离开了。平时总有人教育我们"要做事，先做人"，然而换到医生身上，次序好像颠倒过来了，没有哪个正面形象的医生会说："我虽然是医生，但我首先是一个人。站在一个'人'的立场，我拒绝帮助敌人和坏人，以及各种不值得帮助的人。"

正义国家的医疗准则：只给健康的人治病

(1) 医神为什么拒诊林黛玉

我们知道林黛玉从小多愁多病身，各种灵丹妙药也没能把她治好。如果她去找医神阿斯克勒庇斯就诊，医神会怎么做呢？

答案很让人伤感。无论我们觉得林妹妹千好万好，在医神眼里，她只是一个先天不足的弱女子，传承家族病史，所以，易朽的木就不要和坚固的石再续什么木石前盟了。医神会对病人亲属贾宝玉说："如果您非要对林妹妹负责，那就是对下一代不负责，对列祖列宗不负责任，更是对全社会不负责。"

贾宝玉看了看挂在医神诊所墙壁上的一幅标语——"优生优育，利国利民"，不禁黯然神伤。他抱着最后一丝希望向医神哀求说："如果我答应不和林妹妹生娃，您可以医治她吗？让她少受一点痛苦总可以吧？"

医神倨傲地摇了摇头："对这种病，我会故意说自己不会治。"

贾宝玉还要争辩两句，医神忽然板起面孔："跟你实话实说，这样的病人是治不好的，只能用药物和营养品帮她拖延生命而已。这样活着难道不可耻吗？难道对城邦有什么益处吗？就算你不娶她，以她的美貌难道还愁嫁人？嫁了别人，生下像她一样孱弱的孩子，这岂不是人间悲剧无止无休？"

贾宝玉终于忍无可忍，声音激愤起来："你没看过医患纠纷、医生挨打的新闻吗？你要先摆正自己的位置好不好？你是医生，不是道德家，更不是政治家！"

医神冷冷一笑："你说错了！医生为什么就不能同时也是道德家和政治家呢？每个人都有多重身份，医生只是我的职业身份，而我最本质的身份偏偏就是道德家和政治家。"

让我们的情景悲剧告一段落。在苏格拉底的雄辩里，在柏拉图借苏格拉底之口精心设计的理想国里，医生掌握着并不需要很高明的医术之外，最需要的就是具备道德家和政治家的觉悟，使他们能够明智地判断出哪些病人值得医治、哪些病人就该自生自灭。

换言之，在今天的医德里，医生要处理的是"病"，至于得这个病的"人"是好是坏、是贫是富、是精英还是低保户，一概不予考虑，而在理想国里，医生要处理的是生病的"人"，并且只去治疗那些体质好的、生活习惯健康的、只患了一些局部疾病的、用简单的医疗手段就能治愈的人——只要草草处理一下，就该吩咐他们照常生活，照常去尽各人的公民义务，而对林黛玉这种病人，与其用繁复的疗法、细致入微的饮食规范来苟延生命，不如放任他们去死。用苏格拉底的原话说，即"至于内部有严重全身性疾病的人，医神不想用规定饮食以及用逐渐抽出或注入的方法来给他以医疗，让他痛苦地继续活下去，让他再产生体质同样糟糕的后代。对于体质不合一般标准的病人，他则认为不值得去医治他，因为这种人对自己、对国家都没有什么用处"。

听了苏格拉底这番话，格劳孔很赞许地说："照你说来，阿斯克勒庇斯真是一个最有政治头脑的人呀！"

如果换在今天，夸一位医生最有政治头脑，听起来只会觉得讽刺。当然，苏格拉底会很认同这样的夸奖，然后继续对医生和医疗"大放厥词"。

他仍然拿《荷马史诗》里的故事举例，说医神的孩子们也是这样给人治病的，对某位受了箭伤的勇士，他们只是把他的瘀血吸出来，敷上一点缓解疼痛的草药而已，也没有规定什么忌口的食物。但是，对于那些先天就病恹恹、生活还没有节制的人，他们认为这种人活着，无论对别人还是对自己，都没什么好处，医术不是为这种人服务的，这种人就算富可敌国，也不配得到医治。

(2) 牺牲小我，顾全大局

　　以今天的标准来看，"三高"人群都属于生活富足却没有节制的，医神诊所一定会拒收这些患者，无论他们愿意支付多么高昂的费用。但自由主义者会想：根据斯宾塞的"同等自由法"，医神如果收治他们，不但自己可以赚到盆满钵满，也能真切改善患者的状况，不伤害任何人，何乐而不为呢？

　　苏格拉底应该会这样反驳："当然伤害了人，不仅如此，甚至伤害了整个城邦。医疗资源毕竟是有限的，如果用宝贵的医疗资源去医治这些'活着于己于人都无用处'的废物，一定会使那些真正值得医治的人耽搁了诊治。与其拿千年灵芝、万年人参给林妹妹续命，不如拿随手采来的草药给'黑旋风'李逵简单处理一下外伤，即便贾宝玉为了给林妹妹治病不惜倾家荡产。要记住，只有站在政治家的高度，坚守道德家的情怀，时刻想到社会责任，完全不为钱财所动，这才是真正的医德，真正的医神精神。"

　　苏格拉底深深知道，尽管自己如此推崇医神，但社会上流传着一些玷污医神的谣言，很容易混淆人们的视听。所以，他为医神辩解说："但是悲剧家们和诗人品达的说法和我们的原则有分歧。他们说阿斯克勒庇斯是阿波罗神的儿子,他受了贿去医治一个要死的富人,因此被闪电打死。根据前面我们讲过的原则,我们不相信悲剧家和品达的说法。我们认为,如果他是神的儿子,肯定他是不贪心的,如果他是贪心的,他就不是神的儿子。"

其实,这有点强词夺理,因为在《荷马史诗》里,不要说神的儿子,就算是神祇自身也不比凡人高尚多少,只是能力更强而已。所以,从这个角度看,苏格拉底很反感荷马,认为他把诸神描写得过于不堪,让世人很难以诸神为表率,不利于社会稳定。因此,理想国有一项核心的文化政策,那就是把诗人赶走。

但是,如果我们仔细看看悲剧家们和诗人品达污蔑医神的谣言,就会疑惑这难道真的是给医神抹黑吗?所谓"受了贿去医治一个要死的富人",换一种表达方式的话,无非是说一名医生收了出诊费,去抢救一个病危的患者。我们今天的急诊制度难道不都是这样的吗?

苏格拉底会说:"正因为你们对此习以为常、视为当然,所以你们的国家才这么落后,才会有看病难的问题,才会面临人口老龄化危机。如果你们弘扬医神精神,让年老的、体弱的人遵循自然规律去死,让社会舆论谴责那些整天调理、养生、泡病号的人,取消重症监护室,那么你们就会轻装前进,健康向上,走上你们想要的大国崛起之路。——当然,崛起是次要的,重要的是,你们的国家才会是一个合乎正义的国家。"

假如你是国家领袖,被苏格拉底这一番话说得心思活络了,觉得这个办法确实要比征发老弱病残去修长城来得高明,那么你唯一的顾虑恐怕就是能否通过行政手段移风易俗,让人们自觉自愿地奉行这种反人性的价值观。

你能做到不把痛苦当痛苦吗

(1) 不死之身

马可·奥勒留、赫拉克利特、波塞多尼奥斯和庄子都会加入我们的讨论，但你依然只需要记住一个观点："合乎本性的东西都不是恶。"这句话是《沉思录》中的名言。你可以想想看，如果死亡是合乎本性的，贪生怕死的冲动也是合乎本性的，那么当死亡迫在眉睫的时候，我们到底该不该害怕？

说到豁达型的榜样，中国人都会想到庄子。《庄子》中讲过一场著名的生死讨论，几个志同道合的朋友聚在一起，认为生死存亡浑然一体，就算身体生了重病，有了严重的残疾，也无所谓。如果左臂变成了鸡，就用它来报晓；如果右臂变成了弹弓，就拿它打斑鸠吃。生为适时，死为顺应，只要安时而处顺，就不会受到哀乐情绪的侵扰。

后来，其中一个叫子来的人病得快要死了，妻子围着他哭泣，好友子犁却让子来的妻子走开，不要惊动这个将要变化的人。然后，他又对子来说："了不起啊，不知道造物主这回要把你变成什么东西，要把你送到哪里去。会把你变成老鼠的肝脏吗？还是把你变成虫子的臂膀呢？"

世界上从来不缺逆来顺受的哲学，真正有哲学价值的却并不太多。

《庄子》的这个寓言就属于很有哲学价值的。它比祥林嫂的捐门槛的哲学到底高明在哪儿呢？就高明在它发现了"物质守恒"。

只需要一点细心的观察，我们就会发现各种物质似乎不会消失，只会转换形态。当这位子来真的死了，埋在土里，他的腐肉会被老鼠和虫子吃掉，经过消化之后，一部分被排泄出去，一部分真会成为它们身体的一部分，不然老鼠和虫子是怎么发育的呢？

这种哲学思辨后来被科学测量取代了。17世纪，伽利略的好友、威尼斯医生桑多里奥·桑多里奥（Santorio Santorio），做了一个极具死磕精神的实验：他在自家房顶上安装了一杆巨大的秤，自己的桌椅和床全都摆在秤盘里，长达三十年里，他精确记录自己的每一份食物、饮料和排泄物的重量，当然包括体重的变化。1614年，桑多里奥发表《静态医学》(*De Statica Medicina*)，这是医学史上的经典名著，其中以三十年的数据说明了一个惊人的事实：每摄入八磅食物，排泄物却只有三磅，另外五磅都在不知不觉中通过出汗之类的方式蒸发掉了。

桑多里奥因此成为量化实验医学的鼻祖，他很可能还是风速计和温度计的发明者。你能从桑多里奥的研究里得到什么人生感悟吗？

好像感悟不出什么。他的研究并不像哲学，哲学虽然粗糙了一点，但是好用。当你想到死亡并不是终点，死者只是变化了形态，却永远不会消失，心里总会好过一点。而且，万事万物永远都在变化，我们必须摆正自己的位置，必须意识到自己并不是和万事万物对立的存在，而是它们中的一员，随着它们一起变化。只要想通了这个道理，对病痛和死亡也就更加容易坦然接受了。

(2) 要豁达还是要坚忍

几乎和庄子同时，古希腊哲学家赫拉克利特也对万物的循环变化发表着朴素的认识："在我们身上，生与死，醒与梦，少与老，都始终是同一的东西。后者变化了，就成为前者；前者变化了，又成为后者。"（《赫拉克利特著作残篇》）

哲学皇帝马可·奥勒留也和庄子想的一样，他在《沉思录》里这样说道："最后，以一种欢乐的心情等待死亡，把死亡看作不是别的，只是组成一切生物的元素的分解。而如果在一个事物不断变化的过程中元素本身并没有受到损害，为什么一个人竟忧虑所有这些元素的变化和分解呢？因为死是合乎本性的，而合乎本性的东西都不是恶。"

只要你不去刨根究底，那么这些哲人的高见就可以帮助你平和心态。但如果你非要刨根究底，问题就变得棘手了。比如说，今天我很想出门杀几个人，这到底该不该呢？我杀了他们，只是帮助他们变化而已，"元素本身并没有受到损害"，所以我并没有伤害到谁。我是高功能反社会人格的天生杀人狂，胡乱杀人合乎我的本性，"而合乎本性的东西都不是恶"。

是的，逻辑一贯性从来都是人生哲学的软肋，你在这边按下葫芦，那边一定会起来瓢。就算我们不拿杀人这种太极端的事情举例，但是，就连医疗这种事情也忽然有点讲不通了。如果"死是合乎本性的，而合乎本性的东西都不是恶"，那么用医疗手段给老人延续生命，岂不是怙恶不悛、助纣为虐？

马可·奥勒留虽然在这里表现出豁达的一面，但其实他算是坚忍型的代表。他是斯多亚派的哲人，而斯多亚派向来是主张坚忍的。同一系统里的著名人物还有一位波塞多尼奥斯，当他身患重病的时候，学生庞培前来探访。蒙田这样讲述道："波塞多尼奥斯对庞培说：'但愿我的病痛不至于妨碍我讲哲学！'于是他忍着病痛讲了起来，同样表现了对痛苦的蔑视。可是，痛苦仍对他大摆威风，不停地折磨他。他喊道：'痛苦啊，如果我不把你当作不幸，你这样岂不是徒劳吗？'这件事被传为佳话……"

"痛苦啊，如果我不把你当作不幸，你这样岂不是徒劳吗？"这句话虽然有点荒唐，有点极端，却足以传达斯多亚主义的精髓。斯多亚主义是一种实用性很强的人生哲学，它有一个经典二分法：当你遭遇了什么事情，你首先要界分一下，哪些是你能控制的，哪些是你不能控制的。当你界分清楚之后，你也就有了对策：对你不能控制的东西，你完全不该操心；对你能控制的东西，你就要好好控制。

在波塞多尼奥斯的这个例子里，病痛是他不能控制的，无论是吃药、放血，还是练气功，一概无效，但应对病痛的心态是他能够控制的，所以他就集中全副精力来调整心态——只要在心理上不把病痛当一回事，病痛也就不是一回事了。或者还可以想想"合乎本性的东西都不是恶"这项原则，想到疼痛只是疾病的本性流露而已，并不是疾病存心要害自己。想通了这一层，疼当然还疼，但至少不会有什么怨气。

今天很常见的一句话是"如果你不能改变现实，就改变你的心态"，这句话在本质上正是斯多亚主义的。举个例子，如果敌人对你严刑拷打，你该怎么办呢？严格来说，斯多亚主义在这里并不适用，因为你只要改变心态，投降敌人，就可以扭转现实，不再挨打。只有失去亲人或者患上绝症这类事情，才属于无法改变的现实，正如波塞多尼奥斯遭受的病痛是无法改变的。虽然不把病痛当成不幸，痛苦不可能因此消失，但这样的坚忍精神可以激发出昂扬的战斗意志，让他不被病痛打垮。（附录1）

附录1

很难说庄子的豁达和斯多亚主义的坚忍哪种更好，但显然最好的是豁达与坚忍合二为一。如果只从哲学角度来看，豁达似乎更加高明，更有一种"道法自然"的味道。

鸡汤主义者常常拿《庄子》大讲养生之道，他们有意无意地忽略了庄子这种抛弃了人本位的"彻底的"因任自然、齐同万物的一面。

当然，无论庄子还是马可·奥勒留，在这个问题上都缺乏苏格拉底所宣扬的集体主义意识，但这并不妨碍城邦统治者基于集体主义道德观把他们树立为道德楷模，鼓励人们效仿，该死就死，只谈奉献，别给社会添麻烦。

显然，在庄子看来，生了病是不必吃药的，就算生了肿瘤，你也可以把它当成一只可爱的皮球来玩耍和欣赏。——《庄子》描写滑介叔的左臂突然长了一个瘤子，支离叔问他是不是嫌恶它，滑介叔说："不嫌恶，身体只不过是尘垢暂时的聚合，死生好比昼夜的轮转，我和你一起观察万物的变化，而变化降临到了我自己的身上，我有什么可嫌恶的呢？"

※ 第九章

从"道法自然"到社会达尔文主义

理发师的手术刀

（1）医疗是不是政府的义务

如果耶稣想要治病救人,但法律规定必须有执照才能行医,那么,审批部门安排双盲试验来验证耶稣的医术,这样可行吗?

答案是,这很难行得通,因为首先就会遭遇成本问题:谁来支付双盲试验的操作成本呢?毕竟无照行医的人远远不止耶稣一个,如果行医执照要用这样的方式来审核批准,哪一个社会愿意承担这样的成本呢?这就好比我们都知道学历不等于能力,高分也可能低能,英雄不问出处。每家公司的人力资源部经理更明白这个道理,但他们在每次招聘的时候,还是要设置学历这道关卡,不会给每个求职者都安排一系列耗时耗力的考查测试。

我们不妨反过来想,没有学历的人也可以凭自己的能力在自由市场里闯出自己的一片天地,那么,既没有医学院文凭也没有行医执照的人为什么就不可以凭自己的本事治病救人呢?远到华佗、张仲景,近到施今墨、双桥老太,同样是我们的表率。

每次想到这些表率,我总会心潮澎湃。是的,我很想做一名江湖郎中,喂马劈柴,走街串巷。我虽然没学过医,但对《黄帝内经》我很熟悉,讲起阴阳五行这一套医理,中医专业的人也未必比我强。我还懂得一个更重要的现代医理,那就是很多疾病都是可以自愈的,吃药只起到安慰剂的效果。那么,我可以口若悬河地谈论阴阳五行,激发病人的敬畏心。我自制的各种灵丹妙药本质上都是大力丸,用精美而古朴的包装和高昂的价格强化它们的安慰剂效果。我还可以聘请专业的形象设计师,把自己打扮成仙风道骨、世外高人的模样。可想而知,我的治愈率一定很高,收入也会相当可观。虽然我从没给人治过病,但这有什么要紧的呢?实践就是最好的老师,我可以边干边学,最后熟能生巧,很可能真会掌握一点医术。

最要紧的是,作为一位仙风道骨的名医,我非但不会偷税漏税,还会捐助各种慈善事业,偶尔给一些低保户免费施医舍药,反正也没什么成本。我会耽搁病人的治疗吗?当然难免,但概率未必比大医院更高,因为在我这里没治好的病人,自然会另找名医。这在我们医学界是很正常的事情。很多病人在这家三甲医院治不好,也一样会去另外的三甲医院碰运气。

就算我真的给人误诊,治坏了谁,他大可以向法院起诉,要我坐牢或者赔偿。医生从来都是一个高风险的职业。早在古巴比伦,大家熟知的《汉谟拉比法典》就有七分之一的篇幅都和医药有关。比如医生动手术把病人弄死了,要砍掉医生的手作为惩罚。即便在手术中死掉的人只是一名奴隶,医生也必须买一个奴隶赔给主人。

如果法律可以制裁庸医,为什么还要审批行医资格,颁发行医执照呢?

再说,《汉谟拉比法典》这样的法律明显偏袒患者,有哪个医生敢不谨小慎微呢?

(2) 内科医生、外科医生和理发师

事实上，进入现代化之前的医生，确实担着很大的职业风险。就算今天的三甲医院有着武装到牙齿的高精尖设备，也没有哪个医生敢说手术刀下绝对不会死人，何况在医疗水平极度落后的古代。所以，古代的西医大多只做内科，最好就是在大学里谋个教职，轻松安全，收入又高又稳定，还很受人尊敬。他们轻易不愿动刀，还看不起外科医生。

外科医生也确实有些被人看不起的理由。在漫长的中世纪，外科医生主要由理发师兼任。我们看今天的理发店门口，一般都有一个不断旋转的圆柱，圆柱上有红、蓝、白三色条纹盘旋上升，这是理发店的经典标志。这个标志有着古老的渊源，传说红色代表动脉，蓝色代表静脉，白色代表绷带：这是外科手术的象征。理发师手持一把锋利的剃刀，给顾客刮脸之余，也会给病人放血，甚至截肢。英语里的"理发师"叫"barber"，外科医生叫"surgeon"，但还有一个词，是将"barber"和"surgeon"组合起来，叫作"barber surgeon"，指的就是这些既给人理发又给人动手术的人，中文中没有对应的词。

我们看英文，"内科医生"是"physician"，"外科医生"是"surgeon"，这是完全不搭界的两个词。内科和外科原本是两个行业，现在变成了一个行业里的两个分支，而理发和外科原本是一行，后来才分道扬镳，没了瓜葛。

18世纪奥地利画家毛尔贝奇的一幅画画的就是"barber surgeon"的工作场景，市井气十足。这位"barber surgeon"是走街串巷讨生活的，并没有自己的店铺。除了放血和切除皮肤上的赘疣，"barber surgeon"还掌握着一些高级医术，比如开颅手术。我们可以看下16世纪的名画家博斯的一幅作品——《取出疯狂的石头》。

博斯可以说是超现实主义的鼻祖，最擅长表现怪诞的场面，远远走

在自己的时代之前。这幅画里,左边头戴一顶漏斗形帽子的人就是一个江湖郎中,他正在用手术刀钻开患者的颅骨,取出一朵花,小圆桌上还摆着一朵花,应该是先前取出来的。

博斯用花朵代替了石头——如果纯用写实手法的话,这两朵花应该是两块石头才对,而这两块石头是真正意义上的"疯狂的石头"(The Stone of Madness)。

当时的人们相信,蠢人之所以愚蠢,是因为脑袋里长了石头,那么只要对症下药,把颅骨钻开,把石头取出来,蠢人也就恢复正常智力了。有的教士和外科医生一般会联手行骗,倒也不会真的钻开颅骨,而仅仅是切开一小块头皮,再把事先藏好的几块小石头拿出来。反正患者本来就智力低下,看不破他们的戏法。福柯在他的名著《疯癫史》里还专门谈到博斯的这幅画,说画里的这个医生显然比他的患者更疯。

其实"疯狂的石头"已经意味着文明的进步了,因为这种开颅手术的历史其实非常悠久,早在石器时代就已经有了。在漫长的历史中,人们相信很多不正常的表现都是"中邪"的结果,比如癔症。中国人总说西医"头痛医头,脚痛医脚",缺乏全局观,这是不对的。西医治疗"中邪",不论症状表现在头上还是表现在脚上,医生都会用釜底抽薪的办法去除病根,也就是把颅骨钻一个孔,让邪灵飞走。你有没有觉得,应用道家哲学才是最有效的医疗手段呢?

无为而治病

（1）古代医学要义

在现代医学出现之前，各种荒唐的医术，一个比一个不靠谱。就算你完全不懂医术，只给患者开安慰剂，你的治愈率都很有可能高于同行。看来，行医治病才更需要"无为而治"的态度。如果我们穿越到古代西方，看看当时的各种医疗手段，我们很可能不会觉得有执照的医生比江湖郎中高明多少。

你可以先问自己一个问题：疾病到底是什么？

今天我们当然不难回答这个问题，但在古人那里，想法就不一样了。

因果思维是人类根深蒂固的认知模式，生病一定存在病因，这是最容易被想到的。

病因到底是什么呢？古人不晓得细菌和病毒这些东西，只能在看得见、摸得着的世界里寻找病因。受伤往往都有很明显的原因，但生病很让人困惑，常常是在不知不觉中就发生了。什么东西能在不知不觉中害人呢？答案已经呼之欲出：鬼神。

既然找到了病因，治病的方法也就容易想到了：如果有谁欺负你，你要么打败他，要么讨好他；如果欺负你的是鬼神，对策也是一样的。

神的力量很强,往往还站在正义的一方,所以你要讨好他;鬼没有那么厉害,你可以请来法力高强的巫师赶跑他。等医学发展得更精心一些时,"对症下药"的意识就更明确了,这也是很容易理解的:如果你以为是山神在折磨你,你讨好他半天但病还是没好,这一定是因为你拜错了神,其实是水神在作怪。谁有足够的知识把鬼神找准,谁就会得到人们的信服。我在《王阳明:一切心法》里讲过一个这样的例子,你可以查看书里的序章第三节"子产的知识·经过实践检验的未必就是真理"。

人们也逐渐发现了另一条医学之路,从受伤的角度来理解疾病:如果一个人病了,应该说明他身体的某个部位受伤了,或者说,出故障了,坏掉了。这就像家里的门打不开了,你去找原因,发现是门轴坏掉了。你拿锤子砸几下,再上一点油,门就可以正常打开了,这也就意味着,这扇门被你"治好"了。

古代印度的三原质说、古希腊的四体液说、古代中国的五行说,都属于这种思路。体液说在西方的影响很大,所以熟悉中医的人很容易理解现代医学出现之前的西医。根据体液说,健康就意味着四种体液达到平衡,疾病就意味着体液的失衡,那么顺理成章的是,治病就是要把失衡的状态调节到平衡的状态。这是多好的全局观念啊,谁说西医只是头痛医头、脚痛医脚呢?

但是,究竟怎样理解体液就像究竟怎样理解五行一样,不同的医生有不同的看法。更有意思的是,随着文明的进展,旧知识不大适应新形势了,所以就有了重新解释的必要。古罗马名医盖伦就认为四体液并不真的是血液、胆汁之类的实实在在的物质,而是某种抽象的东西。这就像中医解释肾虚,肾原本就是实实在在的腰子,但后来就虚化了,并不再指具体的器官了。

这些古老的医学原理,虽然疗效并不可靠,但好处就在于能给得病和治病一套具体而微的解释。比如你得了口腔溃疡，找我诊治，我会让你吃莲子心之类的很苦的东西。你问我原因，我会实话实说："我也不知道你为什么会得这个病，不知道莲子心为什么能治好你，反正凭着我多年的经验，有你这种症状的人吃了莲子心一般都会好。"如果我真的这样说，你肯定心里打鼓。所以，我要么搬出体液说，要么搬出阴阳五行，给你一套外行人听不出破绽的解释，连我自己都信，你的心里当然就踏实了。

总结一下，古代医学基于这样两个心理定式：第一，因果思维，出问题一定有原因，找到原因就能解决问题；第二，有就比没有强，有解释就比没解释强，哪怕所有的解释都是错误的解释。

这个原则可以举一反三。比如你的公司业绩下滑，大家都很迷茫，即便你的迷茫并不比别人少，你也可以用斩钉截铁的语气讲一套复杂的解释，这就很容易为自己争取机会。

当重任真的交到你的手上，你该怎么解决问题呢？你再慢慢想办法就是。即便你真的毫无办法，也可以做一点高深莫测的表面工作，静等业绩恢复。业绩凭什么会无缘无故地恢复呢？你可以想想前面讲过的统计学概念：回归均值。

说回医学，人的健康也存在着回归均值的表现。所以，"无为而治"其实是很好的治疗，安慰剂效应会有惊人的表现。

（2）政府的医疗义务

即便在今天，很多疾病仍然可以不药而愈，但患者很难在大医院里产生安慰剂效应。医生很忙，三言两语就打发走一个病人，虽然三言两语也就够了，但病人的心里难免不太踏实，感觉自己没有被医生认真对待。这意味着一个商机：如果能有仙风道骨的江湖郎中，总是和蔼地探问病情，肯在患者身上花时间，还会假装出十足的关心，这会是多好的就医体验啊。

然而，可悲的是，这个凉薄的社会扼杀了我悬壶济世的高远理想，也扼杀了很多人求医问药的机会。不知道从什么时候起，医疗竟然变成了国家的义务，甚至有人呼吁全民免费医疗，这样真的好吗？

很少有人喜欢垄断，却有很多人喜欢让国家垄断医疗资源，还有更多的人喜欢让国家垄断行医执照的审批权。为什么平日里纠结权力寻租的人，到了这种时候就不再纠结了呢？既然自由市场可以使商业繁荣，为什么就不能把医疗交给市场呢？政府凭什么要负责全民医疗呢？如果担心私立医院不负责任，那么，把自己的科室出租给私人的公立医院难道就更有责任心吗？

1848年10月17日，英国《泰晤士报》发起呼吁，要枢密院为大英帝国的国民健康问题负责。就在差不多的时间，苏格兰的东方医学会明确主张："采取措施，像保护人民的财产一样保护他们的健康，这是国家的职责。"

当时英国人最为忧心的健康问题倒还不是一般意义上的医疗保健，而是由环境污染带来的疾患。亟待解决的是城市排污系统的改造。这确实属于一般意义上的政府工程，多数人会认可这属于"国家的职责"。但是，英国卫生部似乎要把国民医疗事业作为自己的职责，这到底对不对呢？

在我们今天看来，提出这种荒唐问题才是不对的。这难道不是卫生部的天职吗？严格审批行医执照，严禁江湖郎中和气功大师招摇撞骗，这才是一个好政府应尽的义务。但是，斯宾塞激愤地站了出来，厉声高呼："政府怎么可以这样！这不道德！"

是的，赫伯特·斯宾塞再度出场了，他将以发自肺腑的正义感为行神迹的耶稣和行骗的熊大师鸣不平。我们必须留意的是，斯宾塞并不是把一套处心积虑的歪理邪说悄悄敬献给某位君王，以谋求后者的提携，恰恰相反，他是借助印刷术公然宣传自己的学说，还真的因此为自己赢得了世界性的声誉。这到底是为什么呢？

请你试着用斯宾塞的逻辑，还要用上堂皇的威仪和铿锵的语调，高声控诉维多利亚时代的英国政府。你能讲出怎样的道理呢？

政府的职责

(1) 成年人的自由选择与责任自负

这一节我们会请出斯宾塞和他的《社会静力学》，用这本书的逻辑来审视上一节那个"无照行医"的话题。

在这个问题上，如果你是一名自由主义者，你就有理由站在斯宾塞一边。

当然，站好边之后，你就该准备迎接人民群众的唾骂了。

你可以拿《社会静力学》里的一段名言为自己辩护："病人有从任何他乐意找的人那里购买药品和治疗意见的自由；没有执照的开业医生有把这些东西卖给任何愿买者的自由。没有任何借口可以在两者之间设置障碍而不使同等自由的法则受到破坏；其职责就是维护这项法则的政府尤其不可变成它的侵犯者。"

保护本国人民的健康，设置公立医院，垄断行医执照的审批权，严禁江湖郎中和气功大师招摇撞骗，这些究竟是不是政府的职责？如果政府愿意履行这些职责，斯宾塞凭什么痛斥政府不道德呢？

要回答这个问题，我们必须想到斯宾塞提出的一个核心概念：同等自由法。

这是斯宾塞社会学的核心概念，我在前面已经讲过。现在我们可以一起复习一下：所谓同等自由法，就是每个人都有做一切他愿做的事的自由，只要他不侵犯任何他人的同等自由。

如果根据这项原则来衡量，我们的问题就需要重新权衡了。耶稣有没有无照行医的自由呢？他愿意无照行医，他也没有砸掉我的诊所招牌。我有没有无照行医的自由呢？我愿意无照行医，我也会尊重同行。我绝对不会强买强卖，那是强盗做派。如果遇到一些需要急救的危重病人，我很愿意帮他们叫救护车，推荐他们去三甲医院。这倒不是因为我天良未泯，而是要最大限度地避免医患纠纷。这不难理解，因为我们这行是靠名声和回头客赚钱的。

一言以蔽之，我凭什么不可以无照行医，凭什么不可以用安慰剂效应给人治病？在现代医学出现之前，全世界的医生绝大多数都是我这种。如果非要说我们之间有什么区别的话，那就是他们对自己的医术更有自信，或者说他们真诚地相信诸如放血、跳大神是传承久远、行之有效的正经医术。

我们还可以换位思考，站在患者的角度来看问题：患者为什么就不可以凭着自己的判断去求医问诊呢？比如他觉得自己的病并不严重，如果半夜带着小板凳到大医院门口排队挂号，在熙熙攘攘的病人堆里接触各种传染源，筋疲力尽地等到下午才能见到医生，这番磨难可不是好受的，不会比耶稣基督扛着十字架走完"苦路十四站"轻松多少。如果可以在下班路上来我这个小诊所简单诊断一下，便捷而又愉快地解决问题，何乐而不为呢？

现在我们就要认真问一问了：我无照行医，究竟侵犯了谁的权利？病人到我这里看病，究竟侵犯了谁的权利？

（2）积极的政府与消极的政府

没错，病人在我这个庸医手里只能得到安慰剂，得不到任何真正意义上的诊疗。但他们都是成年人，我们难道不应该充分尊重每个成年人的个人选择吗？至于我这位庸医，到底读了那么多的圣贤书，很有童叟无欺的操守。再参考经济学基本原理，交易有利于双方，那么一个愿买，一个愿卖；一个愿打，一个愿挨，凭什么要阻挠呢？

你也许会认为我在治病救人的时候不够坦诚，纯属揣着明白装糊涂，但耶稣难道也不坦诚吗？历史上千千万万名以千千万万种离奇的方法给人治病的医生，难道都不坦诚吗？难道同样用巫术治病、自欺欺人的医生就应该受到谅解，而那些揣着明白装糊涂的医生就应该被取缔行医资格？简直没天理了！

退一步说，即便真的可以这样，但你要用什么方法来窥探医生的内心呢？你该怎么判断他到底是真诚地相信巫术，还是故意用巫术骗人呢？那么，我们用同样的逻辑，你去三甲医院看病，医生给你用安慰剂难道不是存心骗你吗？再退一步说，你先后去了两家三甲医院，两名专家级的医生分别给你开了阿司匹林，你需不需要先探明他们的内心，再决定吃不吃药呢？由两位医生怀着不同心理给你开出的同一个药方，难道药效会有明显的差别吗？

是的，在我们的常识里，政府有保护人民的义务，对医生和药剂师做执照审批当然是在保护我们的健康。但在斯宾塞看来，政府这样做是不道德的，是在侵犯人们的权利。我们都不是小孩子，都应该为自己的行为负责。当然，我们很可能会误找庸医，也很可能会吃错药，但政府就一定比庸医更可靠吗？在自由市场和政府管制之间，哪个更高效，哪个更有可能自发地健康成长呢？

最值得我们留意的是，政府的职责是维护同等自由法，而这条法则只是一条抽象的规则，没有任何具体内容。今天我们的常识是，政府应该修桥铺路、发展经济，总之做这做那，做各种具体的事情，而斯宾塞所主张的政府，当然也会做事，但维护一条抽象的原则才是首要任务。比如我们这样来问：政府要不要审批行医资格呢？先不要匆忙回答，要拿同等自由法检验一下，如果修桥铺路维护了同等自由法，那就做，如果会破坏同等自由法，那就不做。

这就会引发一个本质性的问题：政府到底应该是积极的还是消极的？

积极的政府会向人们提供幸福，消极的政府只是保障人们可以不受妨碍地追求自己的幸福。

积极的政府就是儒家最爱的父母官式的政府，用父母疼爱子女的方式照顾人民，于是等而上之者以身作则，用个人的道德操守来感召成千上万的子女，等而下之者就免不了望子成龙，连打带哄地把孩子往正道上引，逼迫孩子做题海、学钢琴等等，如果孩子不乖，那就要用"棒打出孝子"的办法。更常见的问题是，就算有一对夫妻真的生下一万个子女，他们天生的父爱、母爱也一定会被摊薄到几乎透明的程度，就连给孩子取名都只能敷衍了。而孩子在这样的成长氛围里，注定一辈子都长不大。

消极的政府是道家会喜欢的。除非遇到特殊情况，否则大家甚至感觉不到政府的存在。放任不管的话，孩子总会在历练中长大，完全不需要父母操心。没长好的孩子会自然淘汰，虽然我们也可以伸出援手，但帮是情分，不帮是本分，谁都没义务耗费时间和金钱救济他们。

彻底的消极政府就是无政府，这是克鲁泡特金所推崇的；彻底的积极政府就是专制政府，这是霍布斯所推崇的。老子也好，孔子也好，都在这两极之间插下自己的旗帜。那么，在插下旗帜的时候，为什么要偏左一点而不是偏右一点，为什么要偏右一点而不是偏左一点，每个人有每个人的理由。

斯宾塞：从公民到婴孩

(1) 民之父母

在上一节的最后，我们谈到积极的政府和消极的政府。积极的政府会向人们提供幸福，消极的政府只是保障人们可以不受阻碍地追求自己的幸福。极端的积极政府就是当爹当妈的政府，极端的消极政府就是无为而治的政府。人类历史上的一切政治诉求和社会蓝图，都是在这两极之间左右摇摆。

斯宾塞有这样的话："在完全不加干预这一极端，和每个公民都将被改造成长大了的婴孩这另一极端之间，有着无数可停留的地方；凡是要求国家去做超出保护范围的事情的人，需要说一说他想在哪里划线，而且要向我们指出为什么恰好是在那里而不是在任何别处的理由。"

看来"巨婴"这个说法一点都不新奇。在斯宾塞的年代，很多人就已经有了"巨婴"的特质，对一切看不惯的事情都希望"有关部门"出面解决。在《社会学研究》的开篇，斯宾塞就很抱怨一些人对社会行为的理解过于肤浅，总以为政府机关无所不能，要想解决哪个社会问题就先为它立法，只要立了法就能轻松解决它。这应该是婴儿对父母的心态才对，婴儿总会觉得父母无所不能，而且事事该管，自己很愿意服从父母的权威，父母时不时地就该给自己喂吃喂喝、把屎把尿。

在"巨婴"心态里，人民是由政府供养的，而不是相反，正如孩子是由父母供养的，而不是相反。以前人们常说国家培养一个大学生——或者培养别的什么——要花多少多少钱，却不去想这笔钱究竟从何而来。斯宾塞说："在追问之下，他们不得不承认：假如公民停止工作，停止供应，那么推动国家机器运行的力量就会消失。然而，他们的提议暗示他们相信国家有某种不以税收来调节的潜在力量。问题出现时——政府为什么不替我们做这件事？他们想的不是：政府为什么让我们自己做，为什么不找我们要钱，以雇用官员去做？想的却是：政府资源无穷无尽，为什么不给我们做这件好事？"

正是因为政府处处干涉，处处插手，上至公共工程的建设，下至妓女的体检，处处以"民之父母"自居，人们才会养成这样的心态，而一旦发现政府哪里没做，或没有做好，感恩的心就很容易被愤怒遮掩。在《社会静力学》的一条注释里，斯宾塞引述了1891年11月28日《标准报》刊登的一篇来自俄国的报道："那个农民自言自语道，沙皇一直到现在都在养活他，而且会继续养活他。有一次我听到一位官员努力想说明这办不到，却得到了这样的回答：'如果我们的沙皇不能养活我们，我们就去找一个能够养活我们的沙皇。'"

沙俄的情况毕竟遥远，但法国大革命的事例近在眼前。大革命前夕的法国，政府处处插手，无所不为。如果你是制造业的老板，那么你该雇谁，不该雇谁，政府说了算；你该生产什么，该用什么原料，该做成什么品质，都要听政府的。政府会派出视察专员，毁掉那些没按规定生产的东西。你想给生产做一点改进吗？不行，那是不合法的，发明家甚至会被罚款。政府的监督和管制无所不在。你想靠山吃山，开山采矿吗？你必须先得到当局的允许。斯宾塞说："书商或印刷商会由于吊销执照而被迫停业，从海里取一桶水也是犯法的。"

(2) 政府创造了什么

在斯宾塞看来，政府的手伸得越长，人民对它的诉求也就越多，各种不满也就越容易发生。关键的问题在于，政府并不能凭空让不好的事情消失，它的一切所作所为从本质上说都属于拆东墙补西墙。

这是一个奇怪的观点，也是很独到、很有斯宾塞特色的观点。

先要提一个问题：民政机关对社会有什么贡献吗？或者说，它为社会"创造"了什么？

人们凭着常识，会说它增进了社会福利，但在斯宾塞看来，它其实什么都不能创造。无政府的社会有多少福利，有了政府之后还是有那么多福利；无政府的社会有多少不幸，有了政府之后还是有那么多不幸。政府不是生产机关，并不能凭空创造什么，它只会重新安排福利和不幸的分配。

如果你觉得这个道理很难理解，你就必须想到这是在工业社会里产生的想法，正如马克思对价值的理解一样，只有具体从事生产的人才会创造价值，资本家剥削工人创造的剩余价值，服务业和政府只会参与价值的再分配。亚当·斯密也是这样的想法，所以，GDP到底该算哪些、不该算哪些，很难说清楚。

我们先沿着斯宾塞的思路来想。你可以设想一下，你是一名底层劳动者，薪水实在太低，勉强只够吃饭。还有很多人和你一样，日子实在太难熬了。政府很关心你们，出台了一个最低工资法案，规定任何单位的最低月薪都不能低于一万元。于是你的薪水涨了，你很高兴，你的老板的营利水平其实很高，也不在乎这点小钱，貌似谁都没有受到损害，但那些营利水平不高的企业承受不来如此高昂的人力成本，要么垮了，要么裁员，失业军团迅速壮大起来。该怎么办呢？好像也不应该听任他们自生自灭。政府有办法，多发一点救济金好了。但是，钱从哪儿来呢？算了，路灯不修了，把这笔钱挪用过来就好了。城市没有了路灯，交通事故和治安事件马上多了起来。看来路灯还是要修的，那就加税吧。一提加税，全社会怨声载道。政府有点不好意思，算了，不加税了，还是老办法，悄悄增发货币好了。几轮通货膨胀下来，你惊讶地发现，曾经让你很得意的工资涨幅不知不觉被抵消了。你开始发牢骚，要政府提高最低工资标准。政府很关心你，好吧，提高就提高吧。就这样，新一轮的循环又开始了。

如果不该烧死异端分子，为什么就该取缔无照游医

（1）要多少仆人才合适

从常理来说，仆人越多，主人翁生活应该越舒适越便利。从这个角度来看，政府也许应该被当成第三产业来看。今天我们不是已经认识到第三产业的重要意义了吗？那么，扩大政府这个第三产业既能增进全民福利，又能在很大程度上解决就业问题，何乐而不为呢？

要理解这个问题，你可以请小时工来打扫房间，第一次请一个人，第二次请两个人，第三次请四个人，以此类推，你就会发现，在超过一个临界点之后，小时工越多，工作效果越差。斯宾塞也用仆人做家务来举过例子，他是这样说的："一个自然的推论是，如果一个仆人干这么多，两个就会干两倍这么多，以此类推。但是，当这个符合常理的理论受到实践检验时，结果却大不相同，不仅完成的家务额没有随着仆人的增加而增加，反而频繁地下降了。事实是：仆人越少，干活越多，干得越好。"（《社会学研究》）

显然，斯宾塞没有真的做过这个实验，结论来得有些粗糙。如果仆人真的越少越好，帝王将相岂不都是最愚蠢的人？真正的关键在于：帝

王将相使用大量的仆人，是完全不用考虑性价比的，而我们请小时工来做保洁，效果当然要紧，但性价比至少同样要紧。而即便是帝王将相，仆人如果用得过多，添的乱子肯定也会比增加的效益多。

到底要用多少仆人或小时工，上至帝王将相，下至平民百姓，一般都会根据个人情况做出理性的选择。然而，"要请几个仆人为自己服务"和"要请多少公职人员为全社会服务"，是截然不同的两件事。假如公民们真有这种选择权的话，交税越少的人就想要越多的公职人员，因为雇的越多，自己占的便宜就越大，而交税多的人自然想法不同。另外，无论每个人交的税是多是少，谁也说不清到底该雇用多少公职人员才算合适。

每位公民都是国家的主人翁，但国家财产哪些是你的、哪些不是你的，说不清。公职人员其实也是公民，所以也是国家的主人翁，他们到底为哪些具体的人服务，从哪些具体的人手里领薪水，也说不清。产权不明晰，注定效率低。但怎样才能让产权明晰呢？同样说不清。

无论如何，反正事情总是越变越多，政府总是越来越忙，原有的机构和人手总是不够用，只能不断扩大规模。斯宾塞用法国举例，说法国的政府机关大约有60万工作人员，这些人原本都是可以搞生产的，而现在呢，他们什么都不生产，日子过得却比普通劳动者安逸很多。

我们看一段《社会学研究》的原话："但有一点很清楚，额外的繁重工作是由从事生产的那些阶层的人承担。已经劳累的劳工不得不辛苦地多干一个小时活，他的妻子不得不除了给婴儿喂奶之外还要在田地里帮忙，他的孩子本来就已吃不饱，现在吃得更少了。……这样看来，祸害没有消除，充其量只不过重新分布了；而且，在任何情况下，问题是，重新分布即使可行，是否可取。"

(2) 审批的意义

政府的事情怎么会越变越多呢？我们知道任何机构都有自我膨胀的趋势，而在斯宾塞看来，民意才是更有力的推手：大家总是呼吁，一会儿要政府解决这个问题，一会儿要政府解决那个问题。

斯宾塞所理解的民政机构，从优点上说，大概相当于保险公司。有了保险公司，各种不幸和意外还是会照常发生，唯一不同的是，损失不再由当事人独立承担——这对单个的人往往构成毁灭性的打击——而是由所有参保的人平均分摊了。

那么，当政府审批行医资格，建设公立医院，取缔非法行医，当然都要耗费税款，而这些税款在这里多用了，在其他地方自然少用了。政府存在的核心意义确实是"保护"人民，所以政府收税就相当于黑社会收保护费。黑社会收了保护费，一般只会起到军队和警察的作用，维护一个街区的秩序，而政府在收了保护费之后，却总要操各种闲心，然后发现税款不够用。这时候一般有两条路可走，要么自己搞经营，与民争利，中国古代的盐铁专卖就是这种做法，要么加收保护费，反正取之于民，用之于民，完全正当——既然出于正当的理由，那么加收保护费的时候自然理直气壮，不会觉得自己比黑社会过分。

即便只是从收取"保护费"的意义上说，政府收取了保护费，就应当为人民提供保护，而最该保护的就是人民的"同等自由"。然而，事实总是相反，政府会用各种具体而微的"保护"来侵犯人民的自由权利，政府存在的合法性也就因此大大削弱了。

退一步说，即便这些具体而微的"保护"是应当的，但操作起来永远存在难题。比如说，如果保护国民的健康是政府应尽的职责，那么政府要做的事情可就多得数不清了：议会要规定每个人每天吃几顿饭，还必须因人而异，对不同体质的人做出不同的规定，还必须委派官员监督每个人的睡眠质量……

除了身体健康，是否还要考虑精神健康呢？如果有未经政府许可的传教士向人们灌输错误的教义，这是不是就像江湖郎中无照行医一样有害呢？那么政府不仅有责任监督人民的身体健康，还应该审查宗教信仰，审查新闻出版……没错，精神健康和身体健康同样重要。

这样的类比并非出于凭空想象，因为斯宾塞发现，医生当真在向传教士学习。《柳叶刀》之类的专业期刊上不断有人呼吁，要政府委派公共卫生监督员，《公共卫生杂志》甚至呼吁过要政府委派专员检查空置的居民房，检查合格之后才允许房东把房子出租。当然，这会产生额外的费用，但钱的来路不难解决，可以向房东征收附加费，用高薪养活廉洁的检察员。还有刊物附和这个提议，说仅仅派人检查还不够，必须强制房东给房间安装适当的通风装置，这可以抑制疾病传播，对全民健康很有益处。《医学时报》盛赞土耳其政府，说它最近发布了一项法令，要给医生发国家津贴，要求他们必须为所有前来就诊的人——无论贫富——进行免费治疗。

这些内容太有现代感了，简直就像人气论坛上的热帖。土耳其政府堪称楷模，即便在今天也会得到绝大多数人的拥戴。人们只会厌恶斯宾塞，因为他不但想让医疗彻底市场化，甚至想取消政府对医疗市场的监管。当真如此的话，我们很快就会迎来巫婆神汉满天飞的世界，这怎么可以呢？就算医疗是一种纯粹意义上的商品，但患者，也就是消费者，根本就没有判断商品质量的眼力。要想让公众免受庸医之害，政府必须出面监管。这就好比公众无法判断一种宗教信仰或一种思想观念的好坏，政府必须学习孔子诛少正卯的榜样，学习宗教裁判所烧死异端分子的榜样，学习秦始皇焚书的榜样，使出雷霆手段，方显菩萨心肠。

这样的论断貌似无懈可击，庸医害人的事例也每每触目惊心，但是，斯宾塞除了从"同等自由法"，还从"如何才真正对社会有益"的角度做出了反击。纵容江湖郎中无照行医竟然对社会有益，如此匪夷所思的道理该如何论证出来呢？

在解答这个问题之前，我们还有必要了解一个前提性的问题，那就是，就算斯宾塞天赋异禀，语不惊人死不休，但他当时为什么非但没有被全社会的口水淹死，反而很受尊崇呢？

※ 第十章
自发互助的社会结构与心理机制

孔子为什么不买医保

(1)"凤凰男"的老家亲戚又来了

如同真善美化身的克鲁泡特金竟然在医疗问题上和斯宾塞高度一致。这到底是为什么呢？

虽然从学说气质上看，斯宾塞是冷冰冰的，克鲁泡特金是充满温情的，但前者主张小政府，后者主张无政府，他们在这一点上高度相似。他们都不反对医疗，而仅仅反对作为国家福利的医疗。当然，两个人的出发点是不一样的。斯宾塞认为老弱病残和愚蠢之辈的自然淘汰有利于人类发展，克鲁泡特金认为民间自发的互助就可以妥善解决医疗福利问题，这种自然而然的办法才是最好的办法。

我们不妨看看古代儒家，他们对奉养老人投入了异乎寻常的热情，发展到极致的时候，甚至有许多儿子、儿媳割下自己身上的肉来给老人熬汤治病。还有不少卖身葬父的故事，我们今天还常常能在古装剧里看到。那么，他们为什么不买医保和社保呢？

如果当时有医保、社保的话，家庭成员就不会为亲人的养生送死付出如此惊人的代价了。有识之士既然看到了这些人间惨剧，按说早晚会想到某种国家福利制度，但他们偏偏没有，这是为什么呢？

有三个原因：第一，他们在对孝道的路径依赖上越走越远，一个人为孝道付出得越多，也就越值得表彰，道德光环也很容易为他们换来好处；第二，儒家其实一直都在呼吁福利制度，这种呼吁其实就囊括在孔子的"复礼"主张中；第三，社会生产力整体水平不高，也就是说，劳动力一般不太值钱，时间和精力都不值得珍视。

上面的第三个原因是被马尔萨斯重视过的。他在《人口原理》这本书里强烈反对济贫法，书里就是拿中国举例的。（附录1）

我在前面讲过，礼制源于宗法社会，在宗法共同体之内，"人人亲其亲，长其长"，任何一个人都不是独立的个体，而是宗法网络中的一个节点，牵一发而动全局。你和你的宗族亲属们是作为一个整体聚居在一起的，不管谁遇到麻烦，"不要问丧钟为谁而鸣，丧钟为你而鸣"。你的各种医疗、养老、教育、就业问题，都有整个宗族给你做靠山。我们今天还可以在很多所谓的"凤凰男"身上看到宗法社会的影子："凤凰男"在大城市里打拼出一片天地，娶了城里的姑娘，在城里安了家，但农村老家的三亲六戚不断投奔过来，"凤凰男"有义务为他们提供各种人力物力上的帮助。在他的心里，那些老家的亲戚，哪怕是很远房的某个表亲，也比自己的妻子和自己更亲近，自己对任何一个远亲所要承担的义务，都比对城里这个小家庭承担的义务要多。在妻子看来，丈夫属于白眼狼、负心汉，丈夫那些亲戚属于打秋风、不要脸，而在丈夫和亲戚们看来，这个做妻子的简直自私透顶，只会打小家庭的小算盘。

(2) 第三种悲剧

这种矛盾，或者说这种悲剧，属于叔本华在《作为意志和表象的世界》里所谓的"第三种悲剧"。这是美学意义上最高级的悲剧，不幸仅仅是由于剧中人彼此的地位不同，由于他们的关系造成的。这就无须作者在剧中安排可怕的错误或闻所未闻的意外，也不必安排什么穷凶极恶的坏人，所有的角色都只需要一些在道德上平平常常的人物，把他们安排在非常普通的情境之下，只是使他们处于相互对立的地位罢了，他们只是为这种地位所迫而彼此制造灾祸，我们并不能说他们中间到底有谁做错了。

这一类悲剧并不是把不幸当作一个例外来指给我们看，也不是把不幸当作罕见的情况或罕见的穷凶极恶的人带来的东西，而是把它当作一种轻易的、自发的、从人最自然的行为和性格中产生的、近乎人的本质所必然产生的东西，这样一来，不幸也就和我们接近到可怕的程度了。

当两种社会结构里的生活模式和道德模式撞在一起的时候，夫妻很容易都看对方不顺眼，所以，门当户对才会成为谈婚论嫁时候的核心原则，毕竟爱情很难战胜生活习惯和道德习惯。如果"凤凰男"在城市里一直保持独身，或者运气奇佳，妻子竟然对他百依百顺，对他老家亲戚带来的所有麻烦都能够逆来顺受，那么这就是一种完美的宗法互助模式。在这种模式下，能力越大，责任越大，这是天经地义，让人无可推诿的。

老家亲戚会对"凤凰男"说："你现在发达了，娶了城里大户人家的女人，但你记得唐朝有一位元载吗？那位凤凰男的楷模一直做到宰相，而他那位出身名门的妻子写诗告诫他说：'楚竹燕歌动画梁，春兰重换舞衣裳。公孙开馆招嘉客，知道浮荣不久长。'这首诗可值得你多念几遍。世事人情，白云苍狗，谁能永远一帆风顺呢？如果你有落败的一天，你知道的，我们绝不会袖手旁观。看看现在时不时来你家的这些城里客人，呵呵，多见摄衣称上客，几人刎颈送王孙！他们都是指望不上的。你多保重吧，我们这就回去了。老家穷一点又怎么样呢，'衡门之下，可以栖迟。泌之洋洋，可以乐（liáo）饥'。"

当然，一般的老家亲戚不会这么转文，但道理就是这个道理。"凤凰男"和妻子要在大城市生活，要用医保、社保来解决后顾之忧，而在妻子看来，既然医保、社保能够解决这些问题，还有什么必要和老家亲戚联络感情呢？正是医保、社保这些"政府行为"，使小家庭有了摆脱大家庭的动机。而在老家亲戚的观念里，宗族互助才是真正意义上的医保、社保，正所谓一人有难，八方支援。这里所谓的"八方"，并不是全国各地、五湖四海，而是三亲六戚、三姑六婆。

宗法社会是小规模的熟人社会，天然就能够解决社会保障问题，天然也能够避免公地悲剧。如果政府关爱百姓，拆散熟人社会，让每个人都有医保、社保，结果会不会更好呢？克鲁泡特金会斩钉截铁地说："不会！"《互助论》中有这样一个很激进的观点："国家吞没了一切社会职能，这就必然促使为所欲为的狭隘的个人主义得到发展。对国家所负义务愈多，公民间相互的义务显然将愈来愈少。"

你应当还记得，斯宾塞表达过一模一样的观点。

政府规模越大，政府管得越宽，社会就越冷漠，人情就越淡薄。

问题是，小社会的熟人互助很容易在农村成型，城市居民该怎样互助呢？

斯宾塞也好，克鲁泡特金也好，他们都是城市居民，都享受了工业革命的成果，难道抱残守缺，对社会结构的变化视而不见吗？

附录1

马尔萨斯《人口原理》："如果一个男人想到自己病了，死了，妻子儿女可以靠教区救济为生，那他便禁不住要到酒馆里去喝酒。但如果他知道发生这种意外后，妻子儿女将饿死或沿街乞讨，那他在这样乱花钱时就会有所犹豫了。在中国，劳动的实际价格和名义价格都很低，而且做儿子的尚须依照法律规定赡养年老无助的父母。我国是否也应颁布这样的法律，我不敢妄加断言。但在我看来，如果因实施法规，使那么多人丧失自立能力而陷于贫困，而且使人对此不再感到有多么羞耻，则无论如何也是很不合适的。从最人道、最慈爱的观点来看，人们是应该对丧失自立能力、陷于贫困状态有羞耻感的。"（朱泱、胡企林、朱和中译，商务印书馆，1996年）

这话虽不中听，却当真说中了相当程度上的穷人心理，而他对中国的理解当然并不全面。在古代中国的宗法聚居环境里，完全不需要借助法律，单是风俗就已经有足够的约束力了。

逆淘汰：物竞天择，伤残者生存

（1）核心家庭

小社会的熟人互助很容易在农村成型，城市居民该怎样互助呢？斯宾塞也好，克鲁泡特金也好，他们都是城市居民，都享受了工业革命的成果，难道抱残守缺，对社会结构的变化视而不见吗？

事情还要从头说起，我们还需要借助上一节中"凤凰男"的那个例子。"凤凰男"和他的妻子在城市里买房，结婚，生下可爱的孩子，组成了一个在今天社会上最有典型意义的三口之家。这种家庭叫作"核心家庭"（nuclear family）。

"核心家庭"是美国人类学家乔治·默多克在1949年《社会结构》（*Social Structure*, George Murdock, 1949）一书中提出的概念。如果我们把这个概念介绍给孔子，孔子会说它有违人伦；如果介绍给老子，老子会说它逆天。是的，核心家庭其实是一种很晚近、很不自然的家庭结构。在自然状态下，社群不仅大于家庭，而且先于家庭，核心家庭是没有足够的力量来求生存、求发展的。

在自然状态下，人们需要全力以赴来应对的，不是办公室政治里的小人加害，也不是统治阶级的巧取豪夺，而是险恶的生存环境，所以，团结起来一致对外才是重中之重。种间竞争越严酷，种内竞争也就越微弱。

这条规律很符合我们的常识。一个国家怎样提高凝聚力？最有效、最经典的办法就是渲染外部敌人的可怕，说他们时刻都在虎视眈眈地觊觎着我们所珍视的一切。于是，原本阋墙的兄弟就会舍弃前嫌，外御其侮。

当然，仅靠团结并不一定可以保障生存。《孙子兵法》中有所谓的"小敌之坚，大敌之擒也"，和远远比自己强大的敌人硬拼，结局就是被一网打尽。大自然这个"大敌"就在不断地歼灭生命，一场气候的变化就可以杀掉许多生命。在一些进化论者看来，灾难之后的幸存者就是生存竞争中的适者，他们（它们）继续繁衍生息，繁衍出和自己一样适应新环境的后代。老弱病残和蠢货总是最先丧命的，强壮和聪慧的总会成功胜出。

真的是这样吗？真实的事例好像屡见不鲜。克鲁泡特金援引1889年《莫斯科博物学会会报》的一篇文章，说大约六十年前，一场不知名的流行病使俄国某地的土拨鼠死亡殆尽，多年之后它们的数量才重新恢复。

同样的事情还有很多，简直不胜枚举，但克鲁泡特金从中注意到一个很少被人注意的细节：在那些贫困落后的国家里，饥荒或流行病确实总会洗劫人口，但幸存下来的人既不是最强壮的，也不是最聪明的，因为虽然他们幸存下来，但这种胜利只是对自然灾害的一种险胜，幸存者的健康遭受了严重的损害，很难想象他们将来会繁育出更加优质的后代。灾害如果是一种"自然选择"的手段，那么由它筛选出来的既不是强者，也不是智者，而仅仅是那些耐受力强、最能够忍受匮乏的个体。这就好比当食物匮乏的时候，熊会比猫先饿死，猫会比蚂蚁先饿死，恐龙的灭绝和哺乳动物的兴起正是这个道理。

克鲁泡特金认为，这样的筛选机制在西伯利亚的牛和马中间就发挥了明显的作用。这些动物确实很有耐受性，特别挨得住饥饿和寒冷，但是，一匹欧洲马轻易就能驮起的重量，西伯利亚马却连一半也驮不动。原始部落的土人比欧洲的文明人更能忍饥耐寒，但前者的体能远远赶不上后者，知识的进步简直慢到令人绝望。如果"物竞天择，适者生存"真的像这样发挥作用，无论生物界还是人类社会都不可能发展成今天这样。

斯宾塞也发现过这种现象，不过是从另外一个角度。他以法国政府的征兵为例，说征兵总会优选那些年轻力壮、头脑灵活的人，老弱病残都留在后方，结果每打一场仗就会形成一次逆淘汰。但是，这要怪谁呢，还有其他办法吗？这就是很让人头痛的问题了。征兵如果优选那些老弱病残，然后坐等战败，让年轻力壮的人作为亡国奴继续生存，这恐怕不是很多人愿意接受的。

在克鲁泡特金看来，灾变绝不可能是物种进化的最强动力。那么，竞争会是最强动力吗？

克鲁泡特金并不质疑生存竞争的真实性，恰恰相反，他认为"生存竞争"是他所生活的整个世纪里所归纳出来的最伟大的概念。生活就是竞争，而在这场竞争中，只有最适者才能生存。但是，被大家看错的问题有两个：第一，这场竞争主要是用什么武器来进行的；第二，在竞争中谁才是最适者。

（2）观察者偏差

《互助论》给出的答案是，互助才是竞争的主要武器，互助能力最强的生物才是竞争中的"最适者"。

在克鲁泡特金看来，所有动物，包括人类，并不真的那么好战。就说人类吧，如果我们去翻历史书，好像随便翻开一页看到的都是战争。但这并不反映真相，而是观察者的偏见造成的。我们总是容易记住激烈的景象，却记不住平淡的生活。（附录1）

《互助论》中有这样一段很重要的话："过去的编年史家把折磨他们那个时代的人的小战争和小灾难都详尽无遗地加以记述，但他们却毫不注意群众的生活，而广大的群众主要是习惯于和平劳动的，只有少数人才热衷于战争。史诗、纪念碑文以及和平条约——差不多所有的历史文献都有这种特点：它们只记载和平的破坏而不记载和平本身。所以，有最善良意愿的历史学家也不知不觉地把他所要描述的那个时代歪曲了。"

事情的另一面是，即便是战争，"互助"的能力也是决定胜负的关键。所以，管仲改革齐国的军队组织，要的是"打虎亲兄弟，上阵父子兵"。古罗马和日本战国时代，武士之间的同性恋很受鼓励，因为爱情是让人舍生忘死的最大力量，如果你和热恋对象并肩战斗，以一当十不是难事。《诗经》中有所谓的"死生契阔，与子成说；执子之手，与子偕老"，这几句诗常被当作爱情诗，但其实是在描写战友之间的感情。郑玄的经典解释是"我与子成相说爱之恩，志在相存救也"，战友彼此相爱，才能奋不顾身地彼此救援。如果战友的关系处成今天职场上的普通同事关系，一旦战事不利，大家就很容易各回各家、各找各妈了。

战争到底都在和谁打，这是《互助论》关注的问题。在克鲁泡特金看来，内耗型的战争虽然很醒目，却是少数，绝大多数的战争要么是对外战争，要么是战天斗地，不能简简单单地就和"弱肉强食"画上等号。

战天斗地是很艰苦的，往往艰苦到大家没精神内耗的程度。

早在达尔文之前，马尔萨斯就已经高度强调战天斗地的残酷性了。

《人口原理》如是说:"在整个动物界和植物界,大自然极其慷慨大方地到处播撒生命的种子。但大自然在给予养育生命种子所必需的空间和营养方面,却一直较为吝啬。我们这个地球上的生命种子,若得到充足的食物和空间,经过几千年的繁殖,会挤满几百万个地球。"

这话在道理上没错,但即便是关注"几何级数增长"的马尔萨斯,也严重低估了"几何级数增长",挤满几百万个地球哪里用得了几千年的时间呢?那么,到底是什么力量,是不是弱肉强食的竞争,在制约着生物的数量呢?

附录1

如果你被一名河南籍的骗子骗到肝肠寸断,你会很容易说"河南人都是骗子",但如果真的认真调查每一个河南人,会发现他们中的绝大多数是和我们一样的普通人。对情感造成强烈冲击的信息会使我们误判形势,而我们的情感偏偏又很喜欢被那些强刺激的信息吸引,就像我们看小说,总会喜欢看那些跌宕起伏的故事,我们读报纸,也最容易注意到那些"人咬狗"的新闻,尽管"狗咬人"才是日常生活中最常见的事情。

人口真会过剩吗

(1) 自然死亡率

让我们想象一下19世纪的村庄,如果食品一直保持充足,出生率一直都保持在6%的话,经过八十年,人口会增长到原先的多少倍呢?

如果我们拿这个问题去问马尔萨斯,他会马上拿出纸笔,把已知条件带入数学公式。我相信很多同学也是这么做的,所以,当我说出克鲁泡特金的答案时,大家一定很难接受。克鲁泡特金说:八十年前是多少人,八十年后还是多少人。

这怎么可能呢?当然可能,因为这不是一个单纯的数学问题,而是俄国东南部很多村庄的现实状况。至于对这个离奇的现实状况该怎么解释,就是一个见仁见智的问题了。社会达尔文主义者会说:这里的居民一定遭遇过可怕的竞争,竞争失利的人都被淘汰掉了。众暴寡,强凌弱,多么可悲可叹!但克鲁泡特金说,事实完全不是这样的。这些村庄的人口数量之所以年复一年地不增不减,原因很简单:新生儿中有三分之一活不到六个月就死了,有一半在此后的四年中就会夭折,每一百个新生儿中,只有十七个左右能活到二十岁。也就是说,很多新出生的人在还未长大成为竞争者之前就死掉了。

请你认真思考，这个结论意味着什么呢？

是的，它意味着在这样的自然死亡率之下，种内竞争既不会普遍发生，更是完全没必要的。那么，霍布斯所谓的"一切人对一切人的战争"，根本就不是人类社会真正意义上的"自然状态"。霍布斯的逻辑纵然无懈可击，前提却是错的。马尔萨斯的理论也靠不住，那只是扶手椅上的算术论证，完全没有考虑真实的世界。在真实世界里，生殖过剩只是很特殊的现象。

如果我们站在社会达尔文主义的角度，怀着实事求是的精神接受了克鲁泡特金指出的事实，我们会放弃原有的立场吗？显然不会，我们的原有立场甚至会被强化，因为我们会从这样一种现实中生出一种深深的隐忧。

这到底是为什么呢？给你三秒钟的思考时间。

你应该已经想到了，问题出在新生儿的成活率上。从这个角度来看，科技就是反人性的，现代医学大大提高了新生儿的成活率，还让老弱病残都可以得享天年，甚至出现了人口老龄化这种亘古未有的怪事。一言以蔽之，人，已经变得"不自然"了。

无论我们愿不愿意，人类已经发展到逆天的境地，这同样是一个赤裸裸的事实。那么，我们还该不该"道法自然""任天为治"呢？或者从另一个角度来想，这种"逆天"是否只是表象，本质上并没有颠覆进化论的原理呢？

(2) 恻隐之心，人皆有之

克鲁泡特金想不到这些问题，因为他那个时代的医疗水平还远远不能和今天相比。相应地，他也预见不到医疗成本将会发生多么惊人的变化。而这种变化对他的理论究竟意味着什么，你可以随着后文慢慢思考。

前边讲到，在小规模的熟人社会里，医疗、养老基本可以在社群内部得到解决。但在进入城市之后，人口多了，社会大了，医疗和养老是不是就有必要由政府统筹呢？

如果纯凭想象的话，我们倒是很容易接受这个结论。但是，克鲁泡特金不是霍布斯式的学者，他的武器不是逻辑思辨，而是翻查证据。

欧洲中世纪正是城市兴旺的时代，城市里住着各行各业的人，虽然不能和今天的大都会相提并论，但毕竟比农村的规模大太多了。一名市民不可能和全市的人结成亲密关系。城东的张三生了重病，城西的李四不一定有救助的义务，甚至他们彼此都不认识。那么，张三就会因此陷入无依无靠、呼救无门的境地吗？需要申请公费医疗和政府救济吗？

答案是，不会。

我们需要想到一个最基础的前提：人是天生的群居动物，天生的政治动物。这是一个很可靠的前提，我们完全可以基于这个前提来做逻辑推理，不会重蹈霍布斯的覆辙。那么，作为群居动物，一群彼此陌生的人聚集在一起生活，磨合一段时间之后自然就会形成组织。天然的人类群居规模不超过几十人，但可以形成人群与人群的联合。

接下来的问题是：什么样的人最容易形成组织呢？

这也不难推测，应该是彼此最容易产生同情的人。

那么，哪些人之间最容易产生同情呢？

同样不难推测：物伤其类，彼此境遇相似的人最容易产生同情。

同情心是与生俱来的，孟子就这样证明过：譬如看到一个小孩子就要掉到井里了，任何人此时此刻都会产生"怵惕恻隐之心"，而之所以会产生这种心理，既不是要和小孩子的父母攀交情，也不是为了在乡里、朋友之间博取名誉，更不是因为厌烦小孩子的哭声。孟子继而指出，恻隐之心、羞恶之心、辞让之心、是非之心，都是人天生具备的,这就是所谓的"四端",也就是"四种萌芽"。四端与仁、义、礼、智分别相连,即"恻隐之心,仁之端也;羞恶之心,义之端也;辞让之心,礼之端也;是非之心,智之端也"。人之有四端,就像有四肢一样,是与生俱来的。只要把这四端"扩而充之",就可以安定天下。

这是中国传统性善论的基础逻辑,我们现在只看其中的恻隐之心,它真的可以扩充到安定天下的程度吗?在宗法社会里,这个逻辑倒还说得过去,修齐治平一脉相承,但人的同情心总是很有限的,如果你的朋友遭遇不幸,你的同情心马上就会熊熊燃烧,如果遇到不幸的是一个陌生人,你就未必会有什么感触了。如果真有"大爱无疆"这回事的话,人类的自然生活模式就不会是几十人规模的部落聚居,而应当是几千、几万人的部落聚居。

社会变大之后,同情心经常有一些不合理的,甚至是荒唐的表现,让许多人愤怒,让许多人错愕。比如一名流行歌手的不幸会引发同情心的狂潮,而一名功勋卓著的将军的不幸却得不到太多关注。这真的不合理吗?

现在我们简单总结一下,这一节我们谈到《互助论》的又一个核心观点:自然死亡率是制约种群规模的重要力量,种内竞争既不会普遍发生,更是完全没必要的。在真实世界里,生殖过剩只是很特殊的现象。如果这个观点成立的话,霍布斯所谓"一切人对一切人的战争"就不是真正意义上的"自然状态",马尔萨斯的理论也只是扶手椅上的算术论证,并不切合真实的世界。

你还可以记住《互助论》中的一句论断:"同情是合群生活的必然产物。"

我们最后把逻辑关系梳理一下:最有力的竞争武器是互助的能力,而互助的能力基于我们的同情心。那么,顺理成章的推论就是,最合乎自然的社群规模一定不超出同情心的边界。那么,国家规模到底多大才是合适的?超级大国会如何看待这个问题呢?

如果你嫌新买的游艇太费油，
你该怎样赢得别人的同情

（1）同情心的阶级壁垒

这一节我们要谈的主题是同情心的发生机制，这个问题之所以重要，是因为同情心是政治生态的根基，绝大多数的政治学说其实都在围着同情心的问题打转，只不过要么没有讲明、讲透，要么给它冠以各种名目，让人们以为它们在讲不同的东西。从同情心的角度来看，儒家政治理想需要把同情心最大化；道家的政治理想是把政治组织的规模限制在同情心的边界之内；法家的政治理想需要消除同情心，建立一个自上而下、如臂使指的集权国家；无政府主义的政治理想是消除各种抑制同情心的政治措施，听任各种基于同情心的互助组织发挥作用。

现在让我们进入正文。先回顾上一节留下的问题：一名流行歌手的不幸会引发同情心的狂潮，而一名功勋卓著的将军的不幸却得不到太多关注。这真的不合理吗？

答案是，这个问题本身就问错了，因为同情心本来就是非理性的。严格来说，你对任何一个人表示同情都无所谓合理不合理。当然，这并不妨碍我们从理性的角度来做更深层次的分析。

我们可以看一个更加突出的例子。1792年8月10日，法国废除了君主立宪政体，德国上流社会对此愤愤不平，汉诺威枢密院秘书雷贝格站在这个立场上了发表了一部《法国革命研究》，书中的论调大大激怒了半生都在与卑微、贫寒艰苦作战的德国思想家费希特。费希特很快发表了一篇《纠正公众对于法国革命的评论》，对雷贝格反唇相讥。

费希特的书里特别讨论到同情心的问题，他这样说道："我们思维方式中的一种令人瞩目的无逻辑性在于，我们对于一位偶尔没有新亚麻布的王后的困苦总是那么敏感，而对于另一位为祖国也生了许多健康孩子的母亲的贫困，对于她自己衣衫褴褛，看着孩子们在自己眼前赤身露体地走动，同时由于缺乏生活费用，体内的营养正在枯竭，这使新生婴儿无力地嘤泣——对于这种贫困，我们则认为是理所当然的事情。"

费希特很好地为我们揭示了同情心的作用范围，这似乎有点不可思议：看上去明明更值得同情的人，反而得不到同情，这是怎样的心理机制使然呢？

然而，费希特本人同情那些贫困的母亲，不同情那位偶尔没有新亚麻布的王后，其实也部分地出于和他所反对的上流社会"无逻辑性"的家伙们同样的心理机制：他熟悉那些贫困的母亲，他和她们是同一个阶层的人。至于王后，与他的阶层就太悬殊了。

费希特这里所谓的"王后"并不仅仅是一个符号而已，而是实有所指的，她就是法王路易十六的王后玛丽·安托瓦内特。正是玛丽王后的穷奢极欲使法国王室背负了巨额赤字，以至当时人们很容易做出一种相当合理的推测：如果不是玛丽王后的话，温和节俭的路易十六是不可能把国家财政搞坏的，因而也就不会被革命群众推上断头台了，国王最大的错误就是约束不住自己的妻子。

费希特讽刺玛丽王后说："那位王后还只缺少一条昂贵的项链；但请你相信，她的苦楚并不亚于你那位还缺一件颜色鲜艳的衣服的时髦夫人的苦楚。"

"项链"在这里并不是一个随便的比喻，而是实有其物。玛丽王后的这一串"昂贵的项链"简直可以说就是法国大革命的一个导火索。

这串项链确实价值连城，事实上，玛丽王后并没有得到它，也不曾想要得到它，整个事件都是拉穆特夫人精心设计的一桩骗局，是她设计骗走项链以便打发自己的债主。这件事情后来对簿公堂，成了举国关注的第一大案。

玛丽王后确实是冤枉的，但贪婪、挥霍确实就是她的个性，以至很少有人相信她的冤枉，更有甚者，人们对王室的积怨被这件事刺激到了临界点。拉穆特夫人后来逃到英国，靠出版回忆录大发其财，字里行间当然不会对玛丽王后有多少正面的描写，而费希特正是从这些回忆录里了解到"项链事件"的。

(2) 两种同情：《一个平凡女人的肖像》与《锁麟囊》

接下来，我们有必要了解一下这位拉穆特夫人，在项链事件中她表现出了惊人的诈骗天赋，所以，她的身世难免会引起人们的好奇。当然，我们这里关注的仅仅是"同情心"这个主题，拉穆特夫人恰恰是因为别人的同情心才改变了自己的命运。

遗憾的是，对于这段颇有心灵鸡汤味道的情节，我们只好仰仗于文学作品。是的，"项链事件"的戏剧性自然会引起文学家的兴趣。茨威格以玛丽王后的生平写过一部传记作品，书名直译为《一个平凡女人的肖像》，但中译本叫作《断头王后》，"项链事件"是其中的重头戏；大仲马则专门写过一部《王后的项链》，其中并不令人意外地虚构了一些激动人心的爱情元素。

在茨威格的笔下，布兰维利埃侯爵夫人曾经在路上遇到了一个行乞的女孩子，她只有六七岁大，正在用催人泪下的声音喊道："请可怜可怜一个瓦卢瓦后代的孤儿吧！"小女孩的话很难让人当真，因为瓦卢瓦是一个地位崇高、历史悠久的贵族家系，但是，侯爵夫人在详细探问之下，发现小女孩说的竟然全是真话，她的确出身于这个显赫家族，只不过酗酒父亲破败了家业，母亲则是个放荡的女仆，这就致使她从小便无人管教，只好流落街头，靠乞讨为生。于是，侯爵夫人动了恻隐之心，带走了她，供她读书学艺。

侯爵夫人的这种恻隐之心正是为孟子和费希特所忽略的——她为什么偏偏带走了"一个瓦卢瓦后代的孤儿"呢？街上有那么多行乞的孩子，她也许冷冷地走过，也许给上几个铜板，但只有拉穆特和她自己一样有着贵族血统，她们本该是同一个群体的人，所以她见不得她的沦落。

中国京剧《锁麟囊》为同情心给出了另外一种说明：一位富家小姐风光无限地坐上花轿，不期遇到一名在同一天出嫁的贫家女子，于是同情顿生，赠以不菲的财物。我们看到，这两名女子的社会阶层本应该泾渭分明，但是，"出嫁"这个共同点拉近了她们的距离，使富家小姐可以设身处地感受到贫家新娘的困窘。

人的同情心是如此不同：雷贝格同情玛丽王后，布兰维利埃侯爵夫人同情童年的拉穆特夫人，费希特同情贫苦的母亲们，以及《锁麟囊》里一种偶然的共同境遇造就的同情。当然，他们的同情心也有可能会扩展到所有的人，但肯定不会对所有的人都一视同仁，而是物伤其类，对本群体的人给予的同情最多，对那些最远离本群体的人给予的同情最少，这也正是中国儒家的仁学所讲的"爱有等差"的道理。

当我们明白了同情心的这种发生原理，就可以思考这样一个问题：出于天然的同情心，城市里的居民可以形成自发的、可以和宗法聚居媲美的互助组织吗？

当然，婚姻也可以看作一种小规模的组织形态。我们很容易这样猜测：孤单的男女通过婚姻组成家庭，若干个家庭因为其他什么缘故结合成更大的组织。历史真的是这样吗？

这一节的内容对你的生活可以有一点指导意义，比如在你向别人求助的时候，你会知道该用哪些话来唤起对方的同情。你抱怨新买的游艇费油，这绝不会使你在平民百姓那里赢得同情。但你可以换一个角度，说自己妈妈的童年是在海上度过的，那段日子成为她一生中最美好的回忆，所以你一直心心念念想买一艘游艇，休假的时候可以陪着妈妈在海上漂荡。只要找准切入点，就可以打破阶层壁垒。

谁给叶问交医保

(1) 同行是冤家，更是同盟

　　出于天然的同情心，城市里的居民可以形成自发的、可以和宗法聚居媲美的互助组织吗？孤单的男女通过婚姻组成家庭，若干个家庭因为其他什么缘故结合成更大的组织，历史真的是这样吗？

　　我们先看第二个问题，《互助论》给出的答案是，社群先于家庭，而不是相反。

　　克鲁泡特金经过认真考证，认为在人类的"自然状态"里，非但"一切人对一切人的战争"并不存在，就连一切家庭对一切家庭的战争也不存在，因为没有任何一个时期，人类是分成单独的小家庭，为了生活资料你争我抢的。恰恰相反，在史前生活之初，人们就结合成族群、部落，通过血统和共同的祖先崇拜来维系彼此的关系。这种关系是自发形成的，而不是任何权威力量把它强加于人的。虽然大规模的迁徙和分立家庭的发展都会破坏旧有的团结，但互助的天性又使人类形成了一种按照地域原则结合起来的新型组织，这就是村落公社。在历史的每一个转捩点，旧的互助模式虽然会被打破，但新的互助模式很快就会形成，因为人无论如何都想聚在一起生活，无论如何都泯灭不掉互助互爱的天性。

当城市出现，人类聚居的数量单位从十和百跃升到万，你不可能认识所有的同伴，这是认知能力的天然局限；你也不可能同情所有的同伴，因为你们的生活已经千差万别，绝不像部落时代每个人都和同伴有着太多的共同点和太多共同关注的话题。一名面包师很可能不理解铁匠的苦恼，看不惯铁器的利润比面包高那么多，他更不理解走南闯北的艺人为什么喜欢占卜，并且在男女关系上有点放浪。

显而易见的是，面包师最容易理解面包师的酸甜苦辣，彼此也有更多的共同话题。虽然"同行是冤家"的规律的确会造成许多人际关系上的矛盾，但是，正所谓"兄弟阋于墙，外御其侮"，只要他们存在着共同的目标和共同的敌人，那些小小的不满总可以被压制住。

每一名面包师都是一个势单力孤的人，任何一次原料价格的上涨或谷物的严重歉收都可能对他形成一场灭顶之灾。产量过剩的时候，降价甩卖会招致同行的怨恨，不降价甩卖就会造成很大的浪费。同行应当联合起来，彼此关照，彼此体谅，一致对外。这样，他们在上游将更容易向供货商杀价，在下游更容易抵制消费者的杀价。于是，各行各业的"行会"就这样形成了。

你如果想对行会有一个简单直观的认识，可以想想甄子丹主演的《叶问》。电影里的武馆街很像今天城市里常见的建材一条街、汽配一条街、KTV一条街。同业聚集是一种很常见的自发的业态形式，加入者越多，规模效应越大。对消费者来说，如果想学武术，不用东奔西跑，直接到武馆街就好，总有一家武馆适合你；想买建材，直接去建材一条街，相关配件也能在这里买齐。有些商家会在店门口张贴一张告示，写的是"同行莫入"，这是小型商业街的服装店里最容易见到的，谁都不喜欢被同行进来"刺探敌情"。我们可以推测，凡是有"同行莫入"这种告示的地方，一定没有行会组织，因为行会的存在意义就是协调所有同行，制定攻守同盟，一致对外，避免内耗。

武馆街就存在行会，如果你想进去开一家武馆，就必须先拜码头，缴纳会费，请行会认可你的资格。《叶问》第二部里，洪金宝扮演的那个角色就是武馆行会的理事长。面对叶问的入行申请，理事长要做两件事：首先是衡量叶问的专业资格，也就是由几位理事和自己亲手考校叶问的武术水平；等叶问过关之后，第二件事就是向他宣布行会规则和会费标准。

叶问是富家子弟，从来没有商业经验，对自己的专业水平又充满自信，所以一听说开武馆还要缴纳行会的会费，自然觉得对方欺负人。叶问的愤懑很容易被观众理解：你们这些行会大佬，什么都没做，凭什么坐地收钱？这不就是黑社会收保护费吗？

洪金宝扮演的理事长确实涉黑，所以更难为自己辩解。更重要的原因是，电影为了凸显叶问的正人君子形象，没让理事长把该说的话说完。理事长向叶问宣布行规的时候，只说了叶问要向行会尽的义务，却没说叶问可以从行会享受到的权利。如果只有义务而没有权利，那确实是在欺负人了。

(2) 黑社会的权利与义务

就连黑社会收保护费，一般也会让义务和权利挂钩，否则就等于明抢。我们必须想到，黑社会可以横行的地方，警力肯定不足以保障社会秩序。有一部美剧叫《哈利律所》(Harry's Law)，中译名一般叫作《律政俏师太》，背景设在辛辛那提的贫民区。那就是一个警力松懈的地方，黑社会收取保护费，还真的负责维护治安，甚至动用私刑为受害者伸张正义。

当然，绝大多数的黑社会都不会这样温情有爱，但收取保护费一般总还有这样一个底线，那就是你交完钱之后，我不一定真会保护你什么，但至少我不会再来抢你。换言之，你花钱买到的安保服务是，我保护你不受我的伤害。更有头脑的黑社会能够想到，对自己的"辖区"提供"保护"，不但会降低交易成本，还很容易提高收入水平。如果本地的商家中有很多在做面包生意，那么黑社会就会对外来的面包品牌养成敏感度，想方设法不让它们进入本地市场。是的，本地面包商的生意受损，交起保护费来自然心有余而力不足。

我们知道，在经济学原理上，自由贸易有利于全社会，但为什么还会有那么多的贸易壁垒和地方保护主义？因为这是和税收模式高度相关的。黑社会收取保护费，也是一样的道理。而行会的本质，就是自发组织起来的一种黑社会。

黑社会收到的保护费中虽然很大一部分都被"高层"用来吃喝玩乐，但我们也必须看到，作为一种组织形态，黑社会也是存在运营成本的，甚至有高昂的成本来做风险对冲方面的设计。行会同样存在运营成本，为行会成员提供的各项权利也不可能是全无成本的。这些成本从哪里来？主要就靠会费。所以，理事长要叶问缴纳会费，完全不是借故刁难。而叶问的拂袖而去之所以会得到观众的同情，是因为我们生活在现代社会，有医保、社保，有劳动法，有工会，有妇联，有残联，还有公检法，我们对电影里的时代背景缺乏直观上的感受。

如果叶问有过武馆从业经验的话，他应该担心什么呢？他不担心自己的水平，因为他的武功天下无敌，但在格斗技击性的体育行业，对于伤病，甚至伤残，总是应该担心的。即便不担心自己，至少也应该担心弟子，难免有谁一不小心就伤筋动骨。年龄也是应该担心的，如果上了年纪，打不动了，应付不来金山找这种踢馆立威的人，又该怎么办呢？自家弟子和其他武馆的弟子发生纠纷，又该怎么解决呢？难道每次都要自己花钱去保吗？如果听之任之，又该怎样维护自己在弟子中间的威信呢？如果有同行低价竞争，想用倾销的手段在短时间内把自己挤出市场，该怎么应对呢？如果政府策划出台禁武令，自己人单势孤，又该怎么维护权益呢？

※ 第十一章

伦勃朗的《夜巡》与莎士比亚的《威尼斯商人》

军队和警察可以不隶属政府吗

(1) 从伦勃朗的名画说起

现在先回顾上一节留下的问题：在今天看来该由政府解决的事情，曾经都是由行会负责的。那么，总该有些事情是必须由政府承担的吧，比如警察和军队？

现在先请你小小地跳脱出来，看看你家墙壁上的装饰画都是什么主题的。

我认真观察过装饰画的市场，发现即便是选购西洋绘画，中国人偏爱的也会是中国风的主题，也就是花鸟和风景。而在欧洲的装饰画市场上，有过统计，销量最大的是一幅绿色调、有一点现代风格的无名女士肖像。中国人除了自己的艺术照和结婚照，不喜欢在房间里张挂肖像画。

虽然存在这些差异，但是，人人都喜欢自己的"艺术照"，这倒是普世公理。

欧洲绘画在"形似"方面远胜中国画。尤其在透视法发明之后，肖像画很有艺术照的效果。贵族家庭喜欢炫耀家谱，在恢宏的宅邸里悬挂各位祖先的肖像就成为一以贯之的传统。平民社会自然总有模仿上流社会的冲动,一旦有了钱,便也喜欢找画家定制自己的肖像。油画一般按照尺寸收费,好的画家价格不菲,于是精明的消费者就想到了一个办法:集资画群像。伦勃朗的名作《夜巡》就属于这样的集资作品。

在伦勃朗晚年的群像作品里,最著名的是一幅《布商行会的理事们》。

画面上一共有六个人,如果你在手机屏幕上看这幅画,很容易对他们一视同仁。但福尔摩斯会一眼看出,左起第四个人有点特殊,隐在后排,没戴帽子,而其余五个人都在前排,戴着同样形制的黑色宽檐帽。如果你把第四个人的头部放大来看,就会看到他其实也戴着帽子,但那是一顶很小的、没有帽檐的黑色帽子,这在当时是随从或助手的标配。

前排的五个人身份相同,都是阿姆斯特丹的布商,同时也是布商行会的理事。理事是由选举产生的,任期一年,他们要对纺织工人送来的布料做样品抽查,每周三次。如果质量合格,他们就会在布料上压上铅印,铅印正面是城市标志,背面是行会标志,这就是商标的雏形。布料的品质一共分为四个等级,第一等的布料压四个铅印,第四等的布料只压一个铅印,这就是早期的星级评定系统。

伦勃朗的这幅群像画好之后,就挂在布商行会的会馆里。

很多城市的大型会馆,最后都变成了市政厅。

我们再来比照上一章谈到的电影《叶问》,洪金宝扮演的角色实质上就是武馆行会的理事长,另外几个武馆的馆长都是行会理事。他们考查叶问的武艺,然后授予他开设武馆的资格,这就相当于布商行会给优质布匹压上铅印,让消费者知道叶问的武艺是经过同行评定的,大家不必担心上当受骗。如果叶问在和英国拳手的比赛中不幸受伤,甚至死亡,那么行会就有义务来照顾他的妻儿。如果没有这份保障,英雄就很可能既流血又流泪了。洪金宝扮演的行会理事长死在了擂台上,他的妻子和那么多年幼的子女今后由谁抚养,这是电影不曾解答的问题。

话说回来，在17世纪的荷兰，伦勃朗是最能赚钱的画家之一。但从大环境来看，荷兰画家的收入不如意大利画家。这倒不都是水平问题，而是因为意大利画家的主顾尽是教皇和王公贵族，而在荷兰，即便是伦勃朗这种顶尖画家，接到的订单也都来自市民阶级。伦勃朗最著名的作品《夜巡》也不例外，是自卫队集资让他画的，而所谓自卫队，虽然荷枪实弹维护治安，其实也只是一种行会性质的民间组织。

(2)《夜巡》背后：荷兰的民兵组织

《夜巡》是后人为这幅画取的名字，原画其实和夜巡无关，之所以像夜景，是因为保存不当，画面发黑。

当时，荷兰的政体属于"共和国"或"合众国"，既没有国王，也没有教皇。三百六十行，行行都有行会，五花八门的行会承担着各种管理职责，就连军队都有自己的行会。

早在荷兰独立之前，各个城市就已经自行组织民团，称为自卫队。顾名思义，自卫队不是正规军，而是民间自发组织起来的武装自卫力量。在和平年景，自卫队总是站在时尚前沿，队员们格外讲究穿着打扮，腰悬佩剑，手执火枪，飒爽英姿迷倒万千少女。如果那时候有智能手机的话，自卫队员就会是最喜欢自拍发朋友圈的一群人。旧时代有旧办法，他们会请画家为自己绘制肖像。

我们会看到，聘请画家绘制肖像的基本都是各行各业的富裕市民。画家如果被这些小市民拖欠画款，能怎么办呢？

当然可以请行会帮忙。对的，画家也有画家的行会。

但这一次，自卫队虽然拖欠了伦勃朗的画款，伦勃朗却没办法请行会为自己主持公道。这是因为他的画风过于前卫了，只考虑了构图和光影的美感,却没想到自己的本分是要把每个人的长相画清楚,还要给出价一样多的人分配一样大小的画面。你可以看看弗兰斯·哈尔斯笔下的《圣乔治市自卫队军官的宴会》,这才是当时最正统的自卫队群像。

如果不是因为伦勃朗太有艺术追求,没把用户需求放在第一位,那么他是可以从画家行会那里得到帮助,来和自卫队交涉的。不仅是荷兰,意大利也早就有这样的传统,意大利的画家行会还深刻影响了不同画派的形成。克鲁泡特金在《互助论》的一处注释里这样说道:"中世纪意大利的画家也组织了行会,他们的行会在以后就变成了艺术学院。那时候意大利的艺术是那么富于个性,甚至现在我们还可分辨出帕杜亚、巴撒诺、特累维索和韦罗纳等城市各有一派不同的风格,其所以如此,……是因为每一个城市的画家分属于自己的行会,这些行会和另一个城市的行会友好相处,然而是独立存在的。"

这段话不但很有艺术史研究的意义,还有一个细节很值得我们留意,那就是"他们的行会在以后就变成了艺术学院"。那么,基于这一点线索,请你判断一下,这些词中哪些原本有"行会"的意思:brotherhood, college, company, corporation, society。

谈钱不伤感情的朋友，才是真正的朋友

（1）傍富婆的雄心壮志

在 brotherhood，college，company，corporation，society 这些单词里，哪些原本有"行会"的意思呢？

答案是，全选。

英语里有许多表示行会的词，但今天已经变成了另外的意思。"兄弟会"（brotherhood）今天一般指大学校园里的男生联谊会；还有"学院"（college），因为欧洲大学就是从学生行会和教师行会兴起的；还有"公司"（company, corporation），还有"社会"（society），简直让人认为凡是表示某种组织的词语都可以追溯到行会身上。你可以留意一下哈尔斯那幅画的英文题目，表示"自卫队"的词是"Militia Company"。

如果没有行会，人们该怎样互相帮助呢？那就只有"在家靠亲戚，出门靠朋友"了。莎士比亚的名剧《威尼斯商人》讲的就是一个"出门靠朋友"的故事。

我们先来简单回顾一下《威尼斯商人》的剧情。当然，这部剧过于出名，剧情对每个人来说都不陌生，但我之所以还要概述一遍，是因为有些耐人寻味的细节很容易被大家忽略。

故事发生在水城威尼斯,主人公安东尼奥是一名富有而慷慨的商人,主业是海外贸易。他有一个朋友,名叫巴萨尼奥,是个因为一掷千金而家道中落的浪荡子,只能举债度日。他借到了钱就会继续挥霍,花光之后再找人借,而他最大的债主,也是最好的朋友,就是安东尼奥。这样的两个人怎么可能成为朋友,莎士比亚并没有给出合理的解释,反正他们就是朋友。

我们自然会替安东尼奥担心:你怎么可以把钱借给这种人呢,你该怎么把钱要回来呢?如果安东尼奥去订阅熊太行老师的《关系攻略》,他应当留意到这样一番话:"如果有人借钱不还,或者不停索取,侵害了你的利益怎么办?你永远没法满足对方的欲壑,继续姑息,他们就会要的更多。所以,干脆自己放下和和气气的面孔,保护自己的利益。"

安东尼奥的确对巴萨尼奥"继续姑息",巴萨尼奥也的确对安东尼奥"要的更多"。巴萨尼奥似乎还有几分义气,他向安东尼奥坦诚,自己对贫困的生活倒也不会介意,只是不想欠债太多对不起朋友,所以最大的烦恼就是如何还债。最近,他终于想出了一个计划。

安东尼奥很受感动,深情地说道:"好巴萨尼奥,请您告诉我吧。只要您的计划跟您向来的立身行事一样光明正大,那么我的钱囊可以让您任意取用,我自己也可以供您驱使。我愿意用我所有的力量,帮助您达到目的。"(朱生豪译)

熊太行老师一定会惊呆的,我们也会奇怪这位仗义疏财的安东尼奥为什么还没破产。但这还不是最荒唐的,因为巴萨尼奥接下来讲述的还债计划更荒唐。

他的计划是这样的:在贝尔蒙特有一位富家女,名叫鲍西亚,不但德艺双馨,而且继承了巨额家产,引来无数优质男的狂热求婚。巴萨尼奥带着谜之自信,觉得自己的条件不输给任何一名求婚者,只除了穷。

所以，只要安东尼奥借给他一笔求婚资金，让他人财两得，那么还清旧债就只是举手之劳。

在我们今天看来，会打这番主意的人一定不少，但谁也没脸这么直白地说出来，看来这位巴萨尼奥也过于"正大光明"了。安东尼奥会不会因为这番话看穿了巴萨尼奥的假面，立刻割袍断义呢？或者，安东尼奥会念着旧情，劈面给他一整套的道德说教？

不，完全没有。安东尼奥反而像刚刚蒙受了道德感召，很赞赏巴萨尼奥的宏图大计。请你回忆一下我在前面讲过的英国政治家迪斯雷利的身世，他就像这位巴萨尼奥一样，一表人才，被人们当作立身处世光明正大的人，只不过受困于贫穷，娶了一位富有的寡妇才改变了命运。遗产和嫁妆是推动欧洲文明的两大助力，男人在考虑婚姻的时候，要求女方有丰厚的嫁妆，这在当时是再自然不过的事情，而嫁妆的金额是可以开诚布公地讨论的。上至国王，下至贵族，他们接受的嫁妆往往包括大片的土地，足以从本质上影响实力的消长，莎士比亚的戏剧里就常有这样的故事。

(2) 错位

为了得到女方的嫁妆而求婚，这在封建社会并不算丢脸的事情。女人无论如何才貌双全，只要没有嫁妆，婚姻就是一件难事。而一个男人就算没什么钱，只要一表人才，有骑士精神，就有了足够的优点，而赚钱、发财这等事情，总是庸俗、低贱的。

骑士可以挥霍财富而不失其高贵，可以举债度日而不失其豪情，这就是巴萨尼奥之所以"立身处世光明正大"的缘故。至于安东尼奥，尽管有个富商的身份，本质上却是一名骑士。所以，要理解这部剧，最重要的就是别真的把安东尼奥当成商人，他其实是一名披着商人外衣的骑士。

话说回来，安东尼奥听过巴萨尼奥的计划，反应倒还正常，他说自己的全部财产都在货船上，而货船已经出海贸易去了，现在自己手里既没有现钱，也没有可以马上变现的货物。

这些话听起来很像托词，我相信很多人都会这样打发借钱的人，但是，安东尼奥说的都是实话，他真心替朋友着急，最后终于想出了一个办法，那就是由他出面，以自己的名义和信誉替巴萨尼奥借钱。还有比这更感人的朋友关系吗？谈钱不伤感情的朋友，才是真正的朋友。

借钱在当时倒也不是难事，因为有犹太人专门从事信贷行业，做法和今天的银行一样，要有抵押品，要收利息。于是，安东尼奥找到犹太金融家夏洛克，在一番唇枪舌剑之后约定，夏洛克为安东尼奥提供贷款，如果后者不能在约定期限内全额还款，就要从身上割一磅肉作为处罚。（附录1）

安东尼奥并没把违约责任放在心上，因为他知道自己的货船即将返航，很快就会有巨额的现金进账。

这里最值得留意的是安东尼奥和夏洛克的价值观冲突。借贷这件事，在安东尼奥看来属于朋友间的通融，所以收利息是可耻的，而在夏洛克看来这明明属于一桩生意，只要划算，跟谁都做得，并不限于朋友之间。所以，安东尼奥来向夏洛克借钱的时候，第一件事就是攀交情："夏洛克，我们可不可以仰仗你这一次？"

这话当然说得很没道理，因为两人非但不是朋友，简直形同仇敌。所以，夏洛克借这个机会狠狠发泄了一番怨气，说安东尼奥有多少次当众侮辱自己，而自己做错了什么呢，只不过是拿自己的钱来做信贷生意而已。

夏洛克到底做错了什么？

附录1

夏洛克第一次出场的时候，有一段议论安东尼奥的内心独白：

他的样子多么像一个摇尾乞怜的税吏！我恨他因为他是个基督徒，可是尤其因为他是个傻子，借钱给人不取利钱，把咱们在威尼斯城里干放债这一行的利息都压低了。要是我有一天抓住他的把柄，一定要痛痛快快地向他报复我的深仇宿怨。他憎恶我们神圣的民族，甚至在商人会集的地方当众辱骂我，辱骂我的交易，辱骂我辛辛苦苦赚下来的钱，说那些都是盘剥得来的腌臜钱。要是我饶过了他，就让我们的民族永远没有翻身的日子。

我们听到这段独白，很容易同情夏洛克，所以，有些莎学家就说莎士比亚其实是同情犹太人的。我们不管这些学术争议，只看安东尼奥向夏洛克求助，正所谓"既在矮檐下，哪敢不低头"。如果以他自己的原则，"哪有朋友之间通融几个臭钱也要斤斤计较地计算利息的道理"，但借贷生息就是夏洛克的正经营生和生活来源，正如今天的银行一样。

抢劫是正当职业，放贷却是可耻的贱业

(1) 多高的利息才正当

这一节我们谈谈"高利贷"。

你需要记住关于高利贷的两个观点：在西方历史上，凡是产生利息的借款，无论利息是高是低，通通叫高利贷；在亚里士多德哲学里，高利贷因为"不自然"，所以不道德。

你还可以记住亚里士多德在《政治学》里为"利息"下的定义："所谓利息，正是钱币所生的钱币。"在古希腊语里，"利息"和"儿子"是同一个词，所以钱生钱就相当于金钱生下儿子。但是，金钱作为一种金属制品，并没有生儿育女的天性，所以亚里士多德才会说钱生钱是"最不合乎自然的"。

现在让我们进入正文。先回顾上一节留下的问题：夏洛克到底做错了什么？

答案是，他放高利贷。（附录1）

高利贷在今天也招人恨，但银行正常收取贷款利息，似乎是天经地义的。夏洛克如果只是正常收取利息，难道不是完全合情合理的吗？

历史上的真实情况是，哪怕只收取一分一厘的利息，就不算合情合理，就应该受到道德的谴责。

　　这里存在一个语境问题：我们所谓的高利贷，是指那些利率超出常规的贷款；而西方所谓的高利贷，是指任何收取利息的贷款。也就是说，在西方世界里，贷款就应该是朋友或邻里之间的互助行为，是社群友爱的表现。如果一个人把互助、友爱的行为变成营利事业，那是非常可耻的。这正是安东尼奥的借钱逻辑。所以，在现实社会里，这种人根本就不可能发财致富。

　　从历史脉络上看，借贷取息这种事情，精英和底层都不喜欢。亚里士多德在《政治学》里有一个关于发财致富的观点影响深远。首先，生财之道可以分为两类：第一类是靠劳动生产，第二类是靠交易。在第一类里，也就是在"劳动生产"的类型里，一共有五个小的门类，分别是农耕、游牧、捕鱼、狩猎和抢劫。

　　你一定会觉得古怪，这五个小门类难道不该是今天我们常说的"农、林、牧、副、渔"吗？真的不是，我们所谓的林业和亚里士多德所谓的狩猎倒还有一点相关性，反正都是在森林里做的事，但亚里士多德没有"副业"的意识，我们今天也不会把抢劫当成一个正经职业。

　　亚里士多德还说，有些人会兼营两种职业，这就可以很好地分散风险。《政治学》一书的原话是这样说的："当一业不利或欠缺的时期，他们就应用另一方式来觅食：例如游牧民族常常干劫掠的勾当，而农夫也时常外出狩猎。"

　　所以，我们不要小看劫匪，这可是被圣人认可的正当职业呢。

　　农耕、游牧、捕鱼、狩猎和抢劫，这五项营生能够获得的财富总是很有限的，也是合乎自然的，但是，靠交易获得的财富很容易超越限度，并且很不自然。亚里士多德用鞋子举例，说我们做一双鞋子，正当的用途是把它们穿在自己的脚上，不正当的用途是把它们卖给别人。每一种财物的用途都可以分为正当和不正当两种，凡是自然的、合乎本分的，就是正当的，反之就是不正当的。

如果我做鞋子的时候不小心多做了一双，你的鞋子正好坏掉了，而你家里还有余粮，我正好在饿肚子，那么我拿我的鞋子来换你的粮食，这虽然不算十足的正当，但也称得上贴近自然。等你穿上我的鞋子，我吃了你的粮食，各自"损有余而补不足"，交易就该到此为止。如果你我都从这次交易里尝到了甜头，于是我多做鞋子，你多种粮食，鞋子不断和粮食交换，这就过分了，极其不自然了。当然，这还不算最不自然的。那种贱买贵卖、投机倒把的行径更不合乎自然，更应该受到道德谴责。

因为交易的需要，人们开始使用钱币，贩卖牟利的极端形式就是放债赚取利息，这种行为不是从交易中直接牟利，而是从作为交易媒介的钱币上牟利，所以是所有致富方式中最不自然的一种，最应该受到道德谴责。

抢劫是正当营生，但放贷很可耻。

这一方面有时代特色的缘故，另一方面也因为亚里士多德的独家哲学。

哪个正当、哪个不正当，评判标准是"是否合乎自然"。

(2) 目的论

亚里士多德所谓的自然与不自然有着特殊的哲学背景，也就是所谓的"目的论"。

我们常问"人生的意义是什么"，这句话如果深究起来，"意义"一定意味着某种目的。比如我相信为社会做奉献就是我人生的意义，那么我活着就是有目的的，这个目的就是为社会做奉献。我希望在我将来回顾一生的时候，可以说出保尔·柯察金那样的话："我已把自己整个的生命和全部的精力献给了世界上最壮丽的事业——为人类的解放而奋斗。"

你也许不认同我的生活目的，但只要你的人生也存在意义，你就一定是有目的而活的，无论你的目的是尝遍天下美食还是消灭全人类。只有达到了目的，才算达到了完满状态。

在亚里士多德的名著《形而上学》里，有论证说万事万物都有各自的目的，目的会形成一种牵引的力量。这不难理解，我们总会被目标牵着走。比如一粒橡树的种子，它的目的就是成长为一棵参天大树。所以，我们可以得出这样的结论：合乎目的就是顺应自然。这还可以有伦理意义：合乎目的就是顺应自然，顺应自然就是善的。

如果真的顺应自然的话，那么随着商业的发展和国际化的加速，用钱生钱就会变成一个很自然的行当。我选了文艺复兴时代的画家昆汀·马希斯的一幅名画——《钱币兑换商和他的妻子》来解说。画面上是一对富裕的市民夫妻，男人用一架小天平精心地称量钱币，女人虽然拿着一本福音书，但注意力全在小天平上。这是比利时安特卫普的一景，当时有很多外国人为了逃避宗教迫害，纷纷逃到安特卫普，带来了各式各样的钱币，国际金融业就这样应运而生了。亚里士多德如果看到这个景象，不知道会说些什么。

那么，钱自然有钱的目的，它是交易的媒介，促成交易就是它的目的。如果一个人把钱本身作为商品，用它来赚取利息，也就是用钱赚钱，那就违背了钱的目的，所以是不自然的，是恶的。这是亚里士多德版本的"道法自然""任天为治"，而亚里士多德哲学后来融入基督教神学，影响着基督徒对利息的理解。

说到基督教，早在耶稣传道的时候，面对的是最底层的无产者，所以，"登山宝训"里有这样的话："有求你的，就给他；有向你借贷的，不可推辞。"这是《马太福音》的版本,《路加福音》的版本还有这样的话:"你们若借给人,指望从他收回,有什么可酬谢的呢?就是罪人也借给罪人,要如数收回。你们倒要爱仇敌,也要善待他们,并要借给人不指望偿还,你们的赏赐就必大了,你们也必作至高者的儿子。"

我们要知道,即便是神的教诲,也必须符合社会情境才能被大家真心信守,才有可能推而广之。耶稣教人重义轻财,这个道理的现实基础是什么呢?

附录1

借钱要收利息,这在今天看来天经地义,谁也不觉得银行该给我们提供无息贷款。但在当时,人们的价值观完全和现在不同。

我们先来看看夏洛克哪来这么多钱可以放贷。

在剧情的发展里,夏洛克说,这么大的一笔款项,就算自己也拿不出,要向一位同族叔伯去借。但这应该只是一种谈判技巧。安东尼奥拿不出钱,这真的有现实上的合理性。我们还用上一节讲到的伦勃朗为例:伦勃朗画出《夜巡》之后,招致买家的一片奚落,画款收不回来,名声也败坏掉了,接不到订单的画家很快陷入了财务危机。同一年里妻子去世,虽然这是情感上的雪上加霜,但算一算经济账的话,似乎不是坏事。妻子的遗嘱给了丈夫和儿子大量遗产,都是她在娘家的财产份额。这应该是一笔巨款,因为伦勃朗的岳父是一位富甲一方的名流。

但是,真到了清算遗产的时候,伦勃朗才发现自己想得太简单了。当时岳父和岳母双双亡故,是若干儿女和三亲六戚在打理着那个庞大的家族产业。产业里的投资分散在四面八方,没法一下子兑换出足够的现金,而且每一笔钱的结算都需要经由家族亲属的一致同意,还要经过很复杂的财务和法律程序。所以，妻子的所谓巨额遗产基本只停留在账面上，伦勃朗父子到死都不曾拿到。

我们再看夏洛克这一边。犹太人号称全世界最会做生意的人，却为什么不像伦勃朗的岳父一家或者安东尼奥一样呢？为什么随时都拿得出巨额的现款呢？为什么非要去做被人鄙夷的信贷营生呢？他们为什么不能像安东尼奥那样，用闲钱置换货物，搞海外贸易呢？做这种生意，获利明显比放贷吃利息更多。至少他们也可以投资一些实业，做房地产也是好的。就算做这些生意赚的钱不比放贷更多，但至少也可以赢得主流社会的尊重，不会被安东尼奥这些人当狗一样骂。他们有那么多的闲置资金，明明可以有更好的用项，为什么非要做一种让主流社会不齿的营生呢？

答案并不难理解：因为宗教与政治的缘故，他们饱经磨难，饱受欺凌，所以他们不愿意置办产业，免得一纸政令就被没收。手里有钱既不敢开办实业，也不敢囤积居奇，更不敢买房置地，要想赚钱，最合适的就是金融信贷这种"贱业"了。

是的，今天最被人眼红的金融业在当年属于"贱业"，一切放高利贷的人理应受到全社会的敌视与轻蔑。

在熟人社会，人情比钱更值钱

（1）不同的社会有不同的关系攻略

耶稣教人重义轻财，这个道理的现实基础是什么呢？

穷人共患难，靠的就是这种互助互爱的精神，反正谁家都不富裕，仅有的一点钱借出去也不太心疼，而且在这样的熟人社会里，人情其实比金钱重要得多。在今天很多县城和农村还是这样，很多事情是拿着钱也办不成的，或者拿着钱但找不到门路办，而通过人情去办就轻而易举了。如果你不擅于经营人情，那就赶快来大城市打拼吧。

话说回来，当基督教风行欧洲之后，基督徒自诩的美德之一就是借钱给别人却不存着讨还的心，正如中国人也赞美施恩不望报的胸怀。如果要锱铢必较地讨债，还要索取利息，实在太可耻了。所以，莎士比亚塑造的安东尼奥这个角色，并不与商人的形象合拍，却是基督徒的理想楷模。

当人稍稍宽裕些了，社会也变大一些了，钱的权重也就随之改变了。以往需要依靠人情来达到的目的，这时候都可以用钱买到了，所以自然会重金钱而轻人情。真正富有之后，如何用钱就会变成了一门学问。我们可以参考《哈姆雷特》中的一幕，丹麦老臣波洛涅斯送儿子雷欧提斯

远赴法国，那一番临别赠言凝聚着权势家族的生活智慧。(附录1)

这番话堪称维多利亚时代的"关系攻略"，但不适用于平民。比如"对人要和气，可是不要过分狎昵"，这是标准的贵族做派，如同儒家的礼学，很重视人际关系上的分寸感。分寸感有一个很实际的意义：只要分寸感把持住了，别人就不敢轻易向你开口借钱。波洛涅斯的金钱哲学是，既不告贷，也不放债，自给自足完全够用。

波洛涅斯代表着贵族阶层的世俗智慧，安东尼奥代表着贵族阶层的高贵品质与基督徒精神，两者都不难理解。最蹊跷的是那位挥霍成性、到处欠债的巴萨尼奥，他明明是一位"损友"，人穷还要摆谱儿，借起钱来就像无底洞一样，谁敢和这样的人物交往呢？但是，不但安东尼奥把自己的钱袋完全向他敞开，而且富家女鲍西亚拒绝了一位位显赫求婚者，偏偏对这位浪子情有独钟，就连夏洛克的仆人也仰慕他的为人，抛弃了旧主人追随着他。这到底是为什么呢？

答案是，巴萨尼奥尽管有这样那样的缺点，但这些缺点之所以成为缺点，只是因为我们站在小市民的角度，用我们习焉不察的市侩价值观来衡量他。如果我们换到安东尼奥的角度来看，就会发现这个败家子、窝囊废、想吃软饭的小白脸儿其实也和安东尼奥一样代表着贵族阶层的高贵品质与基督徒精神。有没有经商的本领、能不能发财致富、有没有机会建功立业，这些都不重要，真正重要的是，哪怕他一贫如洗，哪怕他不仅一贫如洗还欠了一屁股债，他那种贵族式的豪迈气度半点也不曾黯淡。

如果我们落到巴萨尼奥的处境，我们很可能会精打细算，量入为出，如果有机会借钱，我们要么拿这些钱来救急，要么做一点小生意，比别人早起一点、晚睡一点、多受累一点，慢慢赚钱还债，慢慢改善生活。我们会用馒头和咸菜解决一日三餐，我们会用缝缝补补来应付穿衣打扮。我们只会在意生存，却不会在意体面。这有什么不对吗？"衣食足而知荣辱",填饱肚子之后才能讲究自尊,难道不是这个道理吗?

道理倒也没错,但这只是平民百姓的道理,贵族就算困于绝境也不会放下身段,不会去吃嗟来之食。孔子的学生子路在被杀之前还要把帽子戴端正,贫民百姓无法理解这种做派,还专门发明了一个贬义词叫"头巾气",讥讽那些死要面子活受罪的迂腐分子。巴萨尼奥有着另外一种"头巾气",那就是哪怕债台高筑,仍然活得潇洒,言谈举止没有半点窘态和猥琐,这是他身上最迷人的地方。夏洛克的仆人之所以抛弃家财万贯的旧主人,甘心追随这个穷光蛋,就是因为被他的潇洒和豁达吸引了,因为他会把漂亮的新衣服赏赐给仆人穿。

今天有谁敢结交这样的朋友呢?

(2) 慈悲

这一节你可以记住安东尼奥的一句台词,这是他在向夏洛克借钱的时候讲的:"哪有朋友之间通融几个臭钱也要斤斤计较地计算利息的道理?你就把它当作借给你的仇人吧,倘使我失了信用,你尽管拉下脸来照约处罚就是了。"

请留意这句话里的潜台词:朋友之间的借钱属于通融或帮衬,不该计较得失,仇人或陌生人之间的借钱才应该明算账,严守契约。从这个意义上说,谁是你的朋友呢?永远愿意借钱给你、不介意你还不还的人,就是你的朋友。

我们站在平民百姓的立场,欣赏不来巴萨尼奥的光芒。安东尼奥偏偏无怨无悔,当他的货船没能如期返航,传闻已被风暴摧毁的时候,他被夏洛克告上了法庭。但他一点不怪巴萨尼奥,还用一封信作为遗嘱,将巴萨尼奥此前的欠款一笔勾销。

这时候的巴萨尼奥已经和鲍西亚结成眷属，一听说安东尼奥的遭遇，便马上带着妻子的嫁妆赶来搭救朋友。在法庭上，巴萨尼奥愿意把欠款加倍再加倍地还给夏洛克，但求安东尼奥平安。但是夏洛克这个眼里一向只有金钱和算计的人，这一次全然不为钱财所动，任凭巴萨尼奥不断提高价码，他却只想履行合同上的违约条款，从安东尼奥身上割下一磅肉来。

就在这样的死局里，鲍西亚悄悄出场了。她女扮男装，扮成一名律师，在法庭上伸张契约精神。在法理上，她认为夏洛克的诉求有理有据，但是，她还是本着仲裁的态度劝说后者应该发发慈悲。（附录2）

强调慈悲，这是高尚的基督徒精神，事实上，基督徒从来没有对犹太人慈悲过。长久以来，犹太人被驱逐，被掠夺，被隔离。在真实的历史中，1516年，威尼斯共和国将全市的犹太人驱赶到一座兵工厂里，使他们与外界隔绝。从此，欧洲各地有样学样，规划犹太人的隔离区，这就是历史上著名的"隔都"（ghetto）。（附录3）

慈悲从来都是强者施于弱者的，所以基督徒不妨居高临下地对犹太人发慈悲，而如果不是因为偶然，犹太人根本就没有对基督徒发慈悲的资格。在《威尼斯商人》的剧情里，这个偶然就是安东尼奥的货船没能如期返航。

鲍西亚这段高论慈悲的台词，就文辞本身来说是极其出色的，常常被人引用，但放在反犹运动的情境中，却变成赤裸裸的强盗逻辑了。

受尽屈辱的夏洛克当然不会因此松口，却没想到有备而来的鲍西亚只是先礼后兵，最后拿出杀招：她准许夏洛克割下安东尼奥的一磅肉来，但是，不许流血。

剧情逆转，最后好人皆大欢喜，坏蛋偷鸡不成蚀把米。

《威尼斯商人》的情节到此结束，现在我们可以从互助、友爱、慈悲的角度重新思考一下叶问的故事：假如当时香港政府出台一项政策，要求咏春拳和洪拳的武术教师在遇到英国拳击手的时候必须敬礼，谁最有可能率先发出公开抗议呢？选项有以下几个：A.叶问；B.叶问的徒弟；C.八卦掌现任掌门人；D.螳螂拳现任掌门人；E.香港华人群体。

附录1

《哈姆雷特》中波洛涅斯著名的人生指南："不要想到什么就说什么，凡事必须三思而行。对人要和气，可是不要过分狎昵。相知有素的朋友，应该用钢圈箍在你的灵魂上，可是不要对每一个泛泛的新知滥施你的交情。留心避免和人家争吵，可是万一争端已起，就应该让对方知道你不是可以轻侮的。倾听每一个人的意见，可是只对极少数人发表你自己的看法；接纳每一个人的批评，可是保留你自己的判断。尽你的财力购置贵重的衣服，可是不要炫新立异，必须富丽而不浮艳，因为服装往往可以表现人格；法国的名流要人，在这一点上是特别注重的。不要向人告贷，也不要借钱给人，因为债款放了出去，往往不但丢了本钱，而且还失去了朋友；向人告贷的结果，是容易养成因循懒惰的习惯。尤其要紧的，你必须对你自己忠实；正像有了白昼才有黑夜一样，对自己忠实，才不会对别人欺诈。"

附录2

鲍西亚的这段台词是全剧中最有名的一段，强调"慈悲"是超越一切的力量。所以，鲍西亚承认夏洛克的诉求是公道的，但希望他可以大发慈悲。

《威尼斯商人》中鲍西亚关于"慈悲"的台词:"慈悲不是出于勉强,它是像甘霖一样从天上降下尘世;它不但给幸福于受施的人,也同样给幸福于施与的人;它有超乎一切的无上威力,比皇冠更足以显出一个帝王的高贵;御杖不过象征着俗世的权威,使人民对于君上的尊严凛然生畏;慈悲的力量却高出于权力之上,它深藏在帝王的内心,是一种属于上帝的德性,执法的人倘能把慈悲调剂着公道,人间的权力就和上帝的神力没有差别。所以,犹太人,虽然你所要求的是公道,可是请你想一想,要是真的按照公道执行起赏罚来,谁也没有死后得救的希望;我们既然祈祷着上帝的慈悲,就应该按照祈祷的指点,自己做一些慈悲的事。"

附录3

这是19世纪英国风景画家约翰·奥康纳描绘的《罗马隔都》(*The Ghetto, Rome*)。虽然在今天看来,画面上的景致很有风情,罗马建筑即便凋敝了,也比我们身边的很多新建别墅美,但当时住在里边的人都是被侮辱、被损害的。

当万里之外的陌生人利益受损，你为什么比他本人更激愤

(1) 叶问的声援者

这一节我们要延续《互助论》中的一个关键问题：自发性的互助组织能取代政府吗？你只需要记住一个概念：群体剥夺。如果你学有余力的话，还可以记住一个相关概念：同情罢工。所谓"同情罢工"，并不是说对罢工产生同情，而是指一种不为谋求个人利益的，基于同情心的罢工。

先来简单总结一下《威尼斯商人》。我们常说莎士比亚的戏剧反映着文艺复兴的时代风貌，这话并不全对。在这部《威尼斯商人》里，无论是以安东尼奥为代表的正面角色，还是大反派夏洛克，他们的精神面貌在很大程度上仍然是中世纪的。中世纪社会关系的关键词就是"互助"。（附录1）

现在让我们看看上一节留下的问题，那是从电影《叶问》引申出来的：假如当时香港政府出台一项政策，要求咏春拳和洪拳的武术教师在遇到英国拳击手的时候必须敬礼，谁最有可能率先发出公开抗议呢？选项有以下几个：A.叶问；B.叶问的徒弟；C.八卦掌现任掌门人；D.螳螂拳现任掌门人；E.香港华人群体。

这就是一个关于"互助"的问题。叶问显然是新政策最直接的受害者，他虽然心里愤愤不平，但如果因为一点私利受损就多毛，那就显得太没修养了。道德风气鼓励的是谦和、忍让，而不是斤斤计较、小题大做。如果叶师傅为这点破事又找政府控诉，又找媒体求援，和泼妇有什么区别，哪还配称一代宗师？如果他这样做了，洪拳掌门却摆出高风亮节，那么他这张老脸真不知道该往哪里搁了。所以，叶问最大概率的做法就是隐忍不发，打落牙齿往肚里吞。

叶问的徒弟却不会有那么好的修养，马上就会"叫嚣乎东西，隳突乎南北"。他们和叶问一荣俱荣、一损俱损，而且他们将来出师，很可能也会开馆授徒，所以新政直接影响他们的前程。但是，叶问会站出来安抚他们，就像评书里接到十二道金牌的岳飞安抚那些激愤的部下一样。叶问会说："政策不是我们能控制的，但心态是我们可以控制，也必须控制的。咏春拳讲究'力从地起，拳由心发'，你们如果连自己的心都控制不住，怎么可能练得好拳？"

那么，貌似最正确的两个选项都被排除掉了。

我们再看选项C和D：八卦掌和螳螂拳的现任掌门人。在我们的直观感受上，他们会是新政的直接受益者。咏春拳和洪拳的地位低了，也就意味着八卦掌和螳螂拳的地位高了。

如果新政和拳击无关的话，两位掌门很可能真的会幸灾乐祸。但是，拳击的出现改变了社群关系。在此之前，武术界各门各派明争暗斗，而在此之后，西洋拳术和中国功夫成为对立的两大阵营，所以在西洋拳术面前，中国功夫里任何一个门派的屈辱都很容易成为所有门派的屈辱。

我们已经从《互助论》里知道，原始人没有个人主义意识，而我们的心理机制仍然是原始人的。一个人如果被河南籍的骗子骗了，很容易说"河南人都是骗子"；女人受了一次感情挫折，很容易说"男人都不是好东西"。所以，八卦掌和螳螂拳的掌门人会很有压力，觉得新政是西洋拳术对中国功夫的侮辱，而不是西洋拳击手对咏春拳和洪拳的侮辱。他们最有可能率先发难，替同行鸣不平，因为他们不但对这种侮辱感同身受，而且他们毕竟不是新政最直接的受害者，所以看上去他们不是为一己私利争得脸红脖子粗，而是路见不平一声吼，道德优越感爆棚。

至于选项E——香港华人群体，他们很快会被两位掌门的激情点燃，因为这件事在他们看来，既不是西洋拳击手对咏春拳和洪拳的侮辱，也不仅仅是西洋拳术对中国功夫的侮辱，而是西方人对华人的侮辱。国粹是全国人民的情感寄托，是要被供起来的东西，即便自己平日里并不把这些国粹太当回事，但外人要来压一头，就是不行！

(2) 群体剥夺

这种情形在罢工的历史上很常见。我们可以看看克鲁泡特金的时代，那时候在欧洲和美洲，每年会有几千起罢工和闭厂停工的事情。其中最激烈、最持久的，并不是为了争取个人权益和本厂工友权益的罢工，而是所谓的"同情罢工"，也就是为了声援其他地方被侵害权益的工友而举行的罢工。《互助论》中有一段很精辟的议论："每一个有经验的政治家都知道，一切伟大的政治运动都是为了伟大的、时常是遥远的目标而奋斗的，而其中鼓起人们最无私的热情的，就是最有力量的运动。"

这到底是为什么呢？

这种心理体验叫作"群体剥夺"。

在我们的常规理解里，当你自己的利益被侵害，你当然最有理由愤愤不平，而当某个远在天边的人的利益受到侵害，你就算没有无动于衷，至多只会在朋友圈里发个蜡烛。现实情况往往相反：有人动了你的奶酪，你会安慰自己"退一步海阔天空"，甚至都不需要自我安慰，因为你早已经麻木了。但你竟然会为素不相识的人义愤填膺、摇旗呐喊，这是不是很离奇呢？

作为单个的人，我们相信谦让是一种美德，孔融四岁让梨就是我们的好榜样。还有一个古代谦让的楷模，说的是两家邻居扩建围墙，各不相让，有一家人写信给远在京城做高官的亲戚求援，高官的回信是一首小诗："千里修书只为墙，让他三尺又何妨。长城万里今犹在，不见当年秦始皇。"这家人感到羞愧，主动把墙基退让三尺。邻居知道以后，也很惭愧，也把墙基让出三尺。这个故事流传出很多版本，被安在很多名人身上。我们不必考证真伪，只要知道人们认可这样的高尚情操就好。

但是，当我们不是作为单个的人，而是作为某个群体的一员，道理就突然变样了。如果外国对某个万里之外的小岛宣布主权，哪怕你从来不知道有这么一座小岛，哪怕你家几辈子都不会和这座小岛发生任何联系，你也会很激愤地站出来声讨。这个时候，如果有谁说"让他三尺又何妨"，马上就会有无数砖头甩出来拍死这个汉奸。

这说明什么呢？说明群体认同感、群体归属感是生存的基础，人天生就会界分"我们"和"他们"。正是因为这种感觉太深太重，所以维护个人利益常常被贬损为自私自利，而维护集体利益，或者说通过直接维护集体利益而间接维护个人利益，却很容易占据道德制高点。

美德往往只是社群内部的美德。换言之，道德是有社群属性的。那么，所谓"普世价值"到底应该如何成立呢？

17世纪的英国牧师约翰·多恩有一篇著名的布道词："没有人是座孤岛，独自一人，每个人都是一座大陆的一片，是大地的一部分。如果一小块泥土被海卷走，欧洲就少了一点，如同一座海岬少一些一样；任何人的死亡都是对我的缩小，因为我是处于人类之中；因此不必去知道丧钟为谁而鸣，它就是为你而鸣。"

这话说得太有感染力了，但它真的可以成立吗？多恩不曾理解的

是，没有对立面的群体不是群体。"全人类"这种概念虽然在逻辑上成立，但在现实中不成立。(附录2)

这一节就谈到这里了，最后有一个小问题值得思考：从更加积极的一面来看，同一个群体的人更容易对别人的不幸感同身受，这正是自发性的互助行为的心理基础。让我们回到叶问的故事场景，如果香港武术界为叶问的咏春拳馆撑腰，会不会本着"五岳剑派，同气连枝"的精神为叶问解决医疗和养老的后顾之忧呢？听过本章的内容，你当然想得出答案是肯定的。但是，如果叶问和高手比武，重伤致残，医疗和赡养费用实在超出了同业行会的能力，这该怎么办呢？

这是各种行会和互助组织难免会面对的问题。如果你就是行会理事长，你能想到什么办法呢？

附录1

中世纪还是小社会的时代，借钱一般而言并不是经济行为，而是救急救难的互助互爱，总是在社群内部发生。就连犹太人也不例外，他们笃信的《旧约》屡屡教导：借钱给人不能收取利息。当然，《旧约》时代更是小社会的时代，大家彼此都算是同族兄弟，既是兄弟就该讲兄弟情义。但外族人就不是兄弟了，既不是兄弟，就该明算账。

同样重要的原因是，这时候大家都穷。后来随着社会变大，贸易兴起，基督徒和犹太人都开始富裕起来，对钱的态度各自发生了微妙的变化。无论怎样变化，人们总是怀念往昔的人情味儿，不喜欢陌生人之间的锱铢必较和冷冰冰的契约关系。安东尼奥和巴萨尼奥之间的借贷关系是中世纪小社会的互助互爱与贵族情怀的混合体，是同情心所能到达的疆域，而夏洛克所体现的，是大社会里陌生人与陌生人之间的经济往来，必须有利可图，必须明码实价，必须由冷冰冰的契约来约束。即便是亲兄弟，也必须明算账。前者是温情脉脉的，后者是冷酷无情的，谁都看不惯对方。前者敌视后者的算计，后者敌视前者扰乱市场秩序。

附录2

今天我们了解了"群体剥夺"的概念，这对我们的现实生活有什么用处呢？

我虽然不大喜欢联系实际，但真要讲讲实用性的话，也是可以的。

理解了"群体剥夺"，你就可以有意识地给自己所属的群体分门别类。比如你就是叶问，你在职业领域属于咏春派，你会依托咏春派和其他拳种竞争；更广的层面上，你属于国术圈，可以依托国术圈和西洋拳术竞争；在民族层面上，你属于华人圈，可以依托华人圈和西方文化竞争。你要实现的每一个目标，都可以准确找到相应的群体来做你的后盾，避免孤军奋战。当你需要调动别人的情绪，尤其是动员群众的时候，要千万记住一个要领：与其强调他们的个人利益被人剥夺，不如先找准他们归属的是哪个群体，然后渲染这个群体所遭受的不公。你不妨夸大其词，也不必拿出多少真凭实据，只要能唤起听众的一点点猜疑和妒忌就好。只要在群众的心里播下猜疑和妒忌的种子，不用你浇水施肥，它们自然就会疯狂生长。这里可以借用莎士比亚的名言："谣言是一只风笛，吹响它的是臆测、妒忌和猜想。这笛子很好吹弄，那长着不计其数脑袋的笨拙的妖魔，那永远动摇的无法协调的群众最能演奏。"

当然，我不是教你学坏，而是教你怎么识破这种心理操控的手段。特朗普在竞选的时候，就很会用这一着儿来煽动情绪。

两种历史观的百年缠斗——答复王立铭老师，顺便谈谈雅斯贝尔斯的《历史的起源与目标》和斯宾格勒的《西方的没落》

（1）问题来了

王立铭老师曾问我这样一个问题："轴心时代东西方神同步了一回，这有没有可能有什么客观原因，比如气候变化、科技发展、思想传播、外星人降临等等？总不至于都是巧合吧？"

为了照顾大多数同学，我先把"轴心时代"（Axial Age）这个概念简单解释一下。它的意思是说，在公元前600年左右，各大文明还在彼此孤立发展的时候，中国的孔子、印度的佛陀、古希腊的第一批哲学家、波斯的琐罗亚斯德和以色列的著名先知们几乎同时出现，这段时间被称为轴心时代。它的时间段还可以划得宽泛一些，即从公元前8世纪到公元前3世纪。

这到底是不是巧合呢？既可以有简单的解释，也可以有复杂的解释。

我先说说简单的解释。

刚好之前，我向王老师请教了一个遗传学方面的问题，得到了非常详尽的答复。我在认真消化理解之后，做了一段笔记，拿给王老师求证。以下是这段笔记的内容：

  感谢王老师耐心答疑！认真看过两遍，有一个重点问题我想确认一下自己是不是理解对了。

  先天的行为反应模式"一开始"是怎样写入DNA的呢？它们都是随机变异，自然选择的结果吗？在鸡逃避危险的那个例子里，逃避本能是由DNA本身决定的，而不是由DNA碱基的化学修饰决定的，那么，如果用达尔文理论解释，是不是可以理解成：原始的鸡随机发生基因变异，有些很可能变异出了"看见老鹰就像看见妈妈"的本能，娇嗔地投入老鹰的怀抱，结果，它们的基因无法延续下来；还有的鸡看到狐狸就会一见钟情，结果，它们的基因也无法延续下来；也有怕老鹰但不怕狐狸的，也有怕狐狸但不怕老鹰的，也有博爱众生，不肯吃小虫子的……但是，无数种的基因变异都在自然选择当中被淘汰掉了，只有一种变异适者生存，今天的鸡都是它的后代。

  不知道这样的理解是否正确？王老师有空的话，请再稍微指示一下。

  我很快就接到了王老师的回应："其实熊大大这个问题的答案比较简单，就一个字：是。"

  那么，我们可以继续推想一下：那只"适者生存"的鸡和某些异性发生了名副其实的"鸡奸"行为——对此我们必须加以谴责——然后鸡生蛋，蛋生鸡，它的后代散布世界各地，很容易在相似的环境里表现出相似的生活状态。人类也是一样，今天全世界的六十亿人都是单一起源的，有着共同的祖先，所以，即便因为什么缘故彼此隔绝，但只要在相似的环境里就很容易表现出相似的状态，发展出相似的文明。

事实上，在西方学者对轴心时代问题的各种解释中，"人类单种系起源论"真的是一个很响亮的声音。所以，王老师已经自己解答了自己的问题。

(2) 哲学和历史哲学

接下来就让我们进入正题：轴心时代。

"轴心时代"是历史学上的一个大问题，提出这个理论的并不是历史学家，而是一位德国哲学家——卡尔·雅斯贝尔斯（Karl Jaspers，1883—1969）。所以，"轴心时代"虽然貌似是一个单纯的历史问题，但本质上更像一个哲学问题。

今天的中年人可能会被雅斯贝尔斯这个名字勾起一些回忆，因为在中国的20世纪80年代，存在主义哲学曾经风靡一时，文艺青年言必称萨特、加缪，而雅斯贝尔斯正是存在主义的一位重要奠基人。

所谓存在主义，我一直觉得更准确的译名应该叫生存主义，因为它关注的并不是古典哲学——尤其是形而上学——意义上的"存在"，而是人的生存问题，诸如情感、价值、目标、自由、人生的意义和终极归宿等。雅斯贝尔斯之所以选择这一条路，并不是心甘情愿的，而是被科学逼过来的。

我曾讲过，科学原本只是哲学的一个分支，当时不叫科学，而叫自然哲学。但科学的发展实在太快，竟然反客为主，把哲学的研究范畴一个个拆解掉了。比如，宇宙的起源问题被物理学分走了，生命的起源问题被生物学分走了。最可恨的是，哲学家甚至必须依赖科学方法才能搞研究，这让人情何以堪。雅斯贝尔斯很清醒地认识到了哲学的沦陷，也很清楚哲学再没可能夺回那些被科学抢走的广土众民，所以他给哲学和科学认真划界，希望从此以后恺撒的归恺撒，上帝的归上帝。但是，日渐膨胀的科学总想对哲学说："我看你还是尘归尘，土归土吧。"

1949年，新中国成立的那一年，"二战"结束后的第四年，雅斯贝尔斯发表了他的名著《历史的起源与目标》，"轴心时代理论"就是在这部书里提出来的。

如果单看书名，你会觉得这是一部历史学著作吗？

在最严苛的学科分类下，历史学等于史料学，历史学家的任务仅仅是发掘和整理史料，给历史事件做拼图，信以传信，疑以传疑，仅此而已，而从历史事件上探究历史的"起源与目标"，这是在找宏观上的历史规律，为全部的人类历史构建一个解释框架，用这个框架预测未来。这通常是哲学家爱做的事。所以，黑格尔有《历史哲学》，马克思、恩格斯有历史唯物主义，这都是我们很熟悉的例子，其实这也是18世纪至19世纪欧洲的一股学术潮流。

在雅斯贝尔斯之前，已经有一些学者注意到作为历史事实的轴心时代，只是既没有给它命名，也没有做出哲学化的解释。在《历史的起源与目标》里，雅斯贝尔斯说，最早提到轴心时代这个历史事实的是拉索尔克斯和维克多·冯·施特劳斯的著作。那么，我来转引一段拉索尔克斯的说法："公元前600年，波斯的琐罗亚斯德，印度的乔达摩·释迦牟尼，中国的孔子，以色列的先知们，罗马的努马王，以及希腊的爱奥尼亚人、多利亚人和埃利亚人的首批哲学家，全都作为民族宗教的改革者而几乎同时出现，这不可能是偶然的事情。"

拉索尔克斯讲出了一个引人瞩目的现象，雅斯贝尔斯给这个现象取了一个名字，叫作轴心时代。一旦有了这个名字，现象就不仅仅是现象了，从此就有了哲学高度。

(3) 轴心时代

你可以想想看，给一个历史时段取名字，这是很常见的事情。比如开元盛世、光武中兴、康乾之治，或者旧石器时代、新石器时代，再比如侏罗纪、寒武纪，它们都只是一个个的名字而已，看不出任何哲学色彩，为什么偏偏"轴心时代"就是一个哲学概念呢？

关键就在"轴心"这个词上。你可以想象一个车轮，我们常说历史的车轮滚滚向前，常常听到"背后隆隆逼近的时间的战车"，这是线性的历史观，但这个车轮无论是滚滚向前还是滚滚向后，有一点是永远不变的，那就是车轮一定会围绕着车轴打转。如果历史是一只车轮，那么轴心时代就是它的车轴。这里的象征意义是，无论一百年后还是一千年后，人类总会不断回到轴心时代生产出来的精神财富里，每一次伟大的进步都是对轴心时代的某种复兴。

雅斯贝尔斯自己有一个总结："我们宁愿将轴心称号赠予公元前500年左右的一个时代，在它之前的一切事物似乎都是为它而做的准备，而它之后的一切事物事实上都联系着它，而且经常是意识清醒地联系到它。人类的世界历史从这一时期获得结构。"

这话有点玄妙。你可能会想：互联网的出现无论如何都该算是一次伟大的进步了，但这和轴心时代有什么关系呢，它到底复兴了轴心时代的哪些东西呢？如果你有了这种困惑，一定要想到存在主义哲学关心什么、不关心什么。雅斯贝尔斯从轴心时代的历史现象里看到的，是人的自我意识的觉醒，是人开始对宇宙人生的各种大问题做出的深刻反思。而在轴心时代之前的原始文明里，人们都在浑浑噩噩地活着。

轴心既是时间意义上的轴心，也是空间意义上的轴心。

轴心时代的中心区，比如中国、希腊，如同强大的精神辐射中心，而生活在中心区以外的人类部族，有些和中心区保持隔绝，继续过着原始生活，而原始生活无论再过上几万、几十万年，都将是日复一日的重复，只能成为"过去"，而不能成为"历史"。只有文明的发展、演进，才可以称为"历史"。从这个意义上看，只有那些和中心区发生接触的人类部族，才会被拉进历史，尽管这种接触并不都是友好的，甚至会导致很多原始部族的灭绝。而不同的中心区尽管相隔遥远，尽管有着不同的信仰和文化，但大家最关切的问题都是相通的，一旦发生接触，就会彼此影响，彼此融合。

现在我们就可以回答雅斯贝尔斯在书名里提出的问题了：历史的起源与目标分别是什么呢？

先听一下作者本人的意见。他说："我们不知道，也不可能知道，但我们会在哲学的反思中努力接近它们。"

这种哲学腔在今天看起来相当不可靠。至少在"起源"问题上，我们总可以求助于更加可靠的生物学。但是，当你这样务实的时候，你一定又忘记了雅斯贝尔斯是个存在主义哲学家了。

其实，从雅斯贝尔斯的论述里，我们倒也可以很简单地推断哲学含义上的"历史的起源与目标"：既然世界历史是从轴心时代获得结构的，那么它的起源应该就是轴心时代了。至于历史的目标，那就是全人类的融合和统一。这样你就可以理解，为什么说轴心时代与其说是一个历史概念，不如说是一个哲学概念，一个存在主义的哲学概念，尽管雅斯贝尔斯本人并不喜欢存在主义这个标签。

既然有了起源和目标，历史就可以被分期理解了。雅斯贝尔斯有自己的一套历史分期系统，他把人类的历史发展分为四个阶段，分别是史前时代、古代高度文明时代、轴心时代和科技时代。

现在，既有了历史的分期，又有了历史发展的目标，你有没有产生某种似曾相识的感觉呢？

你应该会想到马克思和恩格斯的历史唯物主义，想到原始社会、奴隶社会、封建社会、资本主义社会和共产主义社会这样一套历史分期系统。这并不奇怪,马克思去世的那年正是雅斯贝尔斯出生的那年,在这一两百年的德国学界,很多人都在用同样的方式寻找历史规律,再用规律预测未来,热衷于给历史分期。在这一派的德国学者里,还有一位名家叫奥斯瓦尔德·斯宾格勒(Oswald Spengler, 1880—1936),他的代表作《西方的没落》第一卷发表于1918年,第二卷发表于1922年,不断再版,老少通吃,红极一时。这部《西方的没落》正是轴心时代理论最想打掉的靶子。

(4) 世界历史

我们先看一个貌似简单的问题:什么是世界历史?

再看一个更加深入的问题:雅斯贝尔斯在《历史的起源与目标》中反复谈到的世界历史的"结构"和"统一"到底是什么?

这两个问题的答案,要到斯宾格勒身上去找。

第一次世界大战爆发前夕,斯宾格勒已经敏锐地感觉到世界大战迫在眉睫了。那么,危机到底是如何产生的、到底有没有可能避免,这些问题当然很值得关注。于是,刚刚休假离校的中学教师斯宾格勒隐居在慕尼黑,也就是四十多年后雅斯贝尔斯发表《历史的起源与目标》的地方,读书看报,搜集各种政治资讯,像一名新闻评论员那样研究时事。终于,他发现这条路既肤浅又走不通。他认识到当下的多事之秋是一种历史性的危机,而历史性的危机绝不能只从当下的政治问题本身寻求理解,必须用大历史的眼光,从以世纪为时间单位的广袤的世界历史中寻找答案。如果你请斯宾格勒对今天中美贸易战的问题发表看法,就算他不从盘古开天辟地讲起,至少也会从秦朝讲起。

当他有了这个思路，各种碎片也就逐渐拼合起来，这使他有了一种笃信，那就是除非把世界历史本身理解清楚，并且跨越各个学科，然后才可以理解历史脉络上的每一个片段——当下的时政无非是一个片段而已。

这个思路倒是和我自己一贯的读书方法有点相似，不过斯宾格勒比我会造概念。他提出了一个崭新的概念，叫作世界历史的形态学（morphology of world history），把世界历史当作"作为历史的世界"（world-as-history），以相对于"作为自然的世界"（world-as-nature）。

所谓"作为自然的世界"，是把世界当成一架巨大的、服从数学和物理法则的机械，而"作为历史的世界"，是把世界看作一个生命勃发的园地，人的欲望、意志和自我意识的觉醒不能用机械原理来解释。"世界历史"是许许多多正在生长着、衰落着、毁灭着的生命现象的总和。

把历史理解为有机体，这就等于借用生物学模型来研究历史，这是19世纪的史学风格。你可以回想一下第一章讲过的霍布斯的《利维坦》，那是17世纪的经典，是用几何学的模型来研究政治学。还有休谟的《人性论》，那是18世纪的经典，是用牛顿的物理学模型来研究伦理学。从这里可以看到西方人文学科学术方法论的一个脉络：17世纪至18世纪，用数学和物理学打基础，到了19世纪，用生物学打基础。前者更加强调单一性和普适性，后者更加强调多样性和特殊性。

这很好理解，数学和物理学的模型是放之四海而皆准的，在一千年前的欧洲一加一等于二，在一千年后的中国一加一同样等于二，而在生物学模型里，鹰击长空，鱼翔浅底，万类霜天竞自由，鹰的生活方式未见得能够用在鱼的身上，也不该用鱼的标准来评价鹰。

但是，斯宾格勒的学术方法论刻意要和自然科学拉开距离，他的生物学基础并不是达尔文式的——恰恰相反,他偏要和达尔文针锋相对。在斯宾格勒看来,达尔文理论把复杂问题看得太简单,也太线性了。分明存在着很多古生物化石证据,证明在物种演化的过程中并不存在过渡类型,显然,生命的真相还不是当下的人类智慧能够认识的。尤其是,达尔文的进化论会让人产生一种错觉,相信人类历史一定是朝着某个目标日益完善的,但这种乐观荒唐透顶,这种自信肤浅可笑。而且,千万不要忘了,达尔文是英国人,正如牛顿也是英国人,英国人的思维方式根本就是死板僵化的。

要说英国人的死板,最有代表性的两个例证就是达尔文的进化论和牛顿的经典力学。斯宾格勒作为德国人,怀着大国自信和民族自豪感,对此嗤之以鼻。他相信德国人的思维方式和英国人的相反,是活生生的,充满生机和诗意的,歌德就是代表。这真的和我们今天对德国人的普遍印象大相径庭。我们会认为康德才是德国思维方式的代表,各种"德国制造",和各种德国人打交道,总能让人感到康德式的严谨。但我们必须想到,德国还有尼采和叔本华,不但是活生生的,甚至是血淋淋的,这才是斯宾格勒心中的德国精神。

当斯宾格勒运用德国精神里的生物学视角察看时局的时候,发现正在迫近的世界大战并不是什么民族感情、经济方向等偶然事件相互碰撞的结果,而是一个巨大的历史有机体在几百年前就注定的。为了方便理解,你可以把"世界历史"想象成一座森林,西边有一棵大树正在向着一处峭壁生长,大约五百年后一定会撞到峭壁上,许多细小的枝枝叶叶都会折断。西方文化已经走到这一步了,所以注定要没落了,书名《西方的没落》就是这么来的。

没落倒也不算十分可怕,因为每一种文化都像一个独立的生命体一样,注定会有生老病死的过程。这并不是坏事,文化的死亡也并不必然意味着国破家亡。在斯宾格勒看来,原始部落的生活才是无限的、永生的，一千年前和一千年后没有任何区别，人类只有脱离了原始状态，从原始精神中觉醒过来，文化才会诞生，一百年前和一百年后才会不同。而正因为文化的诞生，人类社会才从无限的、永生的，变成有限的、必死的。你会喜欢哪一种生活呢，是无限的、永生的，还是有限的、必死的？

(5) 文化与文明

这样一种从生到死的过程，斯宾格勒称之为从文化到文明的过程。在他那里，所谓文明，并不是我们常识里的意思，而是指文化发展的终极阶段。西方世界在19世纪完成了从文化到文明的过渡，接下来就只能走向没落了。这是生命成长的必然规律，不以任何人的意志为转移。那么，作为中国人，你一定关心中国在什么时间完成了从文化到文明的过渡，答案是"秦朝"。至于秦朝以后的中国文化，用斯宾格勒的比喻，"就像一个已经衰老朽败的巨大的原始森林，枯朽的树枝伸向天空，几百年，几千年……"。

为什么是秦朝？因为秦朝是一个专制帝国，而文明是文化发展的最后阶段，帝国主义又是文明发展的最后阶段。到了这个阶段，大约会发生两种变化，要么停滞，要么毁灭。

所谓停滞，就是说民族或者国家虽然继续存在，但文化已经死了。斯宾格勒为此专门创造了一个概念，叫作费拉类型（Fellah type）。简单讲，费拉类型的民族就是文化层面上的僵尸民族。

斯宾格勒把民族划分出三大类型，分别是原始类型、文化类型和费拉类型。在我们最熟悉的历史中，秦朝以后的中国、佛教诞生以后的印度，都属于费拉民族（Fellah-peoples）。我们"枯朽的树枝"已经伸向天空两千多年了。所以,即便《西方的没落》是一部字数到达百万级的大部头,但对于中国的历史,从秦朝灭亡以后就不再关心了。

至于毁灭方向的变化,则意味着解决问题全凭武力,所以世界大战必将爆发,种种文明成果都将在战火里灰飞烟灭,人类历史重新进入蛮荒时代。如果文化还能够再度萌芽的话,就会开始新一轮生老病死的循环。

对于毁灭方面的内容,你有没有一些似曾相识的感觉呢?这很像古希腊哲学家赫拉克利特的哲学,是我们在第七章谈到过的,而斯宾格勒在学生时代的博士论文,题目就叫"赫拉克利特残篇研究"。他在这时候打下来的学术基础后来为《西方的没落》做了很好的铺垫。

我们还可以借助一份诗意的表达。1809—1811年,诗人拜伦周游世界,写下成名作《恰尔德·哈罗德游记》(*Childe Harold's Pilgrimage*)。这是一首叙事长诗,其中写到主人公恰尔德·哈罗德游历罗马帝国的废墟,抚今追昔,讲出了一种诗人体的历史哲学:

> 人类所有的故事都讲述了这样一个道理:
> 所有的新闻都是旧事的重演。
> 永远都是这样:先是自由缔造辉煌,
> 然后荣光消退,
> 继而是奢华、邪恶、腐败,终于退化为野蛮。
> 而历史,虽然卷帙浩繁,
> 其实内容只有一页……

这段诗节后来启发了美国画家哈德逊画派创始人托马斯·科尔(Thomas Cole, 1801—1848),使他画出了鸿篇巨制《帝国之路》(*The Course of Empire*, 1835—1836),用五幅油画作为全部历史的那"一页"。1858年，纽约美术馆把《帝国之路》作为礼品送给纽约历史学会。如果后者真的能够领会艺术家的良苦用心，不知道会不会把馆藏档案全部销毁呢？

你可以欣赏一下科尔笔下的历史"一页"。

（6）观相

我们怎么才能知道自己当下所在的文化到底处在生老病死的哪个阶段呢？

这就要用其他文化来做参照，尤其是用那些已经死亡的或者比我们的文化明显年长的文化来做参照。这不仅会使我们知道自己的处境，还能帮我们对未来做出准确的预测。虽然每一种文化都是一个单独的生命，本质上各不相同，但因为它们都有着生物学意义上的同源关系，所以，不同文化之间的类比才是可行并且合理的。

"同源"（homology）是一个生物学概念，斯宾格勒说，这个概念是由那位不仅仅是一位伟大诗人的歌德首先提出来的，然后被欧文运用到科学领域，现在自己要把它运用到历史学的方法中。在生物学的意义上，鱼的胸鳍和陆地脊椎动物的脚虽然看上去毫不相关，其实属于同源器官，肺和鳃虽然有着同样的功能，却只是"同类"（analogy），可以拿来类比，而不是"同源"。历史形态学的重要手段，就是去寻找不同文化之间的同源关系。斯宾格勒举了很多例子，比如印度佛教和罗马的斯多亚主义是同源的，而佛教和基督教虽然貌似和它们同源，其实连同类都算不上。佛教和斯多亚主义都是我重点讲过的内容，所以你应该不难理解斯宾格勒这个例子的含义。

从"同源"出发，就有了"同时代"（contemporary）这个崭新的概念，指的是"两个历史事实在各自文化的真正相同的——相关的——位置发生，因此，它们具有真正等同的重要性"。比如，古典数学和西方数学分别来自两种不同的文化，但它们的发展是完全同步的，所以，毕达哥拉斯和笛卡儿就能算作"同时代人"，尽管前者比后者年长两千岁。更简单一点讲，如果你和你父亲的人生轨迹高度相同，那么你父亲当年的青春期躁动和你现在的青春期躁动就属于"同时代"的。

进一步来讲，我们可以把两种文化想象成一个人和一只猴子——一个少年人和一只老年的猴子。作为哺乳动物，两者当然是同源的。人可以学习猴子身上的一些特点，比如武术家根据猴子的动作创造出猴拳，猴子天生喜欢模仿，也经常模仿人的各种举动，无论如何，人不可能真的像猴子那样格斗，猴子也不可能真的像人那样生活。这只猴子已经步入老年，腿脚不灵便了，不再像从前那样好动了，少年人于是可以从猴子身上预测自己的未来，知道自己将来也会老去，也会步履蹒跚。但少年人眼下正在受到青春期的困扰，不明白自己体内的一些躁动到底是为了什么，又该怎样解决。他还要从猴子身上寻求参考，办法是翻出前人记载的猴子生活档案，也就是这只猴子的"历史"，看看猴子在青春期的时候都发生过什么，又是如何度过青春期的。

这种方法属于斯宾格勒独门绝技"观相"中的一个技巧。

"观相"（physiognomic）是斯宾格勒独创的概念，"观相"的时候需要运用直觉，充满了神秘主义的味道，所以，不喜欢斯宾格勒的人会骂他是巫师、术士。不过，"观相"在可以言传的层面上倒也不难理解，具体方法可以分为两类。第一类是，如果考察同一个文化形态里不同的文化现象，需要凌空俯瞰。这其实就是我们熟悉的中医思维，从整体出发理解局部，不可以头痛医头、脚痛医脚。于是，斯宾格勒在"行深般若波罗蜜多时"，"照见"的虽然不是"五蕴皆空"，但也是震撼力不亚于"五蕴皆空"的一些洞见，诸如复调音乐的对位法和信托经济之间存在着深刻的一致性，微积分和路易十四时代的政治结构之间存在着深刻的一致性，凡此种种，不是我们的凡俗理性可以想通的。第二类是，如果考察不同的文化形态，就像少年和猴子那样，因为同源而可以类比，观察甲文化作为一个生命体的形态，来理解乙文化的现状和未来，这也正是"形态学"最简单直白的含义。

如果我们用今天的概念来理解"观相"和传统历史方法论的区别，那么，可以说前者相当于"意会"，后者相当于"算法"，这是万维钢老师的"精英日课"里介绍过的。在斯宾格勒看来，算法只能研究自然界，或者说"作为自然的世界"，一切都是因果律的丝丝入扣，意会才是研究人类社会——或者说"作为历史的世界"——的正确途径。那么，作为读者，适度地抛弃理性，运用直觉，才是正确的阅读方式。

当斯宾格勒运用"观相"中的类比技巧，从历史上的其他文化形态中看出天下大势分久必合的时候，他知道西方文化已经处在"分久"的转捩点，就像中国的战国时代。这意味着霸主即将应运而生，西方的罗马帝国和东方的秦帝国就是典范。接下来的推理就不太在意逻辑，而更需要仰赖直觉了：斯宾格勒认为，对当下的西方文化来说，德意志民族就是最有希望的霸主候选人。

这样的论调当然特别能够激发德国人的民族主义激情。让我们注意一下时间线：《西方的没落》第一卷首版发表于1918年，正值"一战"尾声，西方世界满目疮痍，所以我们不难想象这样一部书在当时的德国会受到怎样的追捧。斯宾格勒一战成名，从一个默默无闻的中学教师跻身20世纪最闪光的思想家行列。他的预言确实在相当程度上应验了：西方不但真的因为"一战"而没落了，而且很快就迎来了"二战"，纳粹就要建立"分久必合"的帝国大业了。德国人读着《西方的没落》，先是在"没落感"里自怨自艾了一阵，随即大国自信空前爆棚。同样的正能量效果，在当年黑格尔的《历史哲学》上也曾经发生过。

(7) 孤立与融汇

斯宾格勒的历史观特别强调文化的孤立性，也就是说，每一种文化都是在各自独特的环境下成长起来的，成长为一个独立存在、自给自足的有机体，不同文化之间即便发生了交流、战争、征服这类事情，也永远不会改变彼此的本质。这就意味着，每一种文化只能在它自身内部去理解。

前些天我在一些评论里看到了同样的道理，有一位同学说："只能说熊老师真的不懂佛学，佛学有自己的公理体系，拿其他体系去评估，肯定会得到错误的结论。"刚好斯宾格勒也把佛学当成一个独立的文化有机体，《西方的没落》中有这样一段："在佛教当中，没有东西可以称作是基督教的，在斯多亚主义中，没有东西可以在公元1000年的伊斯兰教中找到，孔子与社会主义之间，也同样没有东西是共同的。"

如果我们真的这样理解文化之间的隔阂，那就意味着跨文化的交流和理解是一件不可能完成的任务。那么，让我们考察一个很具体的问题：当佛教从印度传入中国，真的被中国人接受了吗？

在斯宾格勒看来，佛教并没有从印度真正传入中国，而仅仅是印度佛教的某些表面的东西因为能讨好中国人，才被后者断章取义地接受下来，从此产生了中国的佛教徒。虽然同样打着佛教的旗号，但中国佛教和印度佛教完全是两回事。书中的原话是这样的："内涵是不能转移的。两种不同文化的人，各自存在于自己的精神孤寂中，被一条不可逾越的深渊隔开了。尽管印度人和中国人在那些日子里都自觉是佛教徒，可他们在精神上依然离得很远。相同的经文，相同的教仪，相同的象征——但两种不同的心灵，各走各的路。"

这正是斯宾格勒的一个核心观点，也是雅斯贝尔斯最不能接受的观点。如果我们相信斯宾格勒的话，那么，不仅是我不懂佛教，所有中国人都不懂，也不可能懂得佛教，就像猴拳高手并不真正懂得猴子，也不可能真正把猴子的格斗方式照搬过来一样。但最有吊诡色彩的是，斯宾格勒本人是西方文化阵营里的，按照他自己的理论，他也是不可能理解佛教的，同样也不可能理解其他文化——于是，不仅是他，任何人都不可能理解世界历史。这样一来，斯宾格勒自己的理论就把自己的写作合法性颠覆了。

不过，我们还是暂时怀着宽和的心，不在这种自相矛盾的问题上纠结了。但即便这样，我们也很容易觉得文化隔绝论有点言过其实。还是沿用佛教的例子吧，我们真的理解不了印度的佛教吗？

也许真的理解不了。荷兰汉学家许理和（Erik Zürcher, 1962—1993）有一部名著，叫作《佛教征服中国》（*The Buddhist Conquest of China*, 1959），他在这部书的序言里，第一段话就是这样讲的："如果要撰写一部研究中国佛教形成时期的专著，究竟应该由受过佛学训练的汉学家，还是由了解中国的印度佛教学者来撰写，这是难以断言的。这两种方式都有明显的缺陷，如若选择其中某一种方式撰稿，就必须准备经受可能同时来自这双方的严厉批评。"

许理和的这番话写于1959年，他很可能没读过斯宾格勒的书，仅仅是凭自己对佛教领域的理解和感受得出了这样的结论。这可不是什么"求神拜佛的农村老太理解不来般若智慧"这种问题，而是顶尖高手之间的互不理解。那么，文化内涵的移植是不是注定水土不服呢？如果真是这样的话，我们就很有必要知道注定互不理解的文化都有哪些。

这个问题要简单多了，斯宾格勒划分出八大文化形态，分别是埃及文化、巴比伦文化、印度文化、中国文化、古典文化、阿拉伯文化、西方文化和墨西哥文化，其中的重点是三种——古典文化、阿拉伯文化和西方文化，它们又被形象化地称为阿波罗文化、麻葛文化和浮士德文化，每种文化大约有一千年的生命周期。这种划分并不是斯宾格勒独有的，汤因比在他的名著《历史研究》里划分出二十一种文化形态，但不认为它们的生命周期是有定限的。如果你愿意，也可以根据自己的标准来做新的划分。

斯宾格勒的划分方式乍看上去会很让人困惑，比如古典文化到底是什么，难道古典文化不是每一个文化里都会包含的部分吗？并不是的，斯宾格勒所谓的古典文化，特指希腊-罗马文化，始于公元前12世纪，终结于罗马帝国的衰亡。也就是说，这个文化已经死掉了。

这又会让人困惑：就算古典文化可以这样定义，但是，难道西方文化不是古典文化的延续吗？

答案还是否定的：西方文化始于中世纪，是一种独立的文化，和古典文化并不存在继承关系。西方人之所以常常以古典文化的继承者自居，仅仅因为在西方文化的内核里，对"无限"有一种特殊而执着的追求——斯宾格勒称之为浮士德精神——这才编造出一个从古代到中世纪再到近现代的一脉相承的历史谱系。换句话说，西方文化仅仅是古典文化的崇拜者，只因为崇拜得太狂热，这才把自己幻想成古典文化的继承者。这就像我们太崇拜历史上的某个名人，于是把自己幻想成这位名人的后代。事实上，有很多族谱正是这样编造出来的。

那么，做文化形态的划分到底有什么用处呢？仅仅是象牙塔尖上的抽象思辨吗？

不，它的用处很大，至少可以为每个国家的政治走向指出一条明路。

道理很简单：既然文化各不相同，彼此也很难真正沟通和理解，那么鲁迅所谓的拿来主义当然行不通。这个话题在斯宾格勒当时很有现实意义，它意味着即便同属西方世界，德国文化和英美文化也是彼此孤立的，任何文化移植都只会带来灾难。英美文化很重视个人主义，对个人的努力和成功有很高的评价，而德国文化看重的是个人的责任和义务，或者说是个人对国家民族的服从和效忠。所以，民主制度适合英美，但不适合德国，适合德国的政治体制显然是集权化的体制，政府把全社会结成一体，控制私有企业。政府还应当取消党派、选举和议会，因为这些东西只会使德意志民族变得涣散、软弱。谁要是相信人民，依靠人民，他很快就会发现，他所寻找的狮子不过是一群野兔，他所寻找的狐狸不过是一群鹅，人民比冰上的炭火、阳光下的冰雹更不可靠。要相信的是德国的传统、源自贵族时代的伟大的责任感、高贵的普鲁士精神。德国人的社会，必须用德国人的办法！

从这样的观点里你不难想到，斯宾格勒一定仇视报纸和电台。普罗大众虽然变得识文断字了，但脑子毕竟不够用，辨识力欠缺，以至谁掌握了报纸和电台，谁就掌握了真理，并且会用"真理"来操纵人们的心灵。你可以回忆一下第五章的内容：精英人士对普及教育是如何深恶痛绝的。

"一战"之后，也就是《西方的没落》刚刚出版的时候，德国发生了体制上的剧变，史称魏玛共和国（Weimar Republic, 1919—1933），大搞议会政治，宣扬宪政民主。所以，斯宾格勒的意思是，这条路在德国根本走不通。

又被斯宾格勒说中了，这条路确实没能走通，不久之后纳粹上台，法西斯主义差不多把以上那些"纯正的德国文化特征"全都包括了。

这样真的好吗？作为斯宾格勒的德国同胞，差不多也算是同龄人的雅斯贝尔斯终于看不下去了。

雅斯贝尔斯的妻子是犹太人，只为这一条原因，我们就不难想见他在纳粹兴起之后的遭遇。其实，斯宾格勒也不被纳粹喜欢，因为他的文化隔阂论虽然很对纳粹的胃口，也很能激发德国人的民族自豪感，但他并不认为不同文化之间有高低贵贱之分，这让种族主义者情何以堪呢？

接下来我们也不难想见，斯宾格勒和雅斯贝尔斯在纳粹时代同样失去了言论权,但雅斯贝尔斯对这位难友并没有同病相怜的意思,轴心时代理论所宣扬的人类共通性恰恰针对斯宾格勒所宣扬的文化孤立性。简单讲,斯宾格勒认为不同文化之间既隔绝,又孤立,并且会一直保持下去,各自走完自己的生命周期;雅斯贝尔斯拿轴心时代来反驳,认为那些彼此隔绝的文化之间其实遥相呼应,同气相求,一旦有机会就会达成高效的交流,彼此发生剧烈的影响,一切山遥海远的文明都有着共同的基础,大同世界是完全可以期待的。如果拿今天的一个流行概念去请教他们,问他们普世价值到底存不存在,他们显然会给出彼此相反的看法。

到底谁说的对呢?如果从德国的今天来看,民主宪政并不影响欣欣向荣,雅斯贝尔斯显然战胜了斯宾格勒。但如果我们把视野放大,比如看看俄罗斯的近况,也许会觉得斯宾格勒才是赢家。

(8) 假晶现象

我们先看这样一个问题:俄罗斯到底是东方国家还是西方国家?

这个问题很难回答。东方人看它像西方,西方人看它像东方。

如果请斯宾格勒来回答,他会说俄罗斯是一个披着西方外衣的东方国家。

这是一种很特殊的文化现象。

斯宾格勒借用了一个矿物学名词,称之为假晶现象(Pseudomorphosis)。

岩层里常常埋着矿石的结晶,当岩层里出现裂缝,水渗透进去,结晶体就会渐渐被冲刷出来,只留下一个空壳。然后如果有火山爆发,熔岩就会注入晶体的空壳,凝结起来。这样一来,从外表看是一种岩石,从内部看却是另一种岩石,这种现象就叫假晶现象。

文化上也存在着类似的现象，当本土文化太年轻、太弱小，外来的文化很古老、很强大时，本土文化的心灵就会进入外来文化的躯壳，被这副躯壳压制着自我意识和年轻的创造力，俄罗斯就是一个典型的例子。

俄罗斯的历史以彼得大帝为转捩点，在他以前，俄罗斯是传统的、东方的、本土的，而他兴建彼得堡，全盘引进西方文化，彻底改变了俄罗斯的走向。斯宾格勒这样写道："从1703年彼得堡建造之时起，俄罗斯出现了一种假晶现象，迫使原始的俄罗斯心灵进入陌生的躯壳之中：首先是已呈完满的巴洛克躯壳，随后是启蒙运动的躯壳，再后则是19世纪的西方躯壳。……莫斯科的原始沙皇制度甚至今天也还是适合于俄罗斯世界的唯一形式，但在彼得堡，它被歪曲成了西欧的王朝形式。"

所谓沙皇制度，在欧洲人眼里主要有两层意思，一是指沙皇是高度集权的专制君主，二是指俄罗斯的农奴制度。这是俄罗斯政治体制的两大特色，很受欧洲人的鄙视。那些启蒙运动的思想家一直想把自由、人权这些概念推广到俄罗斯，而当时的历任沙皇作为普通读者，倒也很受用这些"先进思想"，但作为治理广土众民的统治者，又深知这些"先进思想"在俄罗斯的土地上毫无可行性，那些刁民也根本不值得同情，不配拥有更多的权利。那么，在斯宾格勒看来，启蒙主义的思想家们犯下了欧洲中心论的错误，把自家文化里的价值观当成放之四海而皆准的真理，这很荒唐。就算价值观真的灌输成功了，也只会形成假晶现象。

假晶现象注定不会长久，僵化的躯壳迟早会被澎湃的内心冲破。斯宾格勒预测，从20世纪以后的一千年，俄罗斯将会挣脱西方文化的捆绑——无论是启蒙主义的还是布尔什维克的——回到它真正的传统里去。

(9) 群学

我们可以把雅斯贝尔斯和斯宾格勒的学术对立看作两种价值观的对立，而这两种价值观应对的是同一个问题，那就是人的群体关系问题。一切政治学、社会学、历史学的理论，本质上都是关系攻略。小的关系是人与人的关系、社群与社群的关系，大的关系是国家与国家的关系、民族与民族的关系。这一切都基于一个生物学前提：人是群居动物，独处的人无法存活。

我们很多人小时候都经历过校园冷暴力，小朋友们拉帮结派，联合起来孤立某个同学。其实从成年人的角度来看，就算被孤立了又有什么要紧，毕竟和老师的关系还在，家庭关系还在，自己默默读书也就是了，只要成绩好，自然就会吸引很多人跟你交朋友——人的天性就是会趋向强者，甘愿在强者面前卑躬屈膝，所以说"奴性"这个词虽然不好听，但它确实是人类最核心的生存利器，非常有利于抱团取暖。但小孩子没有成年人的觉悟，一旦被同学孤立，就会感到生不如死，性格变得扭曲，学习成绩直线下滑。我们应该多观察小孩子，因为在他们身上体现着人类最本真的生存斗争的特点。

怎样处好群体关系呢？无论理论多么华丽，本质上都是拉帮结派的问题，都是要搞清楚谁和谁能处、谁和谁不能处、谁和谁是一群、谁和谁不是一群。雅斯贝尔斯觉得一切文化都可以结成一群，斯宾格勒认为不同的文化不可能结成一群。两个人虽然结论不同，但都在用文化或文明来做分类标准。

标准当然还可以换，但换完之后还是要拿来解决群体关系问题。比如马克思主义以阶级为标准，当我们换上这个标准，文化和文明就被拆散了，全世界的无产阶级都是一群人，是一个大家庭，而本民族的无产阶级和本民族的资产阶级虽然是国籍意义上的同胞，甚至是街坊邻居，却分别属于水火不容的两个群体。个人和群体之间又是一种关系，个人自由是在群体关系限定之下的自由，这种自由到底应该保持在怎样一种限度，不同的认知和不同的社会格局催生出不同的理论。举一个例子，本尼迪克特（Ruth Benedict, 1887—1948）的名著《菊与刀》(The Chrysanthemum and the Sword, 1946）分析日本人的耻感文化带来的矛盾性，其实只要换一个词，把"耻感文化"换成"高度的集体主义"，原先的各种矛盾和困惑都可以迎刃而解。而那些矛盾和困惑之所以在西方世界普遍存在，是因为或多或少的个人主义的传统和高度的集体主义泾渭分明。假使把一个日本人放到鲁滨孙的处境，他做任何事都不会唤起耻辱感，而出身于基督教背景的鲁滨孙本人却还是会有一些诚惶诚恐的忌惮。《鲁滨孙漂流记》的政治学内涵是我在第二章重点讲过的，希望你还记得。如果本尼迪克特可以像斯宾格勒那样去寻找不同文化之间的同源关系，她很可能会通过欧洲那些古老的封闭型宗教的社群文化来理解当时的日本。

严复翻译西方社会学，把"社会学"译成"群学"，把斯宾塞的《社会学研究》翻译成《群学肄言》，把小穆勒的《论自由》翻译成《群己权界论》，确实抓到了问题的本质。

群体关系的划分当然很有主观性，所以，你愿意接受斯宾格勒还是雅斯贝尔斯，一来要看社会时局，二来要看个人的经历和禀赋，纯粹的学理思辨反而显得次要。

（10）战国策派

这两种价值观的论战，硝烟一直弥漫到中国。

1940年，正是山雨欲来的时候，西南联大的林同济、雷海宗、陈铨三位教授创办《战国策》半月刊，第二年停刊之后，改在重庆《大公报》开设《战国》副刊，从此史学界有了一个名噪一时的战国策派。

如果从刊物的名称顾名思义，我们都会想到春秋战国的那个战国，还有那部叫作《战国策》的古书。这样的理解虽然不能算错，但从本质上说，这里所谓的战国，其实是斯宾格勒文化形态学框架之下的中国战国时代。

林同济在《战国策》创刊号上发表了一篇《战国时代的重演》，这篇文章堪称战国策派的宣言和旗帜，说当前的世界格局完全是中国战国时代的重演，中国人应该怎样应对这样的时局呢？林同济的原文是这么讲的："现时代的意义是什么呢？干脆又干脆，曰：在'战'一个字。如果我们应用比较历史学的眼光来占断这个赫赫当头的时代，我们不禁要拍案举手而呼道，这乃是又一度战国时代的来临。"

林同济所谓的"比较历史学"，也就是斯宾格勒——当然还有和斯宾格勒一脉相承的汤因比——提出来的文化形态学的类比方法，而"占断"这个带有巫术色彩的词也就是斯宾格勒独家发明的"观相"。战国策派的三大主将要么有留德背景，要么钟爱德国文化。显然，林同济对中国的期待就像当初斯宾格勒对德国的期待一样。但中国能不能称霸世界，再现大秦帝国的辉煌呢？林同济给出一句尼采式的台词："不能伟大，便是灭亡。"

为了这个伟大的目标，必须坚持两大原则，一是"军事第一，胜利第一"，二是"民族至上，国家至上"。这样的军事国家当然要搞集权政体，必须让一切的一切都为战争让路，个人的权利和自由无足轻重。

你也许会觉得奇怪：如果战国策派真的是斯宾格勒的继承人，难道不知道中国文化已经灭亡了，中国早就变成了僵尸一般的费拉民族了吗？这就要看中国学者的理论突破了。雷海宗有一个观点：一切过去的伟大文化都经历过发展、兴盛、衰败的过程，最终走向灭亡——请你注意后半句：唯一的例外是中国。

中国之所以例外，是因为它的文化经历了两个周期，而不像其他文化那样只有一个周期。简单讲，所谓两个周期，就是死而复生，然后又活了一辈子。这个观点，就是雷海宗最著名的"两周论"。

以公元383年淝水之战为界，此前的中国文化走完了一个周期，称为古典的中国，盛行的是纯正的华夏文化，此后的中国，华夏文化不再纯粹，掺杂着北方少数民族的文化和印度的佛教文化——用雷海宗的话说，这是一个"胡汉混合，梵华同代的新中国"。

如果斯宾格勒看到这样的观点，大概会对雷海宗说："你不能把诈尸当成浴火重生吧？"

但雷海宗也有理由反驳："按照你的文化隔阂论，到底你懂中国还是我懂中国？"

当然，这都不重要，当务之急是，第二个周期也快要走完了，这是气数，不是人力能够挽回的。但是，既然在第一个周期之后，中国文化可以死而复生，大摇大摆地继续生活了一个周期，难道在第二个周期结束的时候，就不能再一次死而复生，以伟大复兴的姿态迈进第三个周期吗？

研究历史不是目的，从历史中给未来找出正确方向才是目的。所以，两周论的重点并不是两周，而是尚未来到，也不知道会不会来到的第三周。因为这个理论，雷海宗被称为中国第一位形态史学家。

（11）文化进化论与文化相对论的交锋

到了今天，斯宾格勒和雅斯贝尔斯依然各有各的拥趸，也各有各的变形。比如这些年很流行的亨廷顿的文明冲突论就可以看作斯宾格勒理论的一种变形。再稍微向前追溯一下，我们熟悉的美国人类学名著《菊与刀》，字里行间就藏着斯宾格勒的基因。作者本尼迪克特的另一部名著《文化模式》(Patterns of Culture, 1934) 更是直接援引斯宾格勒的文化类型。

很多人读《菊与刀》，仅仅把它当成理解日本国民性格的窗口，很少会注意到它在学术谱系上的位置。你可以假想一下，如果斯宾格勒用本尼迪克特的方式给《西方的没落》重新取名，会不会取作《阿波罗、麻葛和浮士德》呢？

这是完全有可能的。"菊"与"刀"分别代表日本国民性的两种形态，而"菊"与"刀"的组合构成了一种独特的文化形态，独立于西方文化之外。彼此独立的文化并不存在高低贵贱之分，谁也不比谁先进，谁也不比谁落后。每一种文化，都有自身存在的理由和价值，完全没有好坏之分。

接受这种相对主义价值观，最难的地方在于，普通人很难不产生双重标准。比如中国人可以高举文化相对论的大旗，拒绝西方文化的入侵，但该不该采取同样的立场，对日本的军国主义传统抱以同情的理解呢？对版图之内但文化风俗迥异的"落后的"少数民族，该不该主动向他们传播"先进的"文化呢？

相对主义总会取消价值中心，而一旦没了中心，普通人很容易无所适从。

如果你觉得这种感觉似曾相识，没错，这就是最近几十年来后现代主义最爱讲的"去中心"和"多元化"的原则。

在后现代主义兴起之前，就已经出现很多后现代主义者了，本尼迪克特就是其中之一，就连斯宾格勒也可以归入后现代主义的阵营。在本尼迪克特的时代，这种价值观当然还不叫后现代主义，而是叫作文化相对论。本尼迪克特的老师，被尊为"美国人类学之父"的弗朗兹·博厄斯（Franz Boas, 1858—1942）就是文化相对论的著名旗手之一，他的兵锋所向，就是以达尔文主义为基础的文化进化论。

在文化进化论者看来，文化是有先进与落后之分的。那么，用什么标准来判断先进和落后呢？很简单，用西方文化为标准。今天我们在经济领域常用的概念，诸如发达国家、发展中国家，就是用西方文化为标准的，属于文化进化论中的概念。当我们接受了这些概念，就等于承认所有的文化都向着同一个目标迈进，只因为禀赋和机遇上的原因，步伐有快有慢，但只要时间足够长，为雅斯贝尔斯所憧憬的"历史的目标"就可以实现。而在文化相对论者看来，所谓发达国家、发展中国家，这些概念纯属虚妄，因为我们只能承认纽约曼哈顿的经济效率比印度的某个农村更高，但不能就此得出前者比后者先进的结论，这就像猫不能因为自己会爬树，就说自己比狗先进。在那个印度农村里，大家也许在物质贫乏的环境里过着无比满足的精神生活，每天都以慈悲喜舍的菩萨姿态向往涅槃，悲悯那些在物欲中迷失并沉沦的纽约人。只是因为西方价值观的强行输出，才使那些印度人意识到贫困是一种落后的表现，宁静的生活就此打破。

在文化进化论的阵营里，今天的中国的中老年人最熟悉一位名家，他就是美国人类学家、社会理论家摩尔根（Lewis Henry Morgan, 1818—1881）。摩尔根是马克思的同龄人，代表作《古代社会》（Ancient Society, 1877）。马克思为这部书做过详细的笔记和摘要，恩格斯又在这些笔记、摘要的基础上写出了《家庭、私有制和国家的起源》。新中国以来，在历史学的各种专著、论文里，这两部书的被引用率应该是最高的。我们的初中历史课一开始就讲人类社会从母系氏族过度到父系氏族，这个结论就来自摩尔根的《古代社会》。

《古代社会》的全名很有拉丁腔，叫作《古代社会或人类从蒙昧时代经过野蛮时代到文明时代的发展过程研究》（Ancient Society

Or Researches in the Lines of Human Progress from Savagery through Barbarism to Civilization），顾名思义，线性的进化正是全书的底层逻辑，五湖四海、天南地北的人类都会遵循一定的进化顺序。而在文化相对论这一边，博厄斯嫌摩尔根取证太少，推论太多。比如说，没有任何人类学证据可以证明母系氏族一定先于父系氏族，有几分证据才能说几分话，并且，相似的现象不一定有相似的成因。

到了今天，已经很少有人再读摩尔根的书了，而在雅斯贝尔斯的阵营里，还没有哪位新晋高手可以达到亨廷顿那样的影响力。

这到底意味着什么，大家可以胡思乱想一下。

（12）一条信念

在今天看来，比起对手，轴心时代理论可以从生物学那里得到更加牢靠的支持，而在写作的当时，雅斯贝尔斯还不敢把话说得太满。他的书里有一句至关紧要的话："我的纲要以一条信念为基础：人类具有唯一的共同起源和共同目标。"

是的，雅斯贝尔斯用作立论基础的是"一条信念"，而不是"一个事实"，但在哲学家身上，至少在存在主义哲学家身上，这绝对不算什么罪过。"一条信念"推出这样一个结论："在人性最深刻的要求面前，所有断言人与人绝对相异，人类永远不可能相互理解的主张都只剩下一副无精打采和无可奈何的失败表情——这种主张把暂时的不可能性夸大为绝对的不可能性，从而扼杀了人类的内在准备。"

这一小段话，就是轴心时代理论把我们引向的最远处的风景。

(13) 思考题之一：佛教和苯教的矛盾应该如何解决

既然你已经了解了斯宾格勒和雅斯贝尔斯的理论，我就选出两个真实的案例，看你能不能给出自己的解决方案。这两个案例我曾在自己的书里用到过，很能考验一个人的价值判断。

第一个案例是关于佛教和苯教的。

大约在公元779年，吐蕃政治领袖墀松德赞主持建成了著名的桑耶寺，这是吐蕃真正意义上的第一座佛寺，寺内既有佛像供奉，也有僧伽组织，佛教的本土化就此开始。作为新兴的外来宗教，佛教与当地传统的苯教自然形成了竞争的态势。于是，为了表示对两教一视同仁，也为了让两教人士增进了解，和谐共处，墀松德赞把苯教名人和佛教僧侣一并安置在桑耶寺里。结果完全出乎意料：吃斋念佛、与人为善的佛教徒居然容不下苯教徒。佛教徒提出严正抗议：一国不能有二主，一个地区也不能有两个宗教，如果赞普不肯废除苯教的话，所有印度僧侣宁愿回国。

事情的起因并不复杂：苯教徒在自己的祭祀过程中需要宰杀很多牲畜，这是他们固有的宗教仪轨，本来无可厚非，但同在桑耶寺的佛教徒自然不能容忍有人在寺院杀生。杀生还是不杀生，这对两家宗教来说都属于原则问题，原则问题总是无法妥协的。

我们不妨假想一下，把桑耶寺想象成世界的全部，寺里的人没可能走出寺外，以寺院的中轴线为分界，苯教徒和佛教徒各居一边。看上去，大家都可以各行其是，互不越界，然而问题就是彼此都可以看到对方。那么，苯教徒不介意佛教徒不杀生，佛教徒却不能容忍苯教徒杀生。出于对信仰的真诚，佛教徒必然会越界干涉，甚至可能不经物主的许可而私自放走那些待宰的牛羊。即便苯教徒有着足够的强横和谨慎，以至于佛教徒的任何干涉都无法奏效，但虔诚的佛教徒仍然会继续干涉下去，至死方休。

如果你是佛教徒，你会尊重苯教的杀生传统吗？

如果你是墀松德赞，你会怎么解决这个难题？

（14）思考题之二：巴厘岛的王妃

19世纪80年代，一个名叫海尔默斯的丹麦青年以动人心魄的笔调记述了自己在巴厘岛的一段见闻，内容完全不同于高更用他那支美妙的画笔告诉我们的。

其时正值一位邻国酋长的葬礼，这同时也是巴厘岛人一次盛况空前的庆典。所有的巴厘岛酋长、王公都带着大批仆从迤逦而至，以"与民同乐"的姿态观赏那位死者的尸身如何被焚化，以及他的三位王妃如何在火焰中献身燔祭。"那是一个晴美的日子，沿着把葱茏的无尽的梯形稻田截然划开的柔滑的堤埂遥遥望过去，一群群的巴厘岛人身着节日的盛装，逶迤朝着火葬地走去。他们色彩缤纷的装束与他们所经过道路上柔嫩的绿地形成了艳丽的对比。他们看上去几乎不像野蛮人，倒是更像一伙逢年过节的好人在进行一次欢愉的远足。整个环境看上去是那么富足、祥和和幸福，在某种意义上看上去是那么的文明，简直令人难以相信就在这样场景的几英里之内，有三个无辜的女人，为了宗教名义上的爱的缘故，将在成千上万的她们同胞面前来承受最可怕的一种的死的折磨。"

围观者足有四五万人，大约占到全岛总人口的5%，而从那三位即将赴死的王妃脸上看不出一点惊慌或恐惧的神色，因为她们深信有一个无比华美的极乐世界正近在咫尺地等待着她们的到来。三位王妃的亲友们也在围观群众中，和大家一样满怀期待。最后，先有两位王妃毫不犹豫地跳进火海,第三位王妃略微有些踟蹰,但在颤抖地蹒跚了一刻之后,也紧随着两位姐妹而去,没有丝毫的叹息、哀恳。

作为一名来自"文明社会"的旁观者,海尔默斯如此满怀庆幸地记录着自己的观感:"这场可怕的场景在这巨大的人群中并未引起任何情感的波动,而且这场面是在野蛮的音乐声和鸣枪声中终结的。这是一个使目睹的人永远难以忘怀的场景,它带给我一种非常奇异的情感去感激我自己所在的文明,感激它所有的过失和所有的仁慈,感激它越来越致力于把妇女从欺诈和残忍当中拯救出来的趋势。"

问题来了:如果你是一名可以呼风唤雨的政治领袖,你是会像斯宾格勒和本尼迪克特那样充分尊重巴厘岛人民的悠久文化传统呢,还是会用武力辅助自己的价值观来杜绝你眼中的这种野蛮呢?如果你是巴厘岛上的一名土著,在你了解过西方文化之后,你到底会反对自己的传统,还是会尽最大的努力来捍卫它呢?

这并不是容易回答的问题。但也正是这些问题,以及对这些问题的左右为难,真实地左右着世界文明的走向。